Joachim Aubert
Handbuch der Grabstätten
berühmter Deutscher
Österreicher und Schweizer
Deutscher Kunstverlag

Satz: Fotosatz Tutte, Salzweg-Passau. – Druck: E. Rieder, Schrobenhausen. – Erschienen im
Deutschen Kunstverlag GmbH. München Berlin 1973. ISBN 3-422-00335-5.

INHALT

VORWORT

Monographien, die sich mit der Geschichte von Friedhöfen und den auf ihnen ruhenden Toten befassen, gibt es in beträchtlicher Zahl. Sie behandeln aber stets nur *einen* Friedhof oder allenfalls die Begräbnisstätten *einer* Stadt. In dem vorliegenden „Handbuch der Grabstätten" wird zum ersten Mal der Versuch unternommen, alle bemerkenswerten Gräber in Deutschland, Österreich und in der Schweiz zu erfassen und darüber hinaus auch die letzten Ruhestätten bekannter deutschsprachiger Persönlichkeiten außerhalb dieser Grenzen nachzuweisen. Die Nachforschungen waren daher nicht bei den einzelnen Friedhöfen anzusetzten, vielmehr galt es, zunächst den Kreis jener festzulegen, bei denen es gerechtfertigt erschien, sie in das Buch aufzunehmen, um erst nachher nach dem Verbleib ihrer Gräber Ausschau zu halten.

Die Auswahl, die getroffen werden mußte, war nicht immer leicht. Weltanschauliche, politische, religiöse oder moralische Gesichtspunkte haben hierbei keine Rolle gespielt. Aufgenommen wurden Gute und Böse, Heilige und Unheilige. Neben Wissenschaftlern und Künstlern, neben Politikern und Soldaten finden sich auch zwielichtige Personen, sofern sie einmal im Mittelpunkt des öffentlichen Interesses gestanden haben. Trotz des Strebens nach möglichst weitgehender Vollständigkeit – das Register weist ungefähr 2800 Namen auf, deren Träger zwischen 800 n. Ch. und dem 31. Dezember 1972 verstorben sind – wird mancher Leser diesen oder jenen Namen vergeblich suchen. Die Notwendigkeit, das Buch nicht ins Uferlose auszuweiten, zwang zu einer – unvermeidlich subjektiven – Auslese. Darüber hinaus sind aber gewisse Lücken auch objektiv bedingt. Über die Lage von Gräbern, die vor dem 19. Jahrhundert angelegt wurden, sind nur noch selten verläßliche Angaben zu erlangen. Ende des 18. Jahrhunderts ist ein großer Teil der innerstädtischen Friedhöfe eingeebnet worden, wobei weitgehend auch die Unterlagen über die dort Bestatteten der Vernichtung anheim gefallen sind. Weiter sind Verluste an alten Kirchenbüchern und Sterberegistern durch die späteren Kriege zu beklagen. Die Ermittlungen über das Schicksal alter Grabstätten, die in dem Kapitel „Verschollene oder unauffindbare Grabstätten" (→ Seite 161 ff) ihren Niederschlag gefunden haben, waren daher am mühevollsten.

Auf beträchtliche Schwierigkeiten sind aus verständlichen Gründen auch die Nachforschungen nach den Gräbern der in der DDR verstorbenen Persönlichkeiten gestoßen. Auch hier waren Lücken unvermeidlich. So gelang es nicht, verläßliche Angaben über die letzten Ruhestätten des Malers *Mathias Grünewald*, des Baumeisters *Johann Friedrich Eosander*, der Komponisten *Peter Gast*, *Samuel Scheidt* und *Johann Hermann Schein*, des Pädagogen *Johannes Basedow*, des Physikers *Hans Geiger* und des Industriellen *Hermann Gruson* zu erlangen.

Nicht einwandfrei zu ermitteln waren weiterhin die Grabstätten des Dichters *Andreas Gryphius*, der als „Schlesischer Schwan" bekannten *Friederike Kempner* und des Industriellen *Ferdinand Schichau* im heutigen Polen, die des Komponisten *Konradin Kreutzer* und des Alchimisten *Johannes Kunckel* in den früheren baltischen Ländern sowie die des Baumeisters *Friedrich Gilly* in der CSSR und des Schriftstellers *Walter Hasenclever* in Frankreich. In England ließen sich die letzten Ruhestätten der Musiker *Baptist Cramer* und *Johann Christoph Pepusch* nicht feststellen.

Die Zahl der in Übersee nachgewiesenen Gräber ist verhältnismäßig gering, da insoweit die sehr mühevollen Nachforschungen nur in beschränktem Umfang zu einem positiven Ergebnis geführt haben. Zu den – vielfach in der Emigration verstorbenen – Persönlichkeiten, deren Gräber sich nicht mit einer für die Aufnahme in das Buch hinreichenden Genauigkeit feststellen ließen, gehören: Die Nobelpreisträger *Friedrich Bergius* und *Karl Landsteiner*, der Philosoph *Ernst Cassierer*, die Schriftsteller *Max René Hesse, Lion Feuchtwanger, Ernst Toller* und *Franz Werfel*, der Architekt *Erich Mendelssohn* sowie die Musiker *Ernest Bloch, Erich Wolfgang Krongold, Fritz Kreisler* und *Kurt Weill.*

Die im Rahmen der einzelnen Friedhöfe erwähnten Personen umfassen auch jene Verstorbenen, deren Gräber unterdessen eingeebnet oder anderweitig belegt worden sind. Die insoweit erfolgten Hinweise entbehren allerdings der Vollständigkeit, da laufend auch historisch bedeutsame Grabstätten nach Ablauf der immer kürzer werdenden Ruhefrist nicht mehr auffindbar sind. Das Kapitel „Verschollene oder unauffindbare Grabstätten" enthält daher nur diejenigen Persönlichkeiten, deren Begräbnisstätten – Kirchen oder Friedhöfe – unterdessen der Vernichtung anheimgefallen sind oder bei denen es überhaupt an einer Grabstelle fehlt, da die Asche – dem Wunsch des Verstorbenen entsprechend – verstreut worden ist[1].

Die Literaturangaben sollen interessierte Leser in die Lage versetzen, sich über die Geschichte und Gestaltung der einzelnen Friedhöfe näher zu unterrichten. Auch hier mag der Hinweis auf das eine oder das andere Buch unterblieben sein, da es – wegen Fehlens einer entsprechenden Bibliographie – nicht möglich war, das einschlägige Schrifttum in vollem Umfang zu erfassen.

Für die Auswahl der Bilder war auf Wunsch des Verlages in erster Linie der künstlerische Wert oder die Besonderheit der einzelnen Grabdenkmäler maßgebend und nicht die Persönlichkeit der Verstorbenen und ihre historische Bedeutung.

Soviel zu dem Inhalt des Buches. Des weiteren stellt sich die Frage: Wozu dient es? Zunächst einem durchaus praktischen Zweck: Der Erhaltung historisch bedeutsamer Grabstätten. Sowohl die kommunalen als auch die kirchlichen Friedhofsverwaltungen gehen erfreulicherweise immer mehr dazu über, die letzten Ruhestätten bekannter Persönlichkeiten als Ehrengräber in ihre Pflege zu nehmen und sie dadurch auch nach Ablauf der Ruhefrist zu erhalten. Das setzt allerdings voraus, daß die hierüber zu entscheidenden Stellen überhaupt wissen, wer von den auf dem Friedhof ruhenden Toten nicht zu den „gewöhnlichen Sterblichen" zählt. Sieht man die Listen der Ehrengräber durch, so kann man – insbesondere bei städtischen Friedhöfen – häufig feststellen, daß zwar langjährige Kommunalpolitiker und andere um das Gemeinwesen verdiente Persönlichkeiten weitgehend Berücksichtigung gefunden haben, hingegen bekannte Wissenschaftler oder Künstler, die ebenfalls auf dem Friedhof ruhen, fehlen, da deren Bedeutung offenbar den zuständigen Stellen verborgen geblieben ist. Sonst wäre wohl – um nur ein Beispiel herauszugreifen – das Grab von *Ernst Mach*, einem der Wegbereiter der modernen Physik, auf dem Nordfriedhof in München nicht vor einigen Jahren in aller Stille geräumt worden. Vielleicht trägt das Handbuch dazu bei, die „Verlustliste" der historisch bedeutsamen Grabstätten nicht noch umfangreicher werden zu lassen als sie bereits ist und bei Auflassung von alten Friedhöfen – z.B. bedingt durch den Bau neuer Straßen – wenigstens einige dieser Gräber durch Umbettung zu erhalten.

Daneben könnte das Buch auch noch einen weiteren – ideellen – Zweck erfüllen: Bedeutende Persönlichkeiten des kulturellen, politischen und wirtschaftlichen Lebens, deren Namen in unserer schnellebigen Zeit bereits der Vergessenheit anheimgefallen sind, wieder in das Gedächtnis des Lesers zurückzurufen.

---

[1] Die in Nürnberg nach Kriegsende durch Selbstmord aus dem Leben geschiedenen oder in dem dortigen Kriegsverbrecherprozeß zum Tode verurteilten und hingerichteten NS-Führer, deren Asche auf Anordnung der damaligen Besatzungsmächte ebenfalls verstreut worden ist, sind in die Darstellung ebenso wenig einbezogen worden wie Hitler selbst.

Zu danken hat der Verfasser in erster Linie Dr. Michael Meier, Helmut Kaufmann und Ernst Hermann. Dr. Meier hat durch seine Initiative das Erscheinen des Buches ermöglicht und darüber hinaus durch zahlreiche Anregungen, Ergänzungsvorschläge und Recherchen im Ausland zur Vollständigkeit des Werkes beigetragen. Helmut Kaufmann hat seine musikhistorischen Kenntnisse in den Dienst der Sache gestellt und Ernst Hermann hat sich der mühevollen Aufgabe unterzogen, das nach anderen Gesichtspunkten aufgebaute Manuskript neu zu ordnen und satzfertig zu machen.

Darüber hinaus gilt der Dank all jenen, die in bereitwilligster Weise den Verfasser durch Erteilung von Auskünften unterstützt haben, vor allem den Friedhofsverwaltungen in beiden Teilen Deutschlands, in Österreich und der Schweiz, wissenschaftlichen Instituten, den diplomatischen Vertretungen der Bundesrepublik im Ausland und zahlreichen Einzelpersonen. Sie alle namentlich aufzuführen, verbietet der Raum. Stellvertretend für den großen Kreis der Helfer seien der Senator für Bau- und Wohnungswesen der Stadt Berlin, der Berliner Stadtsynodalverband, die Magistrate der Städte Graz und Wien, das Staatsarchiv der Freien und Hansestadt Hamburg, das Kulturamt der Stadt Stuttgart, die Akademie der Künste in Berlin, die Deutsche Fotothek in Dresden und die Edition Leipzig genannt, deren weit über das übliche Maß hinausgehende Nachforschungen nicht unwesentlich für das Gelingen des Werkes beigetragen haben. Endlich ist noch Frau Dr. Helmi Üprus aus Tallinn und Herrn Botschaftsrat Dr. Nipperdey von der Deutschen Botschaft in Brüssel zu danken. Frau Dr. Üprus hat wertvolle Informationen aus den früheren baltischen Ländern beigesteuert und Herr Dr. Nipperdey hat nicht nur die letzte Ruhestätte von Carl Sternheim in Brüssel ermittelt, sondern bei dieser Gelegenheit zugleich die drohende Einebnung des Grabes wegen Ablaufs der Ruhefrist verhindert.

Für Hinweise aus dem Leserkreis wäre der Verfasser dankbar.

Bonn–Bad Godesberg   Dr. Joachim Aubert
Im August 1973

Zur Entwicklung des Friedhofs in Deutschland

Viele unserer alten Dorfkirchen sind noch heute von einem Friedhof umgeben, der daher mit Recht den Namen „Kirchhof" trägt und der uns – im Schatten des Gotteshauses und oft mit reizvoll ins Landschaftsbild eingefügten Portalen – meist viel stimmungsvoller anmutet, als die vielfach nach reinen Zweckmäßigkeitsgesichtspunkten angelegten Großstadt-Friedhöfe. Auch in den Städten bildeten bis spätestens zum Ende des 18. Jahrhunderts Kirche und Kirchhof eine Einheit. An oder in der Kirche fanden die Toten ihre letzte Ruhestätte. So wurde die Zugehörigkeit der Verstorbenen zur Gemeinde auch über ihren Tod hinaus dokumentiert und den Angehörigen Gelegenheit gegeben, beim Besuch des Gottesdienstes ohne Mühe die Gräber aufzusuchen und Zwiesprache mit den Dahingeschiedenen zu halten.

Freilich, der Raum der mittelalterlichen Städte war begrenzt. Durch die Mauern war ihrer Ausdehnung eine natürliche Schranke gesetzt. Andererseits brauchte man aber für die Toten immer mehr Platz, vor allem, wenn – wie so oft im Mittelalter – Seuchen das Land heimsuchten und die Bevölkerung dezimierten. Die vorhandenen „Kirchhöfe", die nicht beliebig erweitert werden konnten, reichten dann nicht mehr aus. So entstanden als erste Begräbnisstätten vor den Toren der Stadt die Pest- und Leprosen- (Aussätzigen-)Friedhöfe, wodurch zugleich hygienischen Forderungen Rechnung getragen wurde. Eine generelle Verlagerung der Friedhöfe aus dem Stadtkern scheiterte jedoch an der Abneigung der Bevölkerung, ihre Toten fern von den althergebrachten Stätten beizusetzen. Wer einigermaßen auf sich hielt, verschaffte sich ein Erbbegräbnis in der Kirche, im Kirchenfußboden oder an der Kirchenmauer. Auch die Kirchen hatten ein Interesse an der Beibehaltung des bisherigen Zustandes, da sie aus der Vergabe von Grabstellen an oder in der Kirche beträchtliche Einnahmen erzielten.[1] So waren die Begräbnisstätten vor den Toren – von Ausnahmen abgesehen – lange Jahre hindurch lediglich Armenfriedhöfe.

Die Zunahme der Beisetzungen innerhalb der Kirchen – bedingt durch die mangelnde Erweiterungsmöglichkeit der die Kirchen umgebenden Friedhöfe – führte mit der Zeit zu unhaltbaren Zuständen. Ein Beispiel hierfür ist die Schilderung, die Aust[2] für die Katharinenkirche in Hamburg gibt: „Innerhalb und außerhalb der Kirchenmauern war jedes Plätzchen belegt. Bald zwang der Platzmangel dazu, bis zu vier Leichen übereinander zu betten und in kurzen Zeiträumen die Grabbezirke zu ‚reinigen'. Selbst in der Kirche wurden die Toten nur in einfachen Kuhlen, die in den losen Sandboden schnell ausgehoben waren, bestattet. Der kleinste Teil der Gräber war ausgemauert. Während der heißen Jahreszeit machte sich ein unangenehmer Geruch bemerkbar, und einmal stürzte während des Gottesdienstes ein Grab mit unheimlichem Geräusch zusammen". Wandel wurde dadurch geschaffen, daß Ende des 18. Jahrhunderts die Beisetzungen innerhalb der Stadtmauern grundsätzlich verboten wurden. So bestimmte das Preußische Landrecht von 1794 in Teil II, Titel 11, §184: „In den Kirchen und in bewohnten Gegenden der Städte sollen keine Leichen beerdigt werden" und für München z. B. waren bereits 1788 durch kurfürstliche „Gnädigste Spezialreskripte" ähnliche Anordnungen getroffen worden. Die innerstädtischen Friedhöfe wurden nunmehr für Beerdigungen geschlossen – z. T. sogar geräumt – und verschwanden immer mehr aus dem Stadtbild. Nur wenige blieben als Parkanlagen erhalten.

---

[1] Bereits Friedrich v. Logau, der bedeutendste Epigrammatiker des 17. Jahrhunderts, hat in seinen „Sinngedichten" diese kirchliche Erwerbsquelle kritisiert: Ist's christlich, Christenvolk, dem Gott den Himmel schenkt, daß sich nicht ohn' Entgelt man in die Erde senkt?

[2] Der Ohlsdorfer Friedhof, 2. Aufl., S. 11.

Für die jetzt neu zur Entstehung gelangenden Friedhofsanlagen waren im wesentlichen reine Zweckmäßigkeitserwägungen maßgebend, was vielfach zu unendlichen Gräberfeldern in trostloser Eintönigkeit führte. Die ordnende Hand des Künstlers bei der Planung fehlte. Noch hatten die Gartenarchitekten den Friedhof als Objekt der Landschaftsgestaltung nicht erkannt. Umso bemerkenswerter ist es, daß bereits Goethe diesem Problem seine Aufmerksamkeit schenkte. In seinem 1809 entstandenen „Wahlverwandtschaften" beschreibt er einen „Idealfriedhof", auf dem weder Hügel noch Steine die Gräber der Verstorbenen bezeichnen. Sie ruhen alle unter einer zusammenhängenden Rasenfläche und nur die an der Kirchenmauer aufgestellten Monumente künden ihre Namen[3]. Zwei Friedhöfe jener Zeit dürften ihn zu dieser Schilderung angeregt haben: Einmal der 1787 von Friedrich Wilhelm v. Erdmannsdorf in Dessau angelegte Friedhof, den Goethe selbst besucht hatte und auf dem ebenfalls die einzelnen Grabstellen keinerlei Steine aufweisen, und außerdem die Begräbnisstätte der Brüdergemeinde in Herrnhut, die auf den Grafen Zinzendorf zurückgeht. Durch die regelmäßige, in vier gleich große Quartiere geteilte Anlage, die gleichmäßigen Gräberreihen und die einheitlichen, aufs einfachste gestalteten Grabplatten wird hier der Gedanke der Gemeinschaft zum Ausdruck gebracht.

In der Mitte des 19. Jahrhunderts hatten sich zunächst in Amerika die Landschaftsarchitekten der Friedhofe angenommen und diese z. T. als Parkanlagen gestaltet. In Deutschland griff Wilhelm Cordes (1840–1917) diesen Gedanken auf und schuf in HamburgOhlsdorf den ersten großen „Parkfriedhof" auf deutschem Boden, der Vorbild für den später von Hannig in Stettin angelegten Hauptfriedhof wurde. Nicht der „Friedhof", sondern der „Park" dominiert hier. Der Besucher wandert auf verschlungenen Wegen und Pfaden, vorüber an Teichen und über kleine Brücken und gewahrt kaum noch die hinter Hecken und Sträuchern versteckten Gräber.

Der „Parkfriedhof" ist vielfach – insbesondere von konfessioneller Seite her – auf Ablehnung gestoßen. „Das Wesenhafte des Friedhofs ist kaschiert; er ist zum Park, zum Volkserholungspark gemacht. Man sieht nicht, die vor uns gewesen sind; man will nicht mit ihnen eine Stunde der Gemeinschaft. Man verzehrt dort das mitgebrachte Frühstück, für dessen irdische Überreste in Papiergestalt sogar Sammelkörbe aufgestellt sind."[4]

Das führte dazu, daß ab 1900 an Stelle des „Parkfriedhofs" immer mehr der „Waldfriedhof" trat. Bahnbrechend hierfür war durch die Schaffung des Münchener Waldfriedhofs der dortige Baudirektor Hans Grässel (1860–1939), der bedeutendste Friedhofsgestalter in der ersten Hälfte des 20. Jahrhunderts. Der Wald war auch für Grässel ein bestimmendes Element bei der Anlage seiner Friedhöfe, doch verzichtete er bewußt darauf, den Ernst, der jeder Begräbnisstätte zukommt, durch effektvolle Zutaten wie Teiche, kleine Flußläufe oder Brücken zu verdecken. Und Grässel erkannte auch, daß ein den Forderungen der Ästhetik gerecht werdendes Friedhofsbild nur dann zu erzielen ist, wenn sich Gartenkunst, Architektur und Kunstgewerbe, dem die Gestaltung der Grabdenkmäler zukommt, zu einem harmonischen Ganzen zusammenfügen.

Wie sich die Gestaltung der Friedhöfe in Zukunft entwickeln wird, ist eine offene Frage. Bereits jetzt erhebt sich im Zeitalter der Rationalisierung der Ruf nach „maschinengerechten und pflegeleichten" Friedhöfen mit dem Hinweis, daß Grabsteine einem „rationellen Maschineneinsatz" im Wege stehen. Feststehen dürfte, daß die Friedhöfe immer mehr an die Peripherie der Städte rücken, so bedauerlich dies auch ist, da hircurch der Besuch der Gräber in zunehmen-

---

[3] II. Teil, 1. Kapitel. Der Protest gegen diese Ordnung bleibt allerdings im Roman nicht aus.
[4] Horn, Die vor uns gewesen sind, S. 12; ähnlich Geitner, Das christliche Grabmal, München 1922, S. 10

dem Maße erschwert wird. Ein wenig erfreuliches Beispiel für die „Arbeitsverlegung" von Friedhöfen bilden der Südwestkirchhof und der Wilmersdorfer Waldfriedhof in Stahnsdorf bei Berlin, die seinerzeit als Begräbnisstätten zahlreicher westberliner Kirchengemeinden vorgesehen waren und die sich nunmehr im Bezirk Potsdam der DDR befinden, also nicht einmal mehr in Ost-Berlin. Zwar konnte man bei ihrer Anlegung nicht damit rechnen, daß eines Tages durch die Teilung Deutschlands den Westberlinern der Besuch dieser Friedhöfe weitgehend unmöglich werden würde. Aber abgesehen hiervon, setzt bereits unter normalen Verhältnissen ein „Gang" zu diesen Begräbnisstätten eine Tagesreise voraus, die nur unter Zuhilfenahme der Eisenbahn bewältigt werden kann. Damit entfällt aber praktisch die persönliche Pflege der Gräber und die damit verbundene innere Beziehung zu den Verstorbenen.

Die Reihe der Reformvorschläge geht aber noch weiter. So wird bereits hier und da, wenn auch zunächst erst schüchtern, mit dem Gedanken gespielt, die Friedhofe – um Grund und Boden zu sparen, der nun einmal nicht beliebig vermehrt werden kann – durch anonyme Urnenhaine, sogenannte „Streuwiesen" zu ersetzen, auf die die Asche der Verstorbenen verstreut wird, ohne daß später ein Hügel oder ein Gedenkstein von ihnen kündet. Man sollte diese Überlegungen nicht für völlig utopisch halten, passen sie doch gar nicht schlecht in gewisse öde Nivellierungsbestrebungen der Gegenwart. So bleibt nur zu hoffen, daß der kulturell gewachsene Wunsch nach individueller Totenehrung doch noch die Oberhand behält und wenigstens die Verstorbenen von dem Trend zur Vermassung verschont bleiben.

Bundesrepublik Deutschland

Aachen

Dom

Karl d. Große, König der Franken (seit 768) und deutscher Kaiser (seit 800), 742–814.

Otto III, deutscher König (seit 983) und Kaiser (seit 996), Sohn Ottos II. (→ Rom, Vatikan), 980 Kessel, Kr. Kleve –1002.

Adelby Kr. Flensburg

Friedeburg, Hans-Georg v., Generaladmiral und letzter Oberbefehlshaber der Kriegsmarine, 1895 Straßburg i. E. –1945. Selbstmord nach Unterzeichnung der Kapitulation.

Altötting

Stiftskirche St. Philipp und Jakob
Tillykapelle

Tilly, Johann Tserclaes Graf v., Feldherr des 30jährigen Krieges, 1559 Schloß Tilly, Brabant – 1632 bei Rain a. Lech tödlich verwundet.

Alte St. Anna-Kirche

Konrad von Parzham, eigentl. Johannes Birndorfer, Pförtner des St. Anna-Klosters in Altötting, Heiliger (1934), 1818–1894.

Heilige Kapelle

Beisetzungsstätte der Herzen der Wittelsbacher.

Ambach Kr. Bad Tölz –Wolfratshausen

Bonsels, Waldemar, Lyriker u. Erzähler (,,Die Biene Maja und ihre Abenteuer", ,,Indienfahrt"), 1881 Ahrensburg, Kr. Stormarn –1952. Beigesetzt im Garten seiner Villa.

Amberg Kr. Mindelheim

Welser, Bartholomäus, Augsburger Handelsherr, Bankier Karls V., Onkel der Philippine W. (→ Innsbruck). 1488 Memmingen (?) –1561.

Ansbach

Johannisfriedhof, Benkendorfstraße

Hauser, Kaspar, Findelkind rätselhafter Herkunft, von unbekannter Hand ermordet, 1812–1833.
Grabinschrift:
Aenigma sui temporis
Ignota nativitas
Occulta mors
(Das Rätsel seiner Zeit, unbekannter Herkunft und unaufgeklärten Todes.)

Arolsen, Kr. Waldeck

Schuchhardt, Carl, Archäologe, Arbeiten zur Vorgeschichte Deutschlands und Europas (,,Alteuropa"), Teilnehmer an den Ausgrabungen von Pergamon, 1859 Hannover –1943.

Aschaffenburg

Altstadtfriedhof, Lamprechtstraße.

Brentano, Clemens, einer der bedeutendsten Dichter der Spätromantik, mit Achim v. Arnim (→ Wiepersdorf, Bez. Potsdam, DDR) Herausgeber der Volksliedersammlung ,,Des Knaben Wunderhorn", Bruder von Bettina v. Arnim (→ Wiepersdorf), 1778 Ehrenbreitstein b. Koblenz –1842.

,,Als die Blumen hier vergangen,
Ist der Frühling dort erschienen,
Sie sind zum Verein gegangen,
Zu des Himmels Arbeits-Bienen."

Brentano, Franz, Philosoph u. Psychologe, Begründer der beschreibenden Psychologie, Neffe von Clemens und Bruder von Lujo B., 1838 Marienberg b. Boppard –1917

Brentano, Lujo, Nationalökonom, 1844 Aschaffenburg –1931.

Dessauer, Friedrich, Philosoph u. Politiker, untersuchte den Einfluß der Röntgenstrahlen auf biologische Vorgänge, MdR 1924–33, 1881 Aschaffenburg –1963.

Heinse, Wilhelm, eigentl. Heintze, Dichter des Sturm und Drang (,,Ardinghello"), Vorläufer der Romantik, auch Kunstschriftsteller und Übersetzer, 1746 Langewiesen, Bez. Suhl –1803.

Vauchel, Jean, eigentl. Vauchelle, Geigenbauer, 1782 Offenbach –1856.

Augsburg

St. Anna

Fugger, Jakob, „der Reiche", Kaufherr und Bankier, 1459 Augsburg –1525.

St. Ulrich und Afra

Ulrich, Bischof v. Augsburg (seit 923), Heiliger (993), 890 Augsburg–973.

Evangelischer Friedhof

Holl, Elias, Stadtbaumeister, formte entscheidend das Stadtbild von Augsburg (Rathaus, Zeughaus u. a.), 1573 Augsburg –1646.

Müller, Friedrich v., Internist, Arbeiten über Stoffwechsel, einer der bedeutendsten klinischen Forscher seiner Zeit, 1858 Augsburg –1941.

Kath. Friedhof, Hermannstraße

Euringer, Richard, Dramatiker u. Erzähler („Die Sargbreite Leben"), 1891 Augsburg –1953.

Schmid, Christoph v., kath. Pfarrer, Jugendschriftsteller und Dichter („Ihr Kinderlein kommet"), 1768 Dinkelsbühl –1854.

Aumühle Kr. Herzogtum Lauenburg

Schönerer, Georg Ritter v., österr. Politiker, Vertreter eines radikalen deutschen Nationalismus, Vorkämpfer der „Los von Rom"-Bewegung. 1842 Wien –1921.

Baden-Baden

Stiftskirche U. L. Frau

Ludwig Wilhelm I., Markgraf v. Baden, gen. Türkenlouis, Reichsfeldmarschall, kämpfte erfolgreich gegen die Türken, Erbauer des Schlosses in Rastatt, 1655 Paris –1707.

Stadtfriedhof

Bergengruen, Werner, Schriftsteller („Der Großtyrann und das Gericht"), auch Lyriker, 1892 Riga –1964.

Choltitz, Dietrich v., General, verhinderte 1944 als Militärbefehlshaber Groß-Paris die Zerstörung von Paris, 1894 Wiese-gräflich, Kr. Neustadt. O. S. –1966.

Deimling, Berthold v., General, später Pazifist und Mitglied des Reichsbanners Schwarz-Rot-Gold, 1853 Karlsruhe –1944.

Flake, Otto, Schriftsteller („Hortense", „Die Monthivermädchen", „Fortunat"), 1880 Metz –1963. Ehrengrab der Stadt Baden-Baden.

Paulus, Friedrich, Feldmarschall, kapitulierte Januar 1943 mit der 6. Armee in Stalingrad, 1890 Breitenau, Kr. Melsungen –1957.

Schneider, Reinhold, kath. Lyriker, Dramatiker u. Erzähler („Las Casas vor Karl V."), kurz vor Ende des Krieges wegen Hochverrats angeklagt, 1903 Baden-Baden –1958.

Tietjen, Heinz, Intendant (Preuß. Staatstheater in Berlin (1927/45), zuletzt, 1956/59, Hamburger Staatsoper, 1881 Tanger –1967.

Bad Hersfeld

Duden, Konrad, Sprachforscher, Verfasser eines noch heute für die deutsche Rechtschreibung maßgebenden „Orthographischen Wörterbuchs der deutschen Sprache" (1880), 1829 Gut Bossigt b. Wesel –1911.

Bad Honnef

Neuer Friedhof

Herzog, Rudolf, Schriftsteller, 1869 Barmen –1943.

Kreis, Wilhelm, expressionistischer Architekt (Museums- und Ausstellungsbauten in Düsseldorf, Hygienemuseum in Dresden), 1873 Eltville –1955.

Waldfriedhof Ortsteil Rhöndorf

Adenauer, Konrad, Politiker, Oberbürgermeister von Köln 1917/33, Mitbegründer der

CDU, erster Bundeskanzler 1949/63, 1876 Köln –1967.

Bad Nenndorf

Miegel, Agnes, ostpreuß. Dichterin („Geschichten aus Alt-Preußen", „Dorothee", „Heimkehr"), 1879 Königsberg, Pr. –1964.

Bad Pyrmont
FRIEDHOF LORTZINGSTRASSE

Schücking, Levin, Romanschriftsteller und Dramatiker („Günther v. Schwarzburg"), befreundet mit Annette v. Droste (→ Meersburg), 1814 Clemenswerth b. Meppen –1883.

Seebohm, Hans-Christoph, Politiker, Bundesverkehrsminister 1949/66, 1903 Emanuelssegen b. Kattowitz –1967.

Bad Salzuflen Kr. Lippe
STÄDT. FRIEDHOF, AM OBERNBERG

Dürkopp, Nicolaus, Industrieller u. Erfinder, 1842 Herford –1918.

Bad Wiessee

Blomberg, Werner v., Feldmarschall, Reichskriegsminister und Oberbefehlshaber der Wehrmacht 1935/38, 1878 Stargard, Pommern –1946.

Kesselring, Albert, Feldmarschall der Luftwaffe, 1885 Marksteft, Kr. Kitzingen –1960.

Marcuse, Ludwig ,Philosoph u. Literaturhistoriker („Obszön, Geschichte einer Entrüstung"), 1894 Berlin –1971.

Bad Wörishofen Kr. Mindelheim

Kneipp, Sebastian, kath. Geistlicher und Heilkundiger (Kaltwasseranwendung zu Heilzwecken), 1821 Stefansried b. Ottobeuren –1897.

Baierbrunn Kr. Bad Tölz–Wolfratshausen
NEUER FRIEDHOF

Pankok, Bernhard, Architekt, Maler, Bild-hauer und Kunstgewerbler 1872 Münster, Westf. –1943.

Bamberg
DOM

Heinrich II., deutscher König seit 1002 und Kaiser seit 1014, als einziger deutscher Kaiser heiliggesprochen (1146), Gründer des Bistums Bamberg, 973 Abbach b. Kelheim –1024.

Kunigunde, deutsche Kaiserin, Gemahlin Heinrichs II., Heilige (1200), um 980–1039.

Konrad III., deutscher König (1138–1152), erster König aus dem Hause Hohenstaufen, Vater Friedrich Barbarossas, 1093–1152.

Klemens II., Suitger, Graf v. Morsleben, Papst 1046/47, seit 1040 Bischof v. Bamberg, † 1047. Einziger in Deutschland beigesetzter Papst.

ST. MICHAEL

Otto, Bischof von Bamberg seit 1102, Heiliger (1189), um 1060–1139.

STÄDT. FRIEDHOF

Schönlein, Johann Lukas, Mediziner, einer der Begründer der modernen naturwissenschaftlichen Medizin, 1793 Bamberg –1864.

Bayreuth
SCHLOSSKIRCHE

Fürstengruft unter der Orgelempore

Wilhelmine, Markgräfin von Bayreuth, Lieblingsschwester Friedrichs d. Gr., 1707 Berlin –1758.

PARK DER VILLA WAHNFRIED

Wagner, Richard, Komponist, 1813 Leipzig 1883.

Wagner, Cosima, Tochter von Franz Liszt (s. u.) und der Comtesse d'Agoult (→ Paris), Ehefrau von Richard Wagner, in erster Ehe vermählt mit dem Dirigenten Hans v. Bülow (→ Hamburg, Ohlsdorfer Friedhof), 1837 Como –1930.

Chamberlain, Houston Stewart, engl. Schriftsteller („Die Grundlagen des 19. Jahrhunderts"), Schwiegersohn Richard Wagners, 1855 Portsmouth –1927.

Jean Paul, eigentl. Johann Paul Friedrich Richter, Dichter. („Leben des Quintus Fixlein"), 1763 Wunsiedel –1825.

Liszt, Franz v., Komponist, Vater von Cosima Wagner, 1811 Raiding, Burgenland –1886. Das Mausoleum, in dem L. ursprünglich beigesetzt worden war, ist 1945 durch Artilleriebeschuß zerstört worden.

Panizza, Oskar, neuromantischer Lyriker und Dramatiker („Das Liebeskonzil"), Satiriker, 1853 Bad Kissingen –1921.

Richter, Hans, Dirigent der Wiener Hofoper 1875–1900, bedeutender Wagner-Interpret. Seit 1876 Hauptdirigent der Bayreuther Festspiele, 1843 Raab, Ungarn –1916.

Wagner, Siegfried, Komponist (Oper „Der Bärenhäuter"), Dirigent und Regisseur, Sohn Richard Wagners, 1869 Triebschen b. Luzern –1930.

Wagner, Wieland, Regisseur, Neubegründer der Bayreuther Festspiele, Sohn Siegfried Wagners, 1917 Bayreuth –1966.

Benediktbeuern Kr. Bad Tölz – Wolfratshausen

Kaminski, Heinrich, Komponist, Verfasser von Chorwerken („Magnificat") und Kammermusik, 1886 Tiengen, Kr. Freiburg/Br. –1946.

Benningsen Kr. Springe

Benningsen, Rudolf v., lib. Politiker, Führer der Nationalliberalen Partei, Reichstagspräsident 1873/79, 1824 Lüneburg –1902.

Berchtesgaden
ALTER FRIEDHOF

Eckart, Dietrich, Schriftsteller, führender

Publizist des frühen Nationalsozialismus, 1868 Neumarkt, Obpf. –1923.

Voss, Richard, Romanschriftsteller („Zwei Menschen"), 1851 Neu-Grape b. Pyritz –1918

Bergisch Gladbach
KATH. FRIEDHOF

Winckler, Josef, Schriftsteller („Der tolle Bomberg"), 1881 Rheine –1966.

Bernkastel-Kues Kr. Bernkastel-Wittlich
ST. NIKOLAUS-HOSPITAL in Kues

Nikolaus v. Kues (Nicolaus Cusanus), eigentlich Krebs, Theologe und letzter großer Philosoph des Mittelalters, Frühhumanist, 1401 Kues –1464. In Kues nur das Herz beigesetzt, → Rom, San Pietro in vincoli.

Biberach a. d. Riß
KATH. FRIEDHOF, Ehingerstraße

Braith, Anton, Maler, vornehmlich von Tierbildern, 1836 Biberach –1905.

Erzberger, Matthias, Zentrumspolitiker, Reichsfinanzminister seit 1919, 1875 Buttenhausen, Kr. Münsingen –1921. Von Rechtsradikalen ermordet.

Bielefeld
JOHANNISFRIEDHOF

Hinzpeter, Georg, Pädagoge, Erzieher Wilhelms II., 1827 Bielefeld –1907.

Oetker, August, Unternehmer, Gründer der Oetker Nährmittelfabrik, 1862 Obernkirchen, Kr. Grafschaft Schaumburg –1918.

SENNEFRIEDHOF

Bavink, Bernhard, Philosoph mit umfassenden Kenntnissen der Naturwissenschaften („Ergebnisse und Probleme der Naturwissenschaften"), 1879 Leer, Ostfriesland –1947.

Severing, Karl, soziald. Politiker, langjähriger preuß. Innenminister, Reichsinnenminister (1928/30), 1875 Herford, Westf. –1952.

FRIEDHOF DER BETHELSCHEN ANSTALTEN

Der Friedhof, auf dem vornehmlich Diakonissen der Bethelschen Anstalten ruhen, betont durch seine gleichmäßigen Gräberreihen den Gedanken der Gemeinschaft und schließt sich daher in seiner Gestaltung den Begräbnisstätten der Brüdergemeinen (→ Herrnhut, Bez. Dresden, DDR) an.

Bodelschwingh, Friedrich v., evgl. Theologe, Gründer der Bethelschen Anstalten (1867), der größten Pflegestätte der Inneren Mission, 1831 Tecklenburg, Reg. Bez. Münster –1910.

Bodelschwingh, Friedrich v., evgl. Theologe, führte das Werk seines Vaters fort; rettete die Kranken vor dem „Euthanasieprogramm" der Nationalsozialisten, 1877 Bielefeld –1946.

NEUER ZIONSFRIEDHOF, BETHEL

Bäumer, Gertrud, Schriftstellerin u. Politikerin, mit Helene Lange (→ Berlin-Charlottenburg, Friedhof Heerstraße) führend in der deutschen Frauenbewegung, 1873 Hohenlimburg –1954.

Bochum

ALTER FRIEDHOF, Wittenerstraße

Kortum, Karl Anton, Arzt u. Schriftsteller („Die Jobsiade"), 1745 Mühlheim, Ruhr –1824, Ehrengrab.

Mayer, Jacob, Metallurg, Erfinder des Stahlformgusses, Gründer der Fa. Mayer & Kühne, später „Bochumer Verein für Gußstahlfabrikation", 1813 Dunningen, Kr. Rottweil –1875.

FRIEDHOF AN DER BLUMENSTRASSE

Schmitt, Saladin, Regisseur u. Theaterleiter, Intendant des Bochumer Theaters 1919/49, Präsident der Deutschen Shakespeare-Gesellschaft, 1883 Bingen a. Rhein –1951, Ehrengrab.

Bommelsen Kr. Fallingbostel

Blaskowitz, Johannes Albrecht, General-oberst, zuletzt Oberbefehlshaber Niederlande, 1883 Peterswalde, Ostpr. –1948. Selbstmord während des Nürnberger Prozesses.

Bonn

ALTER FRIEDHOF

Lit.: Ennen–Holzhausen–Schroers: Der alte Friedhof in Bonn, 3. Aufl., Bonn 1970.

Der größte mittelalterliche Friedhof Bonns befand sich auf dem heutigen Römerplatz, unweit des Marktes, im Schatten von Alt-St.-Remigius. Um ihn zu entlasten, ließ Kurfürst Joseph Clemens im Jahre 1715 vor dem Sterntor einen „neuen Friedhof" anlegen, der zunächst nur zur Bestattung „vor gemeine Einwöhner, paßanten und Soldaten" bestimmt war, während die Honoratioren Bonns weiterhin auf dem Remigiusfriedhof beigesetzt wurden. Hygienische Gründe führten auch in Bonn dazu, die Bestattung innerhalb der Stadtmauern zu untersagen, und 1787 wurden die um die Kirchen befindlichen Friedhöfe geschlossen. Damit wurde der „neue Friedhof" – abgesehen von einigen Vorstadtkirchhöfen (Kessenich u.a.) – nunmehr für fast 100 Jahre der allgemeine Begräbnisplatz Bonns. Nachdem auch er 1884 geschlossen worden ist – nur ausnahmsweise finden um Bonn verdiente Persönlichkeiten dort noch ihre letzte Ruhestätte – trägt er nunmehr den Namen „Alter Friedhof". Wie die Begräbnisstätten anderer ehrwürdiger Universitätsstädte (Göttingen, Heidelberg), legt auch der „Alte Friedhof" mit seinen zahlreichen Gräbern berühmter Gelehrter beredtes Zeugnis ab von der Rolle, die die Universität des 19. Jahrhunderts im wissenschaftlichen Leben Deutschlands gespielt hat.

Argelander, Friedrich Wilhelm August, Astronom, schuf die „Bonner Durchmusterung" (Katalogisierung von mehr als 300000 Sternen), 1799 Memel –1875.

Arndt, Ernst Moritz, Dichter, Publizist u. Politiker, 1769 Schoritz, Rügen –1860.

„Gute Nacht, ihr meine Freunde,
Alle, die ihr um mich weint;
Laßt Euch nicht betrüben.
Diesen Abstieg, den ich thu'
In die Erde nieder.
Seht, die Sonne geht zur Ruh',
Kommt doch morgen wieder."

Beethoven, Maria Magdalena van, geb. Keverich, Mutter von Ludwig van Beethoven (→ Wien, Zentralfriedhof), 1746 Ehrenbreitstein –1787.

Boisserée, Sulpiz, Kunstwissenschaftler und Kunstsammler. Die von ihm aufgebaute Gemäldesammlung bildete später den Grundstock für die Alte Pinakothek in München, 1783 Köln –1854.

Clausius, Rudolf, Physiker, Begründer der mechanischen Wärmetheorie, 1822 Köslin –1888.

Dahlmann, Friedrich Christoph, Historiker („Quellenkunde zur deutschen Geschichte") u. Politiker 1785 Wismar –1860.

Diez, Friedrich, Romanist, Begründer der romanischen Philologie, 1794 Gießen –1876.

Hermes, Georg, Theologe u. Philosoph, Vertreter einer rationalisierenden Theologie („Hermesianismus"), 1775 Dreierwalde, Kr. Tecklenburg –1831.

Lassen, Christian, Indologe, einer der Begründer der Sanskritphilologie, 1800 Bergen, Norwegen –1876.

Niebuhr, Barthold Georg, Historiker („Römische Geschichte") und Diplomat, preuß. Gesandter beim Hl. Stuhl, 1776 Kopenhagen –1831. Entwurf des Grabmals von Schinkel, Marmorrelief am Grabmal von Rauch.

Reger, Elsa, geb. v. Bagenski, Gattin von Max R. (→ München, Waldfriedhof), 1870 Kolberg –1951. Ehrengrab der Stadt Bonn.

Reinkens, Josef Hubert, altkath. Theologe, erster Bischof 1873, Organisator der Altkatholiken in Deutschland, 1821 Aachen –1896.

Schiller, Charlotte v., geb. v. Lengefeld, Gattin Schillers (→ Weimar), 1766 Rudolstadt –1826.

Schiller, Ernst v., Appelationsgerichtsrat, Sohn Schillers, 1796 Jena –1841.

Schlegel, August Wilhelm v., Dichter der Romantik und Literaturwissenschaftler, mit Tieck (→ Berlin–Kreuzberg) Übersetzer von Shakespeare, Bruder von Friedrich v. Schlegel (→ Dresden), verheiratet mit Karoline geb. Michaelis (→ Maulbronn), 1767 Hannover –1845.

Schmidtbonn, Wilhelm, eigentl. Schmidt, Verfasser von Dramen, Romanen, Novellen, Legenden und Märchen, 1876 Bonn –1952.

Schopenhauer, Adele, Schriftstellerin, Schwester des Philosophen Arthur Schopenhauer (→ Frankfurt/M.), 1797 Hamburg –1849.

Schumann, Robert, Komponist, 1810 Zwickau –1856. Zuletzt geisteskrank.

Schumann, Clara geb. Wieck, Pianistin, Gattin von Robert Schumann, 1819 Leipzig –1896.

Simrock, Karl, Germanist u. Dichter, Nachgestalter mittelhochdeutscher Literatur, 1802 Bonn –1876.

Usener, Hermann, klass. Philologe, Begründer der modernen vergleichenden Religionswissenschaft, 1834 Weilburg –1905.

Wesendonck, Mathilde, geb. Luckemeyer, befreundet mit Richard Wagner („Wesendonck Lieder"), 1828 Elberfeld –1902.

NORDFRIEDHOF

Rothacker, Erich, Philosoph u. Psychologe, 1888 Pforzheim –1965.

POPPELSDORFER FRIEDHOF

Hausdorff, Felix, Mathematiker u. philos. Schriftsteller, verdient um die Erforschung der Mengenlehre, 1868 Breslau –1942. Freitod vor Deportation, beigesetzt in der Gruft König.

Kekulé v. Stradonitz, August, Chemiker, stellte die ringförmige Benzolformel auf, 1829 Darmstadt –1896.

SÜDFRIEDHOF

Litt, Theodor, Philosoph u. Pädagoge, 1880 Düsseldorf –1962.

Ollenhauer, Erich, Politiker, Parteivorsitzender der SPD (seit 1952), 1901 Magdeburg –1963.

Walzel, Oskar, Literaturhistoriker („Handbuch der Literaturwissenschaft"), 1864 Wien –1944.

ALTER KESSENICHER FRIEDHOF

Bücheler, Franz, Altphilologe, Textkritiker u. Grammatiker, 1837 Rheinberg, Kr. Moers –1908.

Schönfeld, Eduard, Astronom, setzte die von Argelander (→ Alter Friedhof) begonnene „Durchmusterung" fort, 1828 Hildburghausen –1891.

KESSENICHER BERGFRIEDHOF

Bezold, Friedrich v., Historiker, Forschungen zur Reformation, 1848 München –1928.

Schulte, Aloys, Historiker, Direktor des preuß. histor. Instituts in Rom, 1857 Münster –1941.

Bonn–Bad Godesberg

BURGFRIEDHOF

Lit.: Zuppke, Emil, Der Burgfriedhof, Godesberger Heimatblätter, Heft 10, S. 55, Bonn 1972.

Kemp, Paul, Filmschauspieler, 1899 Bad Godesberg –1953.

FRIEDHOF PLITTERSDORF
an der St. Evergisius-Kirche

Blank, Theodor, CDU-Politiker, erster Bundesverteidigungsminister 1955/56, Bundesarbeitsminister 1957/65, 1905 Elz, Lahn –1972.

FRIEDHOF RÜNGSDORF

Wagemann, Ernst, Nationalökonom u. Statistiker, Präsident des statistischen Reichsamtes 1923/33, 1884 Chile –1956.

ZENTRALFRIEDHOF

Hatzfeld, Adolf v., Lyriker u. Erzähler mit betont religiösem Einschlag („Franziskus"), erblindet, 1892 Olpe –1957.

Hermes, Andreas, Politiker, Reichsernährungs- und Reichsfinanzminister 1920/23, Mitbegründer der ostdeutschen CDU, Präsident des Deutschen Bauernverbandes 1946 bis 1954. 1878 Köln –1964.

Brake (Unterweser), Kr. Wesermarsch
siehe **Hammelwarden**

Brannenburg Kr. Rosenheim
KATH. FRIEDHOF
an der Pfarrkirche

Caspar, Karl, Maler, einer der Führer der „Neuen Sezession" in München, 1879 Friedrichshafen –1956.

ORTSTEIL GROSSBRANNENBERG, ST. MARGARETHEN

Heiseler, Bernt v., Schriftsteller („Hohenstaufen-Trilogie"), 1907 Brannenburg –1969.

Heiseler, Henry v., Dichter, Übersetzer, Dramatiker 1875 St. Petersburg –1928.

Braubach a. Rhein
ALTER FRIEDHOF an der St. Martinskapelle

Schlusnus, Heinrich, Kammersänger, Liedersänger, Bariton, 1888 Braubach –1952.

Braunlage Harz
Heye, Wilhelm, Generaloberst, Chef der Heeresleitung 1926/30, 1869 Fulda –1947.

Braunschweig

Dom

Otto IV. von Braunschweig, deutscher König und Kaiser, Sohn Heinrichs d. Löwen, um 1175 Normandie –1218.

Heinrich der Löwe, Herzog von Sachsen u. Bayern, 1129 Ravensburg –1195.

Friedrich Wilhelm, Herzog von Braunschweig-Öls, gen. der „Schwarze Herzog", kämpfte als Führer der „Schwarzen Schar" gegen Napoleon, 1771 Braunschweig –1815. Gefallen bei Quatrebras.

Hauptfriedhof

Blumenau, Hermann, deutscher Kolonisator in Brasilien, Gründer der Kolonie Blumenau 1850, 1819 Hasselfelde, Harz –1899.

Büssing, Heinrich, Autoindustrieller, 1843 Nordsteimke b. Hallersleben –1929.

Huch, Rudolf, Rechtsanwalt und Schriftsteller („Hans der Träumer", „Wilhelm Brinkmeyers Abenteuer"), Gegner des Naturalismus („Mehr Goethe"), Bruder von Ricarda Huch (→ Frankfurt/M.), 1862 Porto Alegre, Brasilien –1943.

Raabe, Wilhelm, Dichter, („Chronik der Sperlingsgasse", „Der Hungerpastor"), 1831 Eschershausen (Braunschweig) –1910.

Magni-Friedhof

Gerstäcker, Friedrich, Schriftsteller, Verfasser von Reise- und Abenteuerromanen („Die Flußpiraten des Mississippi"), 1816 Hamburg –1872.

Lessing, Gotthold Ephraim, Dichter, Dramaturg in Hamburg und Bibliothekar in Wolfenbüttel („Miß Sara Sampson", „Emilia Galotti", „Minna v. Barnhelm", „Nathan der Weise", „Hamburgische Dramaturgie"), 1729 Kamenz –1781.

Dom-Friedhof

Ottmer, Karl Theodor, Architekt des Klassizismus (Schloß u. Bahnhof in Braunschweig,

Singakademie in Berlin), 1800 Braunschweig –1843.

Schill-Denkmal Campestraße

Schill, Ferdinand v., preuß. Offizier, Führer eines Freikorps, 1774 Wilmsdorf b. Dresden –1809. Nach dem Tode von Schill wurde sein Kopf von holländischen Truppen vom Körper getrennt. Der Körper wurde in → Stralsund bestattet, der Kopf in Leiden in Spiritus aufbewahrt. Erst 1837 wurde er bei der Enthüllung des Denkmals in Braunschweig beigesetzt.

Breitbrunn Kr. Starnberg

Buschor, Ernst, Archäologe, Direktor des deutschen Archäologischen Instituts in Athen 1921/29, berühmt durch seine Ausgrabungen auf Samos. 1886 Hürben b. Krumbach, Schwaben –1961.

Freie und Hansestadt Bremen

Dom

Knigge, Adolf Franz Friedrich Frhr. v., Schriftsteller der Aufklärung, berühmt durch sein Erziehungsbuch „Der Umgang mit Menschen", 1752 Bredenbeck b. Hannover –1796.

Osterholzer Friedhof

Borgward, Carl, Automobilindustrieller, Gründer der ehem. Borgward-Werke, 1890 Hamburg –1963.

Riensberger Friedhof

Meier, Hermann Heinrich, Reeder, Begründer des Norddeutschen Lloyd 1857. 1809 Bremen –1898.

Schröder, Rudolf Alexander, Lyriker, Erzähler u. Übersetzer, („Die Geistlichen Lieder"), auch bedeutender Bibliophile, 1878 Bremen –1962.

Smidt, Johann, hanseatischer Staatsmann und Gründer von Bremerhaven. 1773 Bremen –1857.

FRIEDHOF DER
VEGESACKER KIRCHENGEMEINDE
Lindenstraße

Rohlfs, Gerhard, Geograph u. bedeutender Afrikaforscher, 1831 Bremen –1896.

Buchen Odenwald

Eiermann, Egon, Architekt, (Neue Gedächtniskirche in Berlin, deutsche Botschaft in Washington, Abgeordnetenhochhaus in Bonn), 1904 Neuendorf, Kr. Teltow –1970.

Buchenbühl Kr. Lindau

Hartmann, Max, Biologe, Direktor des Max Planck-Instituts für Biologie, 1876 Lauterecken, Kr. Kusel –1962.

Bückeburg

ALTER FRIEDHOF

Bach, Johann Christoph Friedrich, Hofkapellmeister und Komponist (Oratorien u. Kammermusik), Sohn von Johann Sebastian Bach (→ Leipzig), 1732 Leipzig –1795.

Büderich Kr. Grevenbroich

Mataré, Ewald, Bildhauer, 1887 Aachen –1965.

Burgdorf bei Lehrte

ALTER FRIEDHOF

Spitta, Philipp, evgl. Theologe u. Kirchendichter („Psalter und Harfe"), Vater des Musikwissenschaftlers Philipp Spitta (→ Berlin-Schöneberg), 1801 Hannover –1859.

Celle

FRIEDHOF HARBURGERSTRASSE

Mackensen, August v., Feldmarschall, Heerführer im 1. Weltkrieg, 1849 Haus Leipnitz b. Wittenberg –1945.

Cleversulzbach Kr. Heilbronn

Mörike, Charlotte Dorothea, Mutter Eduard Mörikes (→ Stuttgart, Pragfriedhof), 1771 Grafenberg b. Nürtringen –1831.

Schiller, Elisabeth Dorothea geb. Kodweiß, Mutter Friedrich v. Schillers (→ Weimar), 1732 Marbach –1802.

Coburg

MAUSOLEUM

Ernst II., Herzog von Sachsen–Coburg–Gotha, Förderer der nationalen Bestrebungen des 19. Jahrhunderts, Protektor des „Deutschen Nationalvereins", 1818 Coburg –1893.

KATH. PFARRKIRCHE ST. AUGUSTIN
Krypta

Ferdinand I., Zar v. Bulgarien 1887–1918, vorher Prinz von Sachsen-Coburg-Gotha-Kohary, 1861 Wien –1948.

Corvey Kr. Höxter

FRIEDHOF AN DER KLOSTERKIRCHE

Hoffmann v. Fallersleben, August Heinrich, Germanist u. Dichter, Lyriker des Vormärz (Deutschlandlied), Verfasser von Kinderliedern („Alle Vögel sind schon da"), 1798 Fallersleben –1874.

Dannenberg Kr. Lüchow-Dannenberg

ALTER FRIEDHOF

Prochaska, Eleonore, Lützower Jäger, 1785 Potsdam –1813. Gefallen.

Darmstadt

Lit.: Mushake: Darmstädter Friedhöfe, Frankfurt/M., 1938.

AUF DER ROSENHÖHE

Ernst Ludwig, Großherzog von Hessen und bei Rhein 1892–1918. 1868 Darmstadt –1937. Kunstfreund. Gründer der Darmstädter Künstlerkolonie.

HERRENGARTEN

Karoline, Landgräfin von Hessen-Darmstadt, Gemahlin des Landgrafen Ludwig IX., Tochter des Pfalzgrafen von Zweibrücken-Birkenfeld. 1721 Straßburg –1774. Die

„Große Landgräfin", wie sie Goethe nannte. Die Urne im Herrengarten stiftete Friedrich d. Große; er ließ sie mit der Inschrift versehen: „Femina sexu, ingenio vir."

ALTER FRIEDHOF, Ramstädterstraße

Bartning, Otto, Architekt, bahnbrechend für den evgl. Kirchenbau der Gegenwart, 1883 Karlsruhe –1959.

Borée, Karl Friedrich, Schriftsteller, Erzähler, Verfasser antimilitaristischer Kriegsromane, 1886 Görlitz –1964.

Büchner, Ludwig, Arzt u. Philosoph („Stoff und Kraft"), Bruder des Dichters Georg Büchner (→ Zürich), 1824 Darmstadt –1899.

Flotow, Friedrich v., Opernkomponist („Alessandro Stradella", „Martha"), 1812 Teutendorf, Meckl. –1883.

Gagern, Heinrich Frhr. v., lib. Politiker, Präsident der Frankfurter Nationalversammlung (1848), 1799 Bayreuth –1880.

Hoffmann, Ludwig, Architekt (Reichsgericht in Leipzig, Märkisches Museum in Berlin), als Stadtbaurat von Berlin (1896/1924) wesentlich an der baulichen Gestaltung Berlins Anfang des 20. Jahrhunderts beteiligt, 1852 Darmstadt –1932.

Kreuder, Ernst, Schriftsteller, surrealistischer Erzähler („Die Gesellschaft vom Dachboden"), 1903 Zeitz –1972.

Küchler, Georg v., Feldmarschall, Armeeführer im 2. Weltkrieg, 1881 Philippsruhe b. Hanau –1968.

Langgässer, Elisabeth, kath. Lyrikerin u. Romanschriftstellerin, („Das unauslöschliche Siegel"), 1899 Alzey –1950.

Merck, Heinrich Emanuel, Chemiker u. Industrieller, Gründer der Merck AG für chemische u. pharmazeutische Erzeugnisse, 1794 Darmstadt –1855.

Moller, Georg, Baumeister, Schöpfer des klassizistischen Darmstadt, 1784 Diepholz –1852.

Niebergall, Ernst Elias, Dramatiker u. Mundartdichter („Datterich"), 1815 Darmstadt –1843.

Olbrich, Josef Maria, österr. Architekt des Jugendstils (Hochzeitsturm in Darmstadt, Bauten in Düsseldorf), 1867 Troppau –1908.

WALDFRIEDHOF

Bracht, Eugen, Maler, 1842 Morges b. Lausanne –1921.

Brentano, Heinrich v., CDU-Politiker, Bundesaußenminister 1955/61, 1904 Offenbach –1964.

Edschmid, Kasimir, eigentl. Eduard Schmid, Vorkämpfer des Expressionismus, auch Verfasser von Biographien u. Reisebüchern, 1890 Darmstadt –1966.

Knapp, Georg Friedrich, Nationalökonom, Arbeiten über Statistik und Geldwesen, 1842 Gießen –1926.

Mierendorff, Carlo, SPD-Politiker, Widerstandskämpfer, 1897 Großenhain –1943. Opfer eines Fliegerangriffs.

JÜDISCHER FRIEDHOF, Seekatzstraße

Meidner, Ludwig, expressionistischer Maler u. Schriftsteller, 1884 Bernstadt, Schles. –1966.

Detmold

ALTER FRIEDHOF AN DER WEINBERGSTRASSE

Grabbe, Christian Dietrich, Dramatiker des Frührealismus („Napoleon oder Die hundert Tage", „Scherz, Satire, Ironie und tiefere Bedeutung"), 1801 Detmold –1836.

Diez/Lahn

Unruh, Fritz v., Dramatiker u. Erzähler („Offiziere", „Louis Ferdinand", „Ein Geschlecht"), 1885 Koblenz –1970.

Dillenburg

Gröning, Bruno, Heilkundiger. 1906–1959.

Dorfen Kr. Erding

Bauer, Josef Martin, Schriftsteller („Soweit die Füße tragen"), Hörspieldichter, 1901 Taufkirchen, Vils –1970.

Duisburg

SALVATORKIRCHE

Mercator, Gerhardus, eigentl. Gerhard Kremer, niederl. Geograph und Kartograph, Begründer des neuzeitlichen Kartenwesens, 1512 Rupelmonde, Flandern –1594.

WALDFRIEDHOF

Düsseldorfer Chaussee

Lehmbruck, Wilhelm, expressionistischer Bildhauer, Maler und Graphiker, 1881 Duisburg –1919.

Rehberg, Hans, Dramatiker, Hörspielautor, 1901 Posen –1963.

Düsseldorf

ANDREASKIRCHE

Johann Wilhelm (Jan Wellem), Kurfürst v. d. Pfalz, 1658 Düsseldorf –1716.

ALTER NORDFRIEDHOF

Golzheimer Friedhof, Cleverstraße

Immermann, Karl Leberecht, Dichter zwischen Idealismus u. Realismus („Tulifäntchen", „Münchhausen"), und Theaterleiter, 1796 Magdeburg –1840.

Rethel, Alfred, Maler u. Zeichner (Fresken aus dem Leben Karls d. Gr. im Rathaus zu Aachen), 1816 Aachen –1859. Seit 1840 geisteskrank.

Schadow, Wilhelm v., Maler, Direktor der Düsseldorfer Akademie 1826/59, Begründer der Düsseldorfer Malerschule, Sohn des Bildhauers Gottfried Schadow (→ Berlin Ost), 1788 Berlin –1862.

NORDFRIEDHOF

Achenbach, Andreas, Maler, einer der führenden Vertreter der Düsseldorfer Schule, 1815 Kassel –1910.

Barth, Emil, niederrhein. Erzähler u. Lyriker („Xantener Hymnen"), 1900 Haan –1958.

Bendemann, Eduard, Historienmaler, 1811 Berlin –1889.

Camphausen, Wilhelm, Historienmaler, 1818 Düsseldorf –1885.

Dumont, Louise, eigentl. L. Heynen, Schauspielerin und Theaterleiterin, Gründerin u. Leiterin des Düsseldorfer Schauspielhauses, 1862 Köln –1932.

Ewers, Hanns Heinz, Schriftsteller („Alraune", „Vampir", „Nachtmahr"), 1871 Düsseldorf –1943.

Gebhardt, Eduard v., Maler, Bilder mit religiösen Motiven, 1838 Jerven, Estland –1925.

Müller-Schlösser, Hans, Dramatiker („Schneider Wibbel"), 1884 Düsseldorf –1956.

Nitribitt, Rosemarie, Freudenmädchen, eine Zeiterscheinung der 50er Jahre, 1933–1957. Ermordet.

> „Nichts besseres darin ist
> denn fröhlich sein im Leben."

Viebig, Clara, naturalistische Erzählerin mit sozial-kritischen Zügen („Das Weiberdorf", „Das schlafende Heer"), 1860 Trier –1952.

SÜDFRIEDHOF

Arnold, Karl, Politiker, Mitbegründer der CDU, Ministerpräsident von Nordrhein-Westfalen 1947/56, 1901 Herrlishöfen, Wttb. –1958

Henckels, Paul, Schauspieler, 1885 Hürth, Bez. Köln –1967.

STOFFELER FRIEDHOF

Luther, Hans, Politiker, Reichskanzler 1925 bis 1926, Reichsbankpräsident 1930/33, 1879 Berlin –1962.

Düsseldorf-Kaiserswerth

DIAKONISSENFRIEDHOF

Fliedner, Theodor, evgl. Theologe, Gründer der Kaiserswerther Diakonissenanstalt, 1800 Eppstein, Taunus –1864.

GARTEN DES HAUSES BURGALLEE 4
(Haus Freiheit)

Eulenberg, Herbert, Schriftsteller, Dramatiker u. Erzähler („Schattenbilder"), 1876 Köln –1949.

Eddelsen Kr. Harburg

Kalckreuth, Leopold Graf v., Maler, 1855 Düsseldorf –1928.

Egglkofen Kr. Mühldorf/Inn

Montgelas, Maximilian Graf v., bayer. Staatsmann, leitender Minister 1799/1817, dem Bayern einen beträchtlichen Zuwachs an fränkischen, schwäbischen u. pfälzischen Landsteilen verdankt, Begründer des neubayerischen Beamtenstaates, 1759 München –1838.

Einbeck
BARTHOLOMÄUS-KAPELLE

Sertürner, Friedrich Wilhelm, Apotheker, Entdecker des Morphiums, 1783 Neuhaus b. Paderborn –1841.

Elmshorn Kr. Pinneberg
EVGL. FRIEDHOF, Friedensallee

Kröger, Timm, niederdeutscher Schriftsteller („Der Schulmeister von Handewitt"), 1844 Haale, Holstein –1918.

Emmendingen
ALTER FRIEDHOF

Schlosser, Cornelia, geb. Goethe, Schwester Goethes, 1750 Frankfurt/M. –1777.

Enger Kr. Herford
STIFTSKIRCHE ST. DIONYSIUS

Widukind (Wittekind), sächs. Edeling, Führer der Sachsen im Kampf gegen Karl d. Großen. † zwischen 804 und 812. Grab bisher nicht einwandfrei nachgewiesen.

Enkhausen Kr. Arnsberg

Lübke, Heinrich, Politiker, Bundesernäh-

rungsminister 1953/59, Bundespräsident 1959/69, 1894 Enkhausen –1972.

Essen-Bredeney
MEYSENBURG FRIEDHOF

Blücher, Franz, Politiker, Vors. der FDP (1949/54), Vizekanzler (1949/57), zul. Vertreter der BRD bei der Montanunion, 1896 Essen –1959.

Krupp, Friedrich, gründete 1811 eine Gußstahlfabrik und legte damit den Grundstein für die späteren Krupp-Werke. 1787 Essen –1826.

Krupp, Alfred, Industrieller, Sohn von Friedrich K., baute das Unternehmen zur Weltfirma aus, 1812 Essen –1887.

Krupp v. Bohlen u. Halbach, Bertha, Enkelin von Alfred Krupp. Erbin ihres Vaters Friedrich Alfred Krupp, (1854–1902), 1886 Essen –1957.

Krupp v. Bohlen u. Halbach, Alfried, Sohn von Bertha Krupp, letzter Alleininhaber der Firma und letzter Träger des Namens Krupp, 1907 Essen –1967.

Essen-Werden
ABTEIKIRCHE

Liudger, friesischer Missionar, erster Bischof von Münster, Heiliger, um 742–809.

Ettenheim Kr. Offenburg
PFARRKIRCHE

Rohan, Louis René Éduard Fürst v., franz. Kardinal, Fürstbischof von Straßburg (1771/1801), in den Halsbandskandal der Königin Marie Antoinette von Frankreich verwickelt, 1734 Paris –1803.

Eutin

Tischbein, Joh. Heinrich Wilhelm, gen. Goethe-Tischbein, Maler („Goethe in der Campagna"), bereiste mit Goethe Italien, Akademiedirektor in Neapel, 1751 Haina, Kr. Frankenberg –1829.

Extertal Kr. Lippe

GUT ROHBRAKEN

Hugenberg, Alfred, Wirtschaftsführer und Politiker, Mitbegründer der „Harzburger Front", Reichswirtschaftsminister 1933, 1865 Hannover –1951.

Fischbachau b. Schliersee

Meißner, Otto, Kabinettschef unter Ebert, Hindenburg und Hitler, 1880 Bischweiler, Elsaß –1953.

ORTSTEIL ELBACH

PFARRFRIEDHOF

Müller-Partenkirchen, Fritz, Schriftsteller („Das verkaufte Dorf"), 1875 München –1942.

Flensburg

FRIEDHOF FRIEDENSHÜGEL

Leisner, Emmi, Opern- und Konzertsängerin 1885 Flensburg –1958.

FRIEDHOF AN DER MÜHLENSTRASSE

Küntscher, Gerhard, Chirurg, Erfinder der Knochen-Nagelung, 1900 Zwickau –1972.

Frankfurt/M.

Lit.: Althammer u. Bierwirth: Wegweiser zu den Grabstätten bekannter Persönlichkeiten auf Frankfurter Friedhöfen, Frankfurt 1966.

PETERSFRIEDHOF

Goethe, Johann Kaspar, Kaiserl. Rat, Vater Goethes, 1710 Frankfurt/M. –1782.

Goethe, Katharina Elisabeth, geb. Textor, gen. Frau Aja, Mutter Goethes, 1731 Frankfurt/M. –1808.

Gontard, Susette geb. Borkenstein, Freundin Hölderlins (→ Tübingen) und Vorbild für seine „Diotima", 1769 Hamburg –1802. Grab nicht mehr erhalten.

Merian, Matthäus d. Ä., schweiz. Kupferstecher (europ. Städteansichten), 1593 Basel –1650. Grab nicht mehr erhalten.

HAUPTFRIEDHOF

Adorno, Theodor, eigentl. Wiesengrund, Soziologe u. Philosoph, 1903 Frankfurt/M. –1969.

Beutler, Ernst, Literaturhistoriker, Goetheforscher, Leiter des Goethemuseums und des Freien Deutschen Hochstifts, 1885 Reichenbach, Vogtl. –1960.

Brenner, Otto, Gewerkschaftsführer, Vorsitzender der IG Metall, 1907 Hannover –1972.

Euler, August, Flugpionier, Inhaber des Flugzeugführerpatents Nr. 1 (1909), Staatssekretär für Luftfahrt (1918/20), 1868 Oelde –1957.

Feuerbach, Anselm Ritter v., Jurist, Begründer der modernen Strafrechtswissenschaft, Vater des Philosophen Ludwig Feuerbach und Großvater des Malers Anselm Feuerbach (beide → Nürnberg), 1775 Hainichen b. Jena –1833.

Frobenius, Leo, Ethnologe u. Afrikaforscher („Kulturgeschichte Afrikas", „Erlebte Erdteile"), 1873 Berlin –1938.

Groenhoff, Günther, Segelflieger, 1908 Stade –1932. In der Rhön abgestürzt.

Gutzkow, Karl Ferdinand, Schriftsteller u. Publizist, Vertreter des „Jungen Deutschland", 1811 Berlin –1878.

Hoffmann, Heinrich, Arzt u. Schriftsteller, Verfasser des „Struwwelpeters", 1809 Frankfurt/M. –1894.

Hoyer, Dore, Tänzerin, 1911 Dresden –1967. Selbstmord.

Huch, Ricarda, Lyrikerin u. Erzählerin, auch Kulturhistorikerin und Biographin, Schwester des Schriftstellers Rudolf Huch (→ Braunschweig), 1864 Braunschweig –1947.

May, Ernst, Architekt, Schöpfer moderner

Stadtrandsiedlungen („Römerstadt" in Frankfurt), Städteplaner (Generalbebauungsplan für Moskau), 1886 Frankfurt/M. –1970.

Mendelssohn-Bartholdy, Cäcilie Sophie Charlotte geb. Jeanrenaud, Gattin des Komponisten Felix M. (→ Berlin-Kreuzberg), 1817 –1853.

Merton, Wilhelm, Unternehmer u. Sozialpolitiker, Gründer der „Metallgesellschaft", Mitbegründer der Frankfurter Universität, 1848 Frankfurt/M. –1916.

Miquel, Johannes v., Staatsmann, Oberbürgermeister von Frankfurt (1880/90), preuß. Finanzminister (1890/1901), 1828 Neuenhaus b. Nordhorn –1901.

Reinhardt, Karl, klass. Philologe, Gräzist, bahnbrechende Arbeiten zur Erkenntnis der griechischen Philosophie, 1886 Detmold –1958.

Schillings, Max. v. Komponist („Mona Lisa") und Dirigent, Intendant der Berliner Staatsoper 1919/24, 1868 Düren –1933.

Schlegel, Dorothea v., geb. Mendelssohn, geistreiche Erzählerin („Florentin"), Gattin des Dichters Friedrich v. Schlegel (→ Dresden), Tochter des Philosophen Moses Mendelssohn (→ Berlin-Ost), 1763 Berlin –1839.

Schleiden, Matthias Jacob, Naturforscher, Botaniker, erkannte als erster den Zellenaufbau der Pflanzen, 1804 Hamburg –1881.

Schnyder von Wartensee, Xaver, schweiz. Musikpädagoge u. Komponist, 1786 Luzern –1868. Grab eingeebnet.

Schopenhauer, Arthur, Philosoph („Die Welt als Wille und Vorstellung"), 1788 Danzig –1860.

Steinle, Edward Rr. v., österr. Maler, Nazarener 1810 Wien –1886.

Willemer, Marianne v., geb. Jung, Freundin Goethes, Vorbild der „Suleika" im „West-östlichen Divan", 1784 Linz, Donau –1860.

Winterhalter, Franz Xaver, Portraitmaler, 1805 Menzenschwand –1873.

ALTER JÜDISCHER FRIEDHOF
Battonstraße

Rothschild, Mayer Amschel, Bankier, Begründer des Bankhauses Rothschild, 1743 Frankfurt/M. –1812.

JÜDISCHER FRIEDHOF an der Rat-Beilstraße

Ehrlich, Paul, Mediziner u. Serumforscher, Entdecker des Salvarsans, Nobelpreis 1908 mit Metschnikoff „für ihre Arbeiten über die Immunität", 1854 Strehlen, Schles. –1915.

Sonnemann, Leopold, Zeitungsverleger, Begründer der „Frankfurter Zeitung" 1856. 1831 Höchberg b. Würzburg –1909.

JÜDISCHER FRIEDHOF
an der Eckenheimer Landstraße

Fuld, Harry, Unternehmer, Gründer der Deutschen-Privat-Telefon-Gesellschaft H. Fuld & Co. (heute Telefonbau u. Normalzeit), 1879 Frankfurt/M. –1932.

Rosenzweig, Franz, Religionsphilosoph, mit Buber (→ Jerusalem) Übersetzer des Alten Testaments („Die Schrift"), 1886 Kassel –1929.

FRIEDHOF FRANKFURT-HÖCHST

Stolz, Friedrich, Chemiker, Erfinder des Pyramidons, 1860–1936.

WALDFRIEDHOF FRANKFURT-OBERRAD

Koch, Rudolf, Schriftkünstler, Graphiker und Kunstgewerbler, 1876 Nürnberg –1934.

BOCKENHEIMER FRIEDHOF
Solmsstraße

Schindler, Anton, österr. Kapellmeister u. Musikschriftsteller, Sekretär Beethovens, 1798 Meedl, Mähren –1864. Grab eingeebnet, Gedenktafel an der Friedhofsmauer.

Freiburg, Breisgau
MÜNSTER, UNIVERSITÄTSKAPELLE

Zasius, Ulricus, eigentl. Ulrich Zasy, Rechtsgelehrter, Verfasser des Freiburger Stadtrechts, Humanist, 1461 Konstanz –1531.

ALTER FRIEDHOF
Stadtstraße

Lit.: Dorneich, Julius: Der Alte Friedhof in Freiburg im Breisgau, 2. Aufl., Freiburg 1968.

Der Alte Friedhof wurde 1683 eröffnet und Allerheiligen 1872 für Beerdigungen geschlossen. Auf ihm finden sich noch heute eine beträchtliche Zahl künstlerisch wertvoller Grabdenkmäler aus der Zeit des Rokoko und des Klassizismus.

Feuerbach, Anselm, Archäologe, Vater des Malers Anselm Feuerbach und Bruder des Philosophen Ludwig Feuerbach (beide → Nürnberg, St. Johannis-Friedhof), 1798 Jena –1851.

Herder, Bartholomä, Verlagsbuchhändler, Gründer des Herder-Verlages, 1774 Rottweil –1839.

Rotteck, Karl v., Historiker und Politiker, 1775 Freiburg –1840.

Wenzinger, Christian, Bildhauer, Maler und Baumeister des Rokoko (Ausstattung der Stiftskirche St. Gallen), 1710 Ehrenstetten, Kr. Freiburg –1797.

HAUPTFRIEDHOF

Aschoff, Ludwig, Mediziner, bedeutender Pathologe, 1866 Berlin –1942.

Below, Georg v., Historiker, Arbeiten über Verfassungs- und Wirtschaftsgeschichte („Der deutsche Staat des Mittelalters"), 1858 Königsberg, Pr. –1927.

Binding, Karl, Strafrechtslehrer, Begründer der Normentheorie („Die Normen und ihre Übertretung"), 1841 Frankfurt/M. –1920.

Binding, Rudolf G(eorg), Schriftsteller („Opfergang", „Moselfahrt aus Liebeskummer"), Sohn von Karl Binding, 1867 Basel –1938.

Buß, Franz Joseph v., Jurist und Politiker, Persönlichkeit des politischen Katholizismus in SW-Deutschland, 1803 Zell am Harmersbach –1878.

Curtius, Ernst Robert, Romanist, Enkel von

Ernst Curtius (→ Berlin-West, Matthäifriedhof), 1886 Thann, Elsaß –1956.

Fehrenbach, Constantin, Präsident der Weimarer Nationalversammlung, Reichskanzler 1920/21, 1852 Wellendingen, Baden –1926.

Fischer, Eugen, Anthropologe, bestätigte die Anwendbarkeit der von Mendel (→ Brünn) entwickelten Vererbungsgesetze auf den Menschen, 1874 Karlsruhe –1967.

Gallwitz, Max v., General und Politiker, Armeeführer im 1. Weltkrieg, 1852 Breslau –1937.

Gött, Emil, neuromantischer Dichterphilosoph, Dramatiker und Lyriker, 1864 Jechtingen b. Freiburg –1908.

Gurlitt, Wilibald, Musikwissenschaftler, Sohn des Kunsthistorikers Cornelius Gurlitt (→ Dresden-Tolkewitz), 1889 Dresden –1963.

Karo, Georg, Archäologe, Direktor des deutschen Archäologischen Instituts in Athen 1905/19 u. 1930/36, 1872 Venedig –1963.

Kraus, Franz Xaver, kath. Theologe, Kirchenhistoriker und Archäologe, Gegner des Ultramontanismus, 1840 Trier –1901.

Kries, Johannes v., Physiologe, 1853 Roggenhausen, Ostpr. –1928.

Kühn, Alfred, Zoologe, Arbeiten zur Genetik und Entwicklungsphysiologie, 1885 Baden-Baden –1968.

Mechow, Karl Benno v., Schriftsteller („Vorsommer"), 1897 Bonn –1960.

Sellheim, Hugo, Gynäkologe, Arbeiten über den Geburtsmechanismus, 1871 Biblis –1936.

Staudinger, Hermann, Chemiker, Nobelpreis 1953 „für seine Entdeckungen auf dem Gebiet der makromolekularen Chemie", 1881 Worms –1965.

Weismann, August, Zoologe, Arbeiten zur Abstammungslehre, Vertreter des Darwinismus, 1834 Frankfurt/M. –1914.

Wirth, Joseph, Reichsfinanz- und Reichsinnenminister, Reichskanzler 1921/22, 1879 Freiburg, Br. –1956.

Wohleb, Leo, letzter Staatspräsident von Baden 1947/52, Gegner des Zusammenschlusses mit Württemberg, 1888 Freiburg, Br. –1955.

BERGÄCKER-FRIEDHOF

Hevesy, George de, ung. Chemiker, Entdecker des Hafniums, Nobelpreis 1943 „für seine Arbeiten über die Anwendung der Isotopen als Indikatoren bei der Erforschung chemischer Prozesse", 1885 Budapest –1966.

FRIEDHOF GÜNTERSTAL

Eucken, Walter, Nationalökonom, Vertreter einer freien wettbewerblichen Marktordnung, Sohn des Philosophen Rudolf Eucken (→ Jena), 1891 Jena –1950.

Husserl, Edmund, Philosoph, Begründer der Phänomenologie, 1859 Proßnitz, Mähren –1938.

Pringsheim, Fritz, Rechtslehrer, Arbeiten über römisches und griechisches Recht, 1882 Hünern, Kr. Trebnitz –1967.

Friedrichsdorf Taunus

Reis, Johann Philipp, Lehrer u. Physiker, Erfinder des Telefons, 1834 Gelnhausen –1874.

Friedrichshafen/Bodensee

FRIEDHOF HOCHSTRASSE

Dornier, Claude Honoré Desiré, Flugzeugkonstrukteur, 1884 Kempten, Allg. –1969.

Dürr, Ludwig, Luftschiffkonstrukteur, 1878 Stuttgart –1956.

Eckener, Hugo, Luftfahrtpionier, engster Mitarbeiter des Grafen Zeppelin (→ Stuttgart, Pragfriedhof), unternahm die erste Atlantik-Überquerung mit einem Luftschiff, 1868 Flensburg –1954.

Friedrichsruh
Kr. Herzogtum Lauenburg

Bismarck, Otto Fürst v., Reichskanzler 1871 bis 1890, 1815 Schönhausen –1898.

Bismarck, Johanna Fürstin v., geb. v. Puttkamer, Gattin des Fürsten Otto Bismarck, 1824 Viartlum –1894.

Bismarck, Herbert Fürst v. Diplomat, Sohn des Fürsten Otto Bismarck, 1849 Berlin –1904.

Frücht b. Bad Ems

Stein, Karl Reichsfreiherr vom und zum, preuß. Staatsmann, politischer Reformator (Bauernbefreiung, Städteordnung von 1808), 1757 Nassau –1831.

Fulda

DOM ST. SALVATOR U. BONIFATIUS

Konrad I., deutscher König (911–918), †918 Genaue Lage des Grabes unbekannt.

Bonifatius, eigentl. Wynfrieth, „Apostel der Deutschen", Reorganisator der fränkischen Kirche, Heiliger. Um 675 Wessex –754. Von heidnischen Friesen erschlagen.

ALTER MITTLERER FRIEDHOF
Künzelerstraße

Braun, Karl Ferdinand, Physiker, Erfinder der Braunschen Röhre 1897, Nobelpreis 1909 mit Marconi „für die Verdienste um die Entwicklung der drahtlosen Telegraphie", 1850 Fulda –1918.

Garmisch-Partenkirchen

VILLA STRAUSS
Zöppritzstraße

Strauss, Richard, Komponist („Arabella", „Ariadne auf Naxos", „Rosenkavalier", „Salome"), Leiter der Wiener Staatsoper 1919/24. 1864 München –1949.

FRIEDHOF GARMISCH

Franck, Walther, Schauspieler, 1896 Sonneberg, Thür. –1961.

Reisiger, Hans, Schriftsteller und Übersetzer, Verfasser biographischer Romane („Ein Kind befreit die Königin"), 1884 Breslau –1968.

Sapper, Karl, Geograph u. Forschungsreisender (Mittel- u. Südamerika), 1866 Wittislingen, Kr. Dillingen –1945.

FRIEDHOF PARTENKIRCHEN

List, Wilhelm, Feldmarschall, 1880 Oberkirchberg, Kr. Ulm –1971.

Gartenberg Kr. Bad Tölz-Wolfratshausen
Kolbenheyer, Erwin Guido, Schriftsteller („Amor Dei", „Paracelsus"), 1878 Budapest –1962.

Gärtringen Kr. Böblingen
Familienfriedhof Hiller v. Gärtringen

Westarp, Kuno Graf v., rechtsstehender Politiker, Führer der Konservativen 1913, Gegner der Oppositionspolitik Hugenbergs, unterstützte Brüning, 1864 Ludom, Bez. Posen –1945.

Gerlingen Kr. Ludwigsburg
An der Kirche

Schiller, Johann Kaspar, Wundarzt, später Obristwachtmeister und Verwalter der Hofgärten auf der Solitude, Vater Schillers (→ Weimar), 1723 Bittenfeld b. Waiblingen –1796.

Gießen
ALTER FRIEDHOF, Licherstraße
Röntgen, Wilhelm, Physiker, Entdecker der Röntgenstrahlen, Nobelpreis 1901 „für die Entdeckung der nach ihm benannten Strahlung", 1845 Remscheid –1923.
Schlagintweit, Robert v., Naturforscher u. Forschungsreisender, Bruder von Hermann v. Schlagintweit (→ München, südl. Friedhof), 1833 München –1885.

Gladbeck
FRIEDHOF GLADBECK/MITTE
Radecki, Sigismund v., Schriftsteller u. Zeichner, Essayist, 1891 Riga –1970.

Gnodstadt Kr. Würzburg
Conrad, Michael Georg, Schriftsteller, Vorkämpfer des Naturalismus, 1846 Gnodstadt –1927.

Goslar
ST. ULBRICH-KAPELLE
Heinrich III., deutscher Kaiser (1039–56), Sohn Konrads II. (→ Speyer), 1017–1056. Hier nur das Herz beigesetzt, → Speyer).

FRIEDHOF HILDESHEIMERSTRASSE
Waldfriedhof.

Guderian, Heinz, Generaloberst, zuletzt Chef des Generalstabs des Heeres 1944–45. 1888 Culm b. Graudenz –1954.
Winnig, August, Politiker und Schriftsteller („Frührot", „Vom Proletariat zum Arbeitertum"), 1878 Blankenburg, Harz –1956.

Göttingen
Lit.: Saathof, Albrecht: Göttingens Friedhöfe, Göttingen 1954.

ALBANI-FRIEDHOF
Der Albani-Friedhof geht auf das Jahr 1783 zurück. Damals überließ der Magistrat der Stadt Göttingen der Albani- und Nikolai-Gemeinde zur Anlegung eines Friedhofs Gelände, das zu den nach dem siebenjährigen Kriege beseitigten Festungsanlagen gehört hatte. Bis zur Einweihung des Stadtfriedhofs (1881), d.h. fast 100 Jahre, ist der Albani-Friedhof die Begräbnisstätte der Albani-Gemeinde – bis 1803 auch der Nikolai-Gemeinde – gewesen. Jetzt Parkanlage.

Blumenbach, Johann Friedrich, Anatom, Mitbegründer der Anthropologie und der vergleichenden Anatomie, 1752 Gotha –1840.
Gauß, Karl Friedrich, Mathematiker, Physiker u. Astronom. Begründer der modernen Zahlentheorie. Konstruierte mit Weber (→ Stadtfriedhof) den ersten elektromagnetischen Telegraphen, 1777 Braunschweig –1855.

Herbart, Johann Friedrich, Philosoph, Psychologe und Pädagoge, 1776 Oldenburg i. O. –1841.

Lotze, Rudolf Hermann, Philosoph, führte den Begriff der „Werte" in die Ethik ein, 1817 Bautzen –1881.

BARTHOLOMÄUS-FRIEDHOF

Der Bartholomäus-Friedhof ist der älteste noch erhaltene Friedhof Göttingens. Er ist 1747 auf Veranlassung des damaligen Universitätskurators v. Münchhausen für die Johannis- und Jacobigemeinde auf dem Gelände des alten Bartholomäus-Spitals vor dem Weender-Tor angelegt worden.

Bürger, Gottfried August, Balladendichter („Lenore") und Lyriker („Molly-Lieder") des Sturm und Drang, auch Übersetzer (Homer, Shakespeare), 1747 Molmerswende, Harz –1794.

Dirichlet, Peter Lejeune-D., Mathematiker, grundlegende Arbeiten auf dem Gebiet der Zahlentheorie, 1805 Düren –1859.

Kästner, Abraham Gotthelf, Mathematiker, Astronom und Schriftsteller der Aufklärung (Aphorismen u. Epigramme), 1719 Leipzig –1800.

Lichtenberg, Georg Christoph, Physiker und Schriftsteller, Verfasser geistreicher Aphorismen, 1742 Ober-Ramstadt, Odenw. –1799.

STADTFRIEDHOF

Der Stadtfriedhof ist Ende 1881 seiner Bestimmung übergeben worden. Seine Einmaligkeit liegt darin, daß auf ihm acht Nobelpreisträger ihre letzte Ruhestätte gefunden haben (Born, Hahn, v. Laue, Nernst, Planck, Wallach, Windaus und Zsigmondy).

Andreas-Salomé, Lou, Schriftstellerin, befreundet mit Nietzsche, Rilke, Freud u. Adler, 1861 St. Petersburg –1937. Beigesetzt im Grabe ihres Gatten Prof. Andreas ohne Hinweis auf dem Grabstein.

Born, Max, Physiker, Arbeiten zur Relativitätstheorie, Nobelpreis 1954 mit Bothe, (→

Heidelberg) „für die grundlegenden Forschungsarbeiten zur Quantenmechanik, besonders für die statistische Interpretation der Wellenfunktion", 1882 Breslau –1970.

Brandi, Karl, Historiker, Arbeiten über die Reformationszeit, 1868 Meppen –1946.

Ehrenberg, Victor, Jurist, Handels- und Versicherungsrechtler, 1851 Wolfenbüttel –1929.

Gierke, Julius v., Rechtslehrer (Handels-, Konkurs- und Privatversicherungsrecht), Sohn von Otto von Gierke (→ Berlin-Charlottenburg), 1875 Breslau –1960.

Gogarten, Friedrich, evgl. Theologe, Vertreter der dialektischen Theologie, 1887 Dortmund –1967.

Hahn, Otto, Chemiker, Atomforscher, Präsident der Max-Planck-Gesellschaft 1946/60, Nobelpreis 1944 „für seine Entdeckung der Spaltung schwerer Kerne", 1879 Frankfurt a. M. –1968.

Hartleben, Otto Erich, Schriftsteller des Naturalismus („Rosenmontag", „Vom gastfreien Pastor"), 1864 Clausthal, Harz –1905.

Hartmann, Nicolai, Philosoph, entwickelte eine realistische Ontologie, 1882 Riga –1950.

Henle, Jacob, Anatom u. Physiologe, bedeutende Arbeiten zur Erforschung der Nieren, 1809 Fürth –1885.

Hilbert, David, Mathematiker, Analytiker der Grundlagen der Mathematik („Grundlagen der Geometrie"), 1862 Königsberg, Pr. –1943.

Hilpert, Heinz, Schauspieler, Regisseur und Intendant des Deutschen Theaters in Berlin 1934/45 und des Göttinger Theaters 1950/66, 1890 Berlin –1967.

Ihering, Rudolf v., Rechtslehrer („Der Geist des römischen Rechts", „Der Kampf ums Recht"), 1818 Aurich –1892.

Klein, Felix, führender Mathematiker seiner Zeit, Arbeiten über Theorie der Gleichungen (5. Grades), 1849 Düsseldorf –1925.

Lagarde, Paul Anton de, eigentlich P. A. Bötticher, Orientalist, Kulturphilosoph und politischer Schriftsteller, Einfluß auf H. St. Chamberlain (→ Bayreuth), 1827 Berlin –1891.

Laue, Max v., Physiker, Begründer der Röntgenspektroskopie, Nobelpreis 1914 „für die Entdeckung der Röntgenstrahlinterferenzen in Kristallen", 1879 Koblenz –1960.

Martius, Heinrich, Gynäkologe, Arbeiten zur Krebsforschung, 1885 Berlin –1965.

Nernst, Walter, Physiker, Mitbegründer der physikalischen Chemie, Erfinder der Nernstlampe, Nobelpreis Chemie, 1920 „für sein thermochemisches Werk", 1864 Briesen, Westpr. –1941.

Nohl, Hermann, Philosoph u. Pädagoge, Förderer von Landerziehungsheimen, 1879 Berlin –1960.

Oncken, Hermann, Historiker („Lasalle", „Cromwell"), 1869 Oldenburg i. O. –1945.

Planck, Max, Physiker, Begründer der Quantentheorie, Nobelpreis 1918 „in Anerkennung seiner Verdienste um die Entwicklung der Physik durch die Entdeckung des Wirkungsquantums", 1858 Kiel –1947.

Am Sockel des Grabsteins die Plancksche Konstante: $h = 6{,}62 \cdot 10^{-34}$ W · s².

Prandtl, Ludwig, Physiker, Begründer der modernen Strömungslehre, 1875 Freising –1953.

Ritschl, Albrecht, evgl. Theologe („Die christliche Lehre von der Rechtfertigung und Versöhnung"), 1822 Berlin –1889.

Wallach, Otto, Chemiker, Arbeiten über ätherische Öle, Nobelpreis 1910 „für seine grundlegenden Arbeiten auf dem Gebiet der alicyclischen Substanzen", 1847 Königsberg, Pr. –1931.

Weber, Wilhelm, Physiker, Arbeiten über Elektrizität und Magnetismus, Mitarbeiter von Gauß (→ Albani-Friedhof), 1804 Wittenberg –1891.

Wellhausen, Julius, Theologe u. Orientalist („Geschichte Israels"), 1844 Hameln –1918.

Windaus, Adolf, Chemiker, Nobelpreis 1928 „für seine Arbeiten zur Konstitution der Sterine (bes. Cholesterin) und ihre Beziehung zu den Vitaminen", 1876 Berlin –1959.

Wöhler, Friedrich, Chemiker, Begründer der modernen organischen Chemie (Harnstoffsynthese), Entdecker des Aluminiums, 1800 Frankfurt/M. –1882.

Wyneken, Gustav, Pädagoge, Begründer der Freien Schulgemeinde Wickersdorf, 1875 Stade –1964.

Zsigmondy, Richard, österr. Chemiker, Nobelpreis 1925 „für seine Arbeiten auf dem Gebiet der Kolloidchemie", 1865 Wien –1929.

Gräfelfing Kr. München

Eipper, Paul, Tier- und Reiseschriftsteller („Tiere sehen Dich an"), 1891 Stuttgart–1964.

Riemerschmidt, Richard, Architekt, Mitbegründer der Vereinigten Werkstätten, München, 1868 München –1957.

Grone Kr. Göttingen

Forkel, Joh. Nikolaus, Univ. Musikdirektor in Göttingen, erster Lehrstuhlinhaber für Musikwissenschaft an einer deutschen Universität, Bach-Biograph, 1749 Meeder b. Coburg –1818.

Grunbach Kr. Waiblingen

Heinkel, Ernst, Flugzeugkonstrukteur, 1888 Grunbach –1958.

Grünwald b. München

WALDFRIEDHOF

Feiler, Hertha, Schauspielerin, 1916 Wien –1970.

Keilberth, Joseph, Dirigent, Leiter der bayer. Staatsoper seit 1959, 1908 Karlsruhe –1968.

Guttenberg Kr. Kulmbach

Guttenberg, Karl Theodor Frhr. v., CSU-Politiker, 1921 Weisendorf, Kr. Höchstadt/Aisch –1972.

Hagen/Westf.

FRIEDHOF DELSTERN

Rohlfs, Christian, Maler u. Graphiker, 1849 Niendorf, Holst. –1938.

Hahnenklee, Harz

Lincke, Paul, Komponist, Schöpfer der Berliner Operette („Frau Luna", „Im Reiche des Indra", „Lysistrata"), 1866 Berlin –1946.

Freie und Hansestadt Hamburg

Lit.: Kiesel, Otto Erich: Die alten Hamburgischen Friedhöfe, Hamburg 1921.

HAUPTKIRCHE ST. KATHARINEN

Fleming, Paul, deutscher Barocklyriker, Schüler von Opitz (→ Danzig), 1609 Hartenstein, Erzgeb. –1640. Nur Gedenktafel. Grab nicht erhalten.

HAUPTKIRCHE ST. MICHAELIS

Bach, Carl Philipp Emanuel, Musiker u. Komponist, Hofcembalist Friedrich d. Gr. 1741 bis 1768, zuletzt Kirchenmusikdirektor in Hamburg, Sohn von Johann Sebastian Bach (→ Leipzig), 1714 Weimar –1788.

Mattheson, Johann, Komponist u. Musikgelehrter, („Grundlagen einer Ehrenpforte"), Musikerbiographien 1740, „G. F. Händels Lebensbeschreibung", Übersetzung 1761, 1681 Hamburg –1794.

Sonnin, Ernst Georg, Architekt, Erbauer der Hauptkirche St. Michaelis und der Universität Kiel, 1713 Quitzow b. Perleberg –1794.

OHLSDORFER FRIEDHOF

Lit.: Aust, Alfred: Der Ohlsdorfer Friedhof, 2. Aufl., Hamburg 1964.

Der Ohlsdorfer Friedhof, der am 1. Juli 1877 eingeweiht wurde und damals 8 ha umfaßte, ist nunmehr mit 405 ha nicht nur die größte Begräbnisstätte Deutschlands, sondern Europas. Er weist 12 über den Friedhof verteilte Einsegungshallen auf, zu denen noch 3 weitere Hallen für die Feuerbestattung kommen. Fahrstraßen von 17,5 km

Länge durchziehen den Friedhof, auf denen 2 Autobuslinien verkehren.

Die Gestaltung des Friedhofs lag von 1879 bis 1917 in den Händen von Johann Cordes (1840 bis 1917), der hier den ersten großen Parkfriedhof in Deutschland geschaffen hat. Dieser ältere (westliche) Teil des Friedhofs ist gekennzeichnet durch verschlungene Wege und Pfade, durch Teiche und kleine Wasserläufe mit Brücken und durch Hecken und Sträucher, hinter denen man kaum die Gräber gewahrt. Wesentlich verschieden hiervon ist der neuere »östliche« Teil, der vom Otto Linne (1869–1937), dem Nachfolger von Cordes, in der Zeit von 1917 bis 1933 angelegt worden ist. Linne ließ sich mehr von dem Gesichtspunkt der Zweckmäßigkeit leiten, wobei es ihm vor allem darauf ankam, Übersichtlichkeit und eine gute Orientierung zu ermöglichen. Die Gräberfelder wurden daher durch schnurgerade Wege aufgeteilt. „Cordes schuf einen herrlichen Park, in dem er seinen Friedhof hineinbettete; Linne legte einen Friedhof an und versuchte, ihm den Charakter eines Parks zu geben." (Aust, a.a.O., S. 35).

Bei Kapelle XIII befindet sich die Ehrengruft für 37000 Opfer des Fliegerangriffs im Juli 1943. An die Flutkatastrophe vom 17. Februar 1962 erinnert ein Holzkreuz aus nordischer Kiefer, an dessen Fuß 77 von den in jener Nacht ertrunkenen 312 Hamburger Bürgern ruhen.

Nahe bei dem Haupteingang liegt der sogen. „Ehrenfriedhof" – in Zukunft: „Gedächtnisfriedhof" –. Er dient zur Aufnahme der Gebeine von hervorragenden Persönlichkeiten, deren Gräber bei Auflassung von alten Friedhöfen oder jeweils bei Ablauf der Ruhefrist aufgehoben werden. Die Überreste werden in der Regel in historischen Gruppen zueinander geordnet, in besonderen Fällen werden – wie auch bisher schon – Einzelgräber angelegt. Da das Friedhofsgesetz von 1970 die Vergabe von Ehrengräbern auf Friedhofsdauer zuläßt, so sind auch die auf diesem Gelände angelegten Gräber als „Ehrengräber" zu bewerten. – Die vorgesehenen Grabinschriften fehlen zum Teil noch, sollen jedoch in absehbarer Zeit fertiggestellt werden. –

Abraham, Paul, Operettenkomponist („Viktoria und ihr Husar", „Blume von Hawai"), 1892 Apatin, Ungarn –1960.

Albers, Hans, Bühnen -u. Filmschauspieler, „Volksschauspieler", 1892 Hamburg –1960.

Anders, Peter, Opernsänger, 1908 Essen –1954.

Ballin, Albert, Reeder, Generaldirektor der Hamburg-Amerika-Linie, 1857 Hamburg –1918.

Blohm, Hermann, Schiffbauer, Gründer der Werft „Blohm & Voß", 1848 Lübeck –1930.

Blunck, Hans Friedrich, Lyriker, Dramatiker u. Erzähler, 1888 Hamburg –1961.

Borchert, Wolfgang, Dichter („Draußen vor der Tür"), 1921 Hamburg –1947.

Brahm, Otto, eigentlich Abraham, Theaterleiter u. Kritiker, Wegbereiter Hauptmanns und Ibsens, 1856 Hamburg –1912. Grabstätte aufgelassen.

Brinckmann, Justus, Kunsthistoriker, Gründer des Museums für Kunst und Gewerbe, Ostasien-Kenner, 1843 Hamburg –1915.

Bülow, Hans Frhr. v., Klaviervirtuose und Dirigent, setzte sich für Wagner und später für Brahms ein, erster Ehegatte von Cosima Wagner (→ Bayreuth), 1830 Dresden –1894.

Campe, Julius, Buchhändler (heute Hoffmann & Campe), Verleger von Heine u. Börne 1792 Deensen b. Holzminden –1867.

Chateauneuf, Alexis de, Architekt, Stadtplaner Hamburgs nach dem Brande von 1842, tätig auch in Oslo, (Kirchen, Stortinghaus), 1799 Hamburg –1853.

Cordes, Johann Wilhelm, Schöpfer des Ohlsdorfer Friedhofs, 1840 Hamburg –1917.

Cuno, Wilhelm, Generaldirektor der Hamburg-Amerika-Linie, Reichskanzler 1922/23, 1876 Suhl –1933.

Falke, Gustav, Lyriker u. Erzähler, 1853 Lübeck –1916.

Fehling, Jürgen, Regisseur, vornehmlich an Berliner Theatern, 1885 Lübeck –1968.

Gries, Johann Diederich, Übersetzer von Ariost, Tasso und Calderon, 1775 Hamburg –1842.

Gründgens, Gustaf, Schauspieler, Regisseur und Generalintendant in Berlin, Düsseldorf u. Hamburg, 1899 Düsseldorf –1963. Ehrengrab. Verstorben in Manila.

Hagenbeck, Carl, Tierhändler, Zirkusbesitzer und Gründer des Tierparks in Stellingen, 1844 Hamburg –1913.

Haller, Martin, Architekt (Hamburger Rathaus), 1835 Hamburg –1925.

Hertz, Heinrich, Physiker, Entdecker der Hertzschen Wellen, 1857 Hamburg –1894.

Kerr, Alfred, eigentlich Kempner, Schriftsteller und einflußreicher Theaterkritiker, 1867 Breslau –1948.

Laeisz, Ferdinand, Reeder, Mitbegründer der Hapag, 1801–1887.

Laeisz, Karl Heinrich, Reeder, richtete die Linie „Flying P. Liners" ein, 1828 Hamburg –1901.

Lampel, Peter Martin, Dramatiker u. Erzähler („Jungen in Not", „Revolte im Erziehungshaus"), 1894 Schönborn, Kr. Liegnitz –1965.

Lensing, Elise, langjährige Gefährtin Hebbels (→ Wien), die ihm durch mühevolle Arbeit den Aufstieg ermöglichte, 1804 Lenzen, Elbe –1854.

Lichtwark, Alfred, Kunsthistoriker u. Kunsterzieher, Direktor der Hamburger Kunsthalle, 1852 Hamburg –1914. Ehrengrab.

Luckner, Felix Graf v., Marineoffizier u. Schriftsteller („Seeteufel"), 1881 Dresden –1966.

Ohnsorg, Richard, Schauspieler u. Theaterleiter, Begründer der Hamburger Niederdeutschen Bühne, heute Ohnsorg-Theater, 1876 Hamburg –1947.

Runge, Philipp Otto, Maler der deutschen Romantik, 1777 Wolgast –1810. Ehrengrab.

Scharff, Edwin, Bildhauer, Maler u. Graphiker („Rossebändiger" in Düsseldorf), 1887 Neu-Ulm –1955.

Schönaich, Paul Frhr. v., General, später Pazifist („Mein Damaskus"), Präsident der Deutschen Friedensgesellschaft. 1866 Klein-Tomnau, Westpr. –1954.

Schramm, Percy Ernst, Historiker, Arbeiten zur mittleren und neueren Geschichte, veröffentlichte das von ihm 1943/45 geführte Kriegstagebuch des OKW, Kanzler des Ordens „pour le mérite" für Wissenschaft u. Künste, 1894 Hamburg –1970.

Schröder, Friedrich Ludwig, Schauspieler u. Leiter der Hamburger Bühnen, bahnbrechend für Goethe- u. Shakespeare-Aufführungen, 1744 Schwerin –1816. Ehrengrab.

Schumacher, Fritz, Architekt u. Architekturschriftsteller, Oberbaudirektor von Hamburg 1909/33, schuf einen Generalbebauungsplan für Hamburg, setzte sich für Neubelebung der Backsteinarchitektur ein, 1869 Bremen –1947.

Speckter, Erwin, Maler („Nazarener"), Schöpfer von Wandmalereien, 1806 Hamburg –1835.

Speckter, Otto, Graphiker (Bildnisse u. Illustrationen), Bruder von Erwin Speckter, 1807 Hamburg –1871.

Stavenhagen, Fritz, Schriftsteller, Begründer des modernen niederdeutschen Dramas („Mudder Mews"), 1876 Hamburg –1906.

Stockhausen, Julius, Musikgelehrter, Sänger, Dirigent, Freund und Förderer von Johs. Brahms, 1826 Paris –1906.

Warburg, Aby, Kultur- u. Kunsthistoriker, Gründer der Bibliothek Warburg in Hamburg, seit 1933 in London, 1866 Hamburg –1929.

Witte, Otto, Schausteller, Feuerfresser, „König von Albanien" (1913), Reichspräsidentschaftskandidat 1925, 1872–1958.

Woermann, Adolph, Großkaufmann u. Reeder, Begründer von Afrika-Linien, Kolonialpolitiker, 1847 Hamburg –1911.

Woermann, Carl, Reeder, Kaufmann, begann den Handel mit Westafrika, 1813 Bielefeld –1880.

HAMBURG-OHLSDORF
Jüdischer Friedhof, Ilandkoppel 68

Heine, Salomon, Bankier, Philantrop, Onkel von Heinrich Heine (→ Paris), 1767 Hannover –1844.

Riesser, Gabriel, Jurist, Vorkämpfer für die Emanzipation der deutschen Juden, Mitglied u. Vicepräsident der Deutschen Nationalversammlung 1848–49, erster jüdischer Richter in Deutschland. 1806 Hamburg –1863.

HAMBURG-ALTONA
Friedhof an der Christianskirche in Ottensen

Baur, Georg Friedrich, Kaufmann in Altona, Kunstmäzen, Bauherr der Palmaille, legte die Elbchaussee an. 1768 Hamburg –1865.

Klopstock, Friedrich Gottlieb, Epiker, Lyriker u. Dramatiker („Der Messias"), 1724 Quedlinburg –1803.

„Deutsche, nahet mit Ehrfurcht und mit Liebe der Hülle eures größten Dichters.
Nahet, ihr Christen, mit Wehmut und mit Wonne der Ruhestätte des heiligen Sängers,
dessen Gesang, Leben und Tod, Jesum Christum prieß,
er sang den Menschen menschlich den Ewigen, den Mittler Gottes, unten am Throne liegt sein großer Lohn ihm,
eine goldene heilige Schale voll Christentränen."

HAMBURG-ALTONA
Jüdischer Friedhof, Königstraße

Heine, Samson, Schnittwarenhändler, Vater von Heinrich Heine (→ Paris, Montmartrefriedhof), 1765 Hannover –1828.

Mendelssohn, Fromet geb. Guggenheim, Witwe des Philosophen Moses Mendelssohn (→ Berlin-Ost), 1737 Hamburg –1812.

EHEMAL. HEILIG-GEIST-FRIEDHOF, Königstr

Gerstenberg, Heinrich Wilhelm v., „Sturm u. Drang"-Dichter (Drama: „Ugolino"), 1737 Tondern –1823.

Schumacher, Heinrich Christian, Astronom, 1780 Bramstedt –1850.

HAMBURG-BAHRENFELD
Ottenser Friedhof, Holstenkamp

Schroeder, Louise, SPD-Politikerin, amtierender Oberbürgermeister von Berlin während der Blockade 1947/48, 1887 Hamburg –1957.

HAMBURG-BLANKENESE
Dehmelstraße 1 (ehemals Wohnsitz von Dehmel)

Dehmel, Richard, Lyriker u. Dramatiker („Zwei Menschen"), Wegbereiter des Expressionismus, 1863 Wendisch-Hermsdorf –1920.

HAMBURG-HAMM
Friedhof an der Dreifaltigkeitskirche, Horner Weg

Wichern, Johann Hinrich, evgl. Theologe, Gründer der Inneren Mission, evgl. Sozialreformer des 19. Jahrhunderts, 1808 Hamburg –1881.

HAMBURG-NEUENFELDE
ev. Kirche

Schnitger, Arp, Orgelbauer, 1648 Schmalenfleth b. Brake –1719.

HAMBURG-NIENSTEDTEN

Albers-Schönberg, Heinrich Ernst, Arzt, erster deutscher Ordinarius für Röntgenologie, 1865 Hamburg –1921. Starb als Opfer seines Berufs.

Bülow, Bernhard Fürst v., Diplomat, Reichskanzler 1900/09, 1849 Hamburg –1929.

Godeffroy, Johann Cesar, Reeder u. Großkaufmann, Sammler auf dem Gebiet der Völkerkunde, 1813 Kiel –1885.

Jahnn, Hans Henny, Dramatiker u. Erzähler

(„Perrudja", „Fluß ohne Ufer"), Gründer einer neuheidnischen Sekte („Ugrino"), 1894 Hamburg –1959. Beigesetzt im Mausoleum Trede.

Marek, Kurt W. (Pseudonym C.W.Ceram), Schriftsteller („Götter, Gräber und Gelehrte"), 1915 Berlin –1972.

Nocht, Bernhard, Mediziner auf dem Gebiet der Tropenkrankheiten, Begründer (1900) des später nach ihm benannten „Bernhard Nocht-Instituts für Schiffs- und Tropenkrankheiten" in Hamburg, 1857 Landshut, Schles. –1945.

Sloman, Robert Miles sen., Reeder, richtete 1836 die 1.Paketfahrt(Post-) u. Auswanderer-Linie nach New York ein, seit 1840 Pionier der Dampfschiffahrt, gründete 1848 mit J.C. Godeffroy die Deutsche Kriegsmarine, 1783 Great Yarmouth –1867.

Voght, Caspar Frhr. v., Kaufmann, begann den Handel mit den USA, Reformator des Armenwesens (Hamburg, Berlin, Wien, Marseille), gründete ein Mustergut, Freund von Mad.de Stael u. Mad.Récamier. 1752–1839.

HAMBURG-ALT-RAHLSTEDT

Liliencron, Detlev Frhr. v., Lyriker („Adjutantenritte"), 1844 Kiel –1909.

FRIEDHOF STELLINGEN
Molkenbuhrstraße

Seitz, Gustav, Bildhauer, 1906 Mannheim –1969.

HAMBURG-VOLKSDORF

Rowohlt, Ernst, Verleger moderner Schriftsteller (Kafka, Tucholsky, Fallada, Ringelnatz), gab 1950 als erster in Deutschland Taschenbücher nach amerikanischem Vorbild heraus („rororo"), 1887 Bremen –1960.

HAMBURG-WANDSBEK
An der Christus-Kirche

Claudius, Matthias, Schriftsteller, Lyriker („Der Mond ist aufgegangen"), Herausgeber des Wandsbeker Boten, 1740 Reinfeld, Holstein –1815.

Moltke, Friedrich Philipp Victor v., dän. Generalleutnant, Vater des Feldmarschalls Hellmuth Gf. v. M. 1768 Samow –1845.

SCHIMMELMANN-MAUSOLEUM

Schimmelmann, Heinrich Graf v., dänischer Schatzmeister 1724–1782. Er berief 1770 Matthias Claudius nach Wandsbek.

Hamm Westf.
FRIEDHOF AN DER OSTENALLEE

Falk, Adalbert, preuß. Kultusminister 1872 bis 1879, führte an der Seite Bismarcks den „Kulturkampf" durch, 1827 Metschkau, Kr. Striegau –1900.

Hammelwarden Kr. Wesermarsch

Bromme, Karl Rudolf, gen. Brommy, Mitkämpfer bei der Befreiung Griechenlands, Admiral der Kriegsflotte der Frankfurter Nationalversammlung 1849/53, 1804 Anger b. Leipzig –1860.

> „Gedenkt des Wackeren
> und gedenkt der Tage
> An schöner Hoffnung reich
> und bittrer Täuschung.
> Und welche Wendung jetzt
> Durch Gottes Fügung."
>
> *Hermann Allmers*

Vring, Georg von der, Schriftsteller („Schwarzer Jäger Johanna", „Soldat Suhren.'), 1889 Brake –1968.

Hannover
MARIENKIRCHE

Windthorst, Ludwig, Politiker, ehem. hannov. Justizminister, Führer der Zentrumspartei während des Kulturkampfes, 1812 Kaldenhof, Kr. Wittlage –1891.

NEUSTÄDTER KIRCHE

Leibniz, Gottfried Wilhelm, Philosoph. Der letzte Universalgelehrte und einer ihrer bedeutendsten, 1646 Leipzig –1716.

EHEM. GARTENFRIEDHOF
Marienstraße

Der Gartenfriedhof ist 1741 anstelle einer alten Wirtschaft „Zu den drei Fasanen" angelegt und 1864 geschlossen worden.

Buff, Charlotte, später verehel. Kestner, Goethes Freundin in Wetzlar 1772, Vorbild für die Lotte in Goethes „Werther", 1753 Wetzlar –1828.

Grotefend, Georg, Philologe, dem als erstem die Entzifferung der Keilschrift gelang, 1775 Hann. Münden –1853.

Herschel, Lucretia Caroline, Astronimin, entdeckte 8 Kometen, Mitarbeiterin ihres Bruders, des Astronomen Friedrich Wilhelm Herschel (→ Slough, England), 1750 Hannover –1848.

EHEM. NEUSTÄDTER FRIEDHOF
Langelaube

Der Friedhof wurde 1846 am Tage St. Andrae eröffnet und wird daher auch Andreas-Friedhof genannt.

Marschner, Heinrich, Hofkapellmeister und Opernkomponist („Der Templer und die Jüdin", „Hans Heiling"), 1795 Zittau –1861.

EHEM. NIKOLAIFRIEDHOF
Klagesmarkt

Vermutlich der älteste Friedhof Hannovers, 1866 geschlossen.

Hölty, Ludwig Christoph Heinrich, Dichter, bedeutendster Lyriker des Göttinger Hains („Üb immer Treu und Redlichkeit"), 1748 Mariensee b. Wunstorf –1776. Genaue Grabstelle unbekannt, vermutlich in der Nähe des 1901 errichteten Denkmals.

> „Hölty! Dein Freund, der Frühling ist gekommen;
> klagend irrt er im Haine, dich zu finden, doch umsonst,
> sein klagender Ruf verhallt in einsamen Schatten." *Lenau*

Bandel, Ernst v., Bildhauer („Hermannsdenkmal" auf dem Teutoburger Wald), 1800 Ansbach –1876.

Barnay, Ludwig, eigentl. Weiß, Schauspieler u. Theaterleiter, Mitbegründer des „Deutschen Theaters" in Berlin, 1842 Budapest –1924.

Emmich, Otto v., General, Armeeführer im 1. Weltkrieg ,1848 Minden –1915.

Grimme, Adolf, Pädagoge u. Politiker (SPD), preuß. Kultusminister 1930–32, Generaldirektor des Nordwestdeutschen Rundfunks 1948–56, 1889 Goslar –1963.

Jatho, Karl, Flugpionier, erster Motorflieger der Welt, 1873 Hannover –1933.

Laves, Georg Ludwig, Baumeister des Klassizismus (Opernhaus, Waterloosäule in Hannover), 1788 Uslar –1864.

Noske, Gustav, soziald. Politiker, Mitglied des Rates der Volksbeauftragten, erster Reichswehrminister 1919/20, Oberpräsident der Provinz Hannover 1920/33, 1868 Brandenburg, Havel –1946.

Peters, Carl, Kolonialpolitiker, erwarb in Afrika das Kerngebiet des späteren Deutsch-Ostafrika, 1856 Neuhaus, Elbe –1918.

Roselius, Ludwig, Großkaufmann, Gründer der „HAG-AG", Kunstmäzen, schuf mit Hoetger die Böttcherstraße in Bremen, 1874 Bremen –1943.

Schaeffer, Albrecht, Romanschriftsteller („Helianth"), Lyriker und Dramatiker, 1885 Elbing –1950.

Schwitters, Kurt, Maler und Schriftsteller des Dadaismus, 1887 Hannover –1948.

FRIEDHOF RICKLINGEN

Schumacher, Kurt, Politiker, als Vorsitzender der SPD politischer Gegner Adenauers, 1895 Kulm, Weichsel –1952.

SEELHORSTER FRIEDHOF

Torgler, Ernst, Politiker (KPD, später SPD), im Reichstagsbrandprozeß freigesprochen, 1893 Berlin –1963.

FRIEDHOF STÖCKEN

Kopf, Hinrich, Politiker (SPD), Ministerpräsident von Niedersachsen 1946/55 und ab 1959, 1893 Neuenkirchen, Land Hadeln –1961.

Rundstedt, Gerd v., Feldmarschall, zuletzt Oberbefehlshaber West, 1875 Aschersleben –1953.

MAUSOLEUM HERRENHAUSEN

Ernst August II., König von Hannover seit 1837, Herzog von Cumberland, 1771 London –1851. Marmorsarkophag von Rauch.

Hannoversch Münden
An der St. Egidienkirche

Eisenbarth, Johann Andreas, Chirurg u. Wanderarzt, 1661 Oberviechtach, Oberpfalz –1727.

Haseldorf Kr. Pinneberg
Alter Friedhof an der Kirche

Schönaich-Carolath, Emil Prinz v., Lyriker und Erzähler, 1852 Breslau –1908.

Haslach b. Traunstein

Stark, Johannes, Physiker, Nobelpreis 1919 „für die Entdeckung des Doppler-Effektes an Kanalstrahlen und für die Aufspaltung von Spektrallinien im elektrischen Feld", 1874 Schickenhof b. Amberg –1957.

Hechendorf b. Murnau

Molo, Walter Reichsritter v., Schriftsteller („Schiller", „Fridericus", „Die Affen Gottes"), 1880 Sternberg/Mähren –1958. Urne im Garten seiner Besitzung beigesetzt.

Heidelberg

Lit.: Die Friedhöfe in Heidelberg, Frankfurt a. M. o. J.

Ruprecht, deutscher König 1400–1410, als Ruprecht III. Pfalzgraf bei Rhein seit 1398, 1352 Amberg –1410.

BERGFRIEDHOF

Lit.: Gäss, Elisabeth: Wanderungen durch den Bergfriedhof, Heidelberg 1928. Kiefer, Erwin: Grabinschriften im Heidelberger Bergfriedhof, Heidelberg 1966.

Der 1844 eingeweihte Bergfriedhof gehört wegen seiner Lage am Berghang und wegen seiner landschaftlichen Schönheit zu den stimmungsvollsten Begräbnisstätten Deutschlands. Er birgt zudem in seinen Mauern eine Vielzahl berühmter Wissenschaftler, deren Namen aufs engste mit der „Ruperto Carolina", der ältesten Universität in Deutschland (1385), verknüpft sind und denen sie nach der Neugründung im Jahre 1803 ihren Weltruhm verdankt hat.
Auf dem Gelände des Friedhofs befindet sich das im Jahre 1891 errichtete Krematorium. Es ist – nach Gotha (1878) – das zweitälteste in Deutschland.

Bartsch, Karl, Germanist u. Romanist, gründete 1858 in Rostock als erster ein germanistisches Institut an einer deutschen Universität, 1832 Sprottau –1888.

Benz, Richard, Kulturhistoriker, Arbeiten über Goethe und die Romantik, 1884 Reichenbach, Vogtl. –1966.

Bluntschli, Johann Kaspar, Staatsrechtslehrer und Politiker, führender Staatstheoretiker seiner Zeit („Politik als Wissenschaft"), 1808 Zürich –1881.

Bosch, Carl, Chemiker, Vorstandsvorsitzer von IG-Farben, entwickelte mit Haber (→ Basel) die Ammoniaksynthese, Nobelpreis 1931 mit Bergius „für die Beiträge zur Auffindung und Entwicklung der chemischen Hochdrucktechnik", Neffe von Robert Bosch (→ Stuttgart, Waldfriedhof), 1874 Köln –1940.

Bunsen, Robert Wilhelm, Chemiker, einer der bedeutendsten Naturwissenschaftler des 19.

Jahrhunderts, entwickelte mit Kirchhoff (→ Berlin-West, Matthäifriedhof) die Spektralanalyse, 1811 Göttingen –1899.

Creuzer, Friedrich, Philologe („Symbolik u. Mythologie der alten Völker"), 1771 Marburg, Lahn –1858.

Czerny, Vinzenz, Chirurg. Begründer des Krebsforschungsinstituts in Heidelberg,1842 Trautenau, Böhmen –1916.

Ebert, Friedrich, sozialdem. Politiker, erster Reichspräsident 1919, 1871 Heidelberg –1925
„Des Volkes Wohl
ist meiner Arbeit Ziel"
Entwurf des Grabdenkmals von Prof. Peter Behrens.

Ehrismann, Gustav, Germanist auf dem Gebiet der mittelalterlichen Literatur, 1855 Pforzheim –1941.

Erb, Wilhelm Heinrich, Mediziner, bedeutender Neurologe, 1840 Winnweiler, Kr. Rokkenhausen –1921.

Fischer, Kuno, Philosoph, Mitbegründer des Neukantianismus, 1824 Sandewalde b. Guhrau, Schles. –1907.

Furtwängler, Wilhelm, Dirigent der Berliner Philharmoniker, Sohn des Archäologen Adolf Furtwängler (→ Athen), 1886 Berlin –1954.

Gegenbaur, Carl, Anatom und Zoologe, einer der bedeutendsten Anatomen des 19. Jahrhunderts, 1826 Würzburg –1903.

Geiler, Karl, Jurist u. Politiker, hess. Ministerpräsident 1945/47, danach Prof. in Heidelberg, 1878 Schönau, Schwarzw. –1953.

Gervinus, Georg, Historiker, Politiker und Literaturhistoriker, 1805 Darmstadt –1871.

Gmelin, Leopold, Chemiker, Verfasser von „Gmelins Handbuch der anorganischen Chemie", 1788 Göttingen –1853.

Gothein, Eberhard, Historiker, Arbeiten zur Wirschaftsgeschichte und zur Soziologie, 1853 Neumarkt b. Breslau –1923.

Gundolf, Friedrich, eigentl. Gundelfinger, Literaturhistoriker („Shakespeare und der deutsche Geist", „Goethe"), Stefan George (→ Locarno) nahestehend, 1880 Darmstadt –1931.

Hellpach, Willy, Psychologe und Politiker, bad. Staatspräsident 1924/25, 1877 Oels –1955.

Hettner, Alfred, Geograph und Forschungsreisender, verdient um die Methodik der Geographie, 1859 Dresden –1941.

Jellinek, Georg, bedeutender Staatsrechtslehrer, Vater von Walter Jellinek (→ Heidelberg-Handschuhsheim), 1851 Leipzig –1911.

Kallmorgen, Friedrich, bedeutender Landschaftsmaler (Hafenbilder, vor allem des Hamburger Hafens), 1856 Hamburg –1924.

Knies, Karl, Nationalökonom, Vertreter der historischen Schule, 1821 Marburg, Lahn –1898.

Kossel, Albrecht, Chemiker, Nobelpreis für Medizin 1910 „als Anerkennung des Beitrages, den er durch seine Arbeiten über die Eiweißstoffe einschließlich der Nukleine zur Kenntnis der Chemie der Zelle geleistet hat", 1853 Rostock –1927.

Kraepelin, Emil, Psychiater, zul. in München, dort Begründer eines Forschungsinstituts für Psychiatrie, 1856 Neustrelitz –1926.

Krehl, Ludolf v., Internist, 1861 Leipzig –1937.

Kuhn, Richard, Chemiker, Nobelpreis 1938 „für seine Arbeiten über Carotinoide und Vitamine", 1900 Wien –1967.

Kußmaul, Adolf, Mediziner, führte die Magenaushebung ein, 1822 Graben b. Karlsruhe –1902.

Liszt, Franz v., Strafrechtslehrer, Begründer der deutschen soziologischen Strafrechtsschule, Vetter des Komponisten Franz v. Liszt (→ Bayreuth), 1851 Wien –1919.

Mayer, Otto, Rechtslehrer, Begründer der Verwaltungsrechtswissenschaft, 1846 Fürth –1924.

Mittasch, Alwin, Chemiker, Leiter des Ammoniaklabors der BASF, Forschungen über die Katalyse, 1869 Großdehsa b. Löbau –1953.

Mittermaier, Karl Joseph, Jurist u. Politiker, 1787 München –1867.

Poppen, Hermann Meinhard, ursprünglich Theologe, später Kirchenmusiker u. Komponist, verdient um die Erneuerung der evgl. Kirchenmusik, 1885 Heidelberg –1956.

Radbruch, Gustav, Rechtslehrer (Strafrecht u. Rechtsphilosophie) und Politiker (SPD), Reichsjustizminister (1921/23), 1878 Lübeck –1949.

Rohde, Erwin, Altphilologe, Freund von Nietzsche (→ Röcken, Bez. Halle), 1845 Hamburg –1898.

Rüstow, Alexander, Nationalökonom u. Soziologe, 1885 Wiesbaden –1963.

Schlosser, Friedrich Christoph, Historiker, Verfasser einer „Weltgeschichte" (19 Bde.), 1776 Jever –1861.

Thibaut, Anton Friedrich Justus, Rechtslehrer („System des Pandektenrechts"), forderte bereits 1814 ein bürgerliches Gesetzbuch für das gesamte Deutschland, auch Musikschriftsteller („Über Reinheit der Tonkunst"), 1772 Hameln –1840.

Voß, Johann Heinrich, Dichter („Luise"), vorbildlicher Homer-Übersetzer, 1751 Sommerstorf b. Waren –1826.

Weber, Marianne, Publizistin, führend in der Frauenbewegung, Ehefrau von Max Weber, 1870 Oerlinghausen –1954.

Weber, Max, Sozialwissenschaftler, bedeutender und einflußreicher Soziologe, 1864 Erfurt –1920. Bruder von Alfred Weber (→ Wolfratshausen).

Windelband, Wilhelm, Philosoph, Begründer der „Heidelberger Schule" (Neukantianismus), 1848 Potsdam –1915.

Wolf, Max, Astronom, Begründer der Sternwarte auf dem Königsstuhl, entwickelte die

photographische Himmelsbeobachtung, 1863
Heidelberg –1932.

FRIEDHOF HANDSCHUHSHEIM

Bothe, Walter, Physiker, Forschungen auf dem Gebiet der Kernphysik, Nobelpreis 1954 mit Born (→ Göttingen) „für die Koinzidenzmethode und die damit erzielten Entdeckungen", 1891 Oranienburg b. Berlin –1957.

Jellinek, Walter, Rechtslehrer, (Staats- u. Verfassungsrecht), Sohn von Georg Jellinek (→ Bergfriedhof), 1885 Wien –1955.

Rad, Gerhard v., evgl. Theologe, Alttestamentler („Weisheit Israels"), 1901 Nürnberg –1971.

Weizsäcker, Viktor Frhr. v., Neurologe, 1886 Stuttgart –1957.

NEUENHEIMER FRIEDHOF

Bilfinger, Carl, Rechtslehrer (Staats- u. Völkerrecht), Direktor des Max-Planck-Instituts für ausländisches öffentliches Recht u. Völkerrecht, 1879 Ulm –1958.

Heilbronn

ALTER FRIEDHOF, Weinsbergerstraße

Mayer, Julius Robert v., Arzt u. Physiker, stellte den Satz von der Erhaltung der Energie auf, 1814 Heilbronn –1878.

Heiligenthal Kr. Lüneburg

HEIDE-FRIEDHOF

Salomon, Ernst v., Schriftsteller, Verfasser von meist autobiographischen Romanen („Die Geächteten", „Der Fragebogen"), am Rathenau-Mord beteiligt, 1902 Kiel –1972.

Heining Kr. Passau

Carossa, Hans, Arzt u. Schriftsteller, Lyriker u. Erzähler („Der Arzt Gion", „Ungleiche Welten"), 1878 Bad Tölz –1956.

Hemmelmark Kr. Rendsburg-Eckernförde

Heinrich, Prinz v. Preußen, Großadmiral, Bruder Wilhelms II. (→ Doorn, Holland), 1862 Potsdam –1929.

Hemmenhofen Kr. Konstanz

Dix, Otto, Maler und Graphiker, 1891 Gera –1969.

Heckel, Erich, Maler und Graphiker, Expressionist, Mitbegründer der „Brücke", 1883 Döbeln –1970.

Herdecke/Ennepe-Ruhr-Kreis

Harkort, Friedrich, Unternehmer, Begründer von Kupferwalz- und Eisenwerken, Vorkämpfer für den Bau von Eisenbahnen u. Kanälen, 1793 Harkorten b. Hagen.

Herford/Westf.

STÄDT. FRIEDHOF

Höpker-Aschoff, Hermann, Jurist u. Politiker, erster Präsident des Bundesverfassungsgerichts, seit 1951, 1883 Herford/Westf. –1954.

Herrlingen Kr. Ulm

Rommel, Erwin, Feldmarschall, Oberbefehlshaber des Afrika-Korps 1941/43, wegen Widerstandes gegen Hitler zum Selbstmord gezwungen, 1891 Heidenheim, Brenz –1944.

Hildesheim

ST. MICHAEL

Bernward v. Hildesheim, Bischof, 993–1022, Erzieher Kaiser Ottos III., Heiliger (1192), um 960–1022.

Hofstetter bei Haslach (Kinzigtal)

Hansjakob, Heinrich, kath. Pfarrer und Politiker, Verfasser volkstümlicher Erzählungen, 1837 Haslach –1916.

Hohenbrunn, Kr. München

Dieterle, William (Wilhelm), Theater- u. Filmregisseur, 1893 Ludwigshafen/Rhein, –1972.

Hohenzollern, Burg b. Hechingen

Friedrich Wilhelm I., der „Soldatenkönig", König von Preußen, seit 1713, Vater Friedrichs II., 1688 Berlin –1740.

Friedrich II., gen. „der Große", König von Preußen seit 1740, 1712 Berlin –1786.

Die Särge der beiden Könige wurden kurz vor dem Ende des 2. Weltkrieges aus der Garnisonkirche in Potsdam in ein Salzbergwerk in Thüringen verlagert, von wo sie die Amerikaner bei der Räumung Thüringens in die Elisabethkirche, Marburg/Lahn verbrachten. Später wurden sie auf die Burg Hohenzollern überführt.

MICHAELSBASTEI
Grablege der Kronprinzlichen Familie

Wilhelm, Kronprinz des Deutschen Reiches und von Preußen (1888–1918), Sohn Kaiser Wilhelms II. (→ Doorn, Holland), 1882 Potsdam –1951.

Hohnerdingen b. Fallingbostel

Löns, Hermann, Schriftsteller („Mümmelmann", „Aus Wald und Heide", „Der kleine Rosengarten"), 1866 Kulm, Weichsel –1914. Löns, der bei Loivre in der Nähe von Reims gefallen ist, wurde 1935 von dort überführt und 3 km westlich von Fallingbostel in einem Wacholderhain unter einem Findling beigesetzt.

Hösbach Kr. Aschaffenburg

Stammler, Wolfgang, Germanist, Herausgeber bedeutender germanistischer Grundlagenwerke, 1886 Halle, Saale 1965.

Hösel Kr. Düsseldorf-Mettmann

WALDFRIEDHOF LINNEP

Niebelschütz, Wolf v., Lyriker u. Erzähler („Der blaue Kammerherr"), 1913 Berlin –1960.

Husum Kr. Nordfriesland

ST. JÜRGEN-FRIEDHOF

Storm, Theodor, Dichter, Lyriker („Immensee", „Pole Poppenspäler", „Aquis submersus", „Der Schimmelreiter"), 1817 Husum –1888.

Ingolstadt

STADTPFARRKIRCHE U. L. FRAUEN

Eck, Johannes, kath. Theologe, einer der entschiedensten Gegner Luthers und der Reformation, 1486 Egg a. d. Günz –1543.

Jugenheim/Bergstraße

Kohlrausch, Friedrich Wilhelm, Physiker, Arbeiten über Leitfähigkeitsmessungen an Elektrolyten, 1840 Rinteln –1910.

Weismantel, Leo, Schriftsteller, kath. Erzähler u. Dramatiker, 1888 Obersinn, Kr. Gemünden –1964.

Jühnde Kr. Hannoversch Münden

Sohnrey, Heinrich, Schriftsteller, Erzähler von Dorfgeschichten, Romane aus dem Bauernleben, 1859 Jühnde –1948.

Kalkar Kr. Kleve

STÄDT. FRIEDHOF

Nauen, Heinrich, Maler (Wandbilder in der Burg Drove b. Düren), 1880 Krefeld –1940.

Karlsruhe

EVANGELISCHE STADTKIRCHE
Marktplatz

Weinbrenner, Friedrich, Baumeister des Klassizismus, trug entscheidend zur baulichen Ausgestaltung Karlsruhes bei (evgl. Stadtkirche, Markgräfliches Palais, Rathaus, Münze), 1766 Karlsruhe –1826. Umgebettet vom Alten Friedhof, Kapellenstraße.

PYRAMIDE AUF DEM MARKTPLATZ

Karl III. Wilhelm, Markgraf von Baden-Durlach 1709/38, Gründer von Karlsruhe, 1679 Durlach –1738. 1823 aus der Concordienkirche in die von Großherzog Ludwig I. errichtete Pyramide überführt.

FÜRSTLICHES MAUSOLEUM

Friedrich I., Großherzog von Baden 1856 bis 1907, maßgeblich an der deutschen Einigung 1870–71 beteiligt, 1826 Karlsruhe –1907.

BADISCHE LANDESBIBLIOTHEK
Lammstraße

Mombert, Alfred, frühexpressionistischer Lyriker und Dramatiker („Aeon", „Sfaira"), 1872 Karlsruhe –1942. Verstorben an den Folgen einer KZ-Haft; Asche in einem Kästchen unterhalb der im Foyer der Bibliothek aufgestellten Büste von Mombert.

HAUPTFRIEDHOF

Brauer, Arthur v., Staatsmann, Mitarbeiter Bismarks, 1845 Karlsruhe –1926.

Devrient, Eduard, Schauspieler u. Theaterleiter, Intendant des Karlsruher Hoftheaters 1852/70, Neffe von Ludwig Devrient (→ Berlin-Ost, Französischer Friedhof, Chausseestraße), 1801 Berlin –1877.

Drais, Karl Frhr. v., Forstmeister, Erfinder der Urform des heutigen Fahrrades (Draisine), 1785 Karlsruhe –1851.

Gmelin, Otto, Erzähler vornehmlich historischer Romane aus dem Mittelalter („Das Angesicht des Kaisers"), 1886 Karlsruhe –1940.

Grashof, Franz, Ingenieur, einer der Begründer des wissenschaftlichen Maschinenbaues, erster Direktor des Vereins Deutscher Ingenieure (VDI), 1826 Düsseldorf –1893.

Jung-Stilling, eigentl. Johann Heinrich Jung, Augenarzt, später Prof. der Staatswissenschaften, pietistischer Schriftsteller, 1740 Grund, Kr. Siegen –1817. Umgebettet vom Alten Friedhof, Kapellenstraße.

Köhler, Heinrich, Zentrumspolitiker, bad. Staatspräsident 1923/24 u. 1926/27, Reichsfinanzminister 1927/28, 1878 Karlsruhe –1949

Lessing, Karl Friedrich, Maler, Hauptvertreter der Düsseldorfer Historien- und Landschaftsmalerei, Direktor der Gemäldegalerie in Karlsruhe, 1808 Breslau –1880. Grab 1953 versehentlich eingeebnet.

Nöldeke, Theodor, Orientalist, Arbeiten über den Koran und über semitische Sprachen, 1836 Hamburg –1930.

Scheffel, Joseph Victor v., Dichter („Der Trompeter von Säckingen", „Ekkehard", „Gaudeamus", „Alt-Heidelberg, du feine"), 1826 Karlsruhe –1886.

Schönleber, Gustav, Landschaftsmaler, 1851 Bietigheim –1917.

Thoma, Hans, Maler, dem Schwarzwald verbunden, Direktor der Kunsthalle in Karlsruhe, 1839 Bernau, Schwarzwald –1924.

Trübner, Wilhelm, impressionistischer Maler, 1851 Heidelberg –1917.

Kassel

ST. MARTINSKIRCHE

Philipp I., „der Großmütige", Landgraf v. Hessen seit 1509, Führer der evgl. Fürsten, Gründer der Universität Marburg, 1504 Marburg, Lahn –1567.

Wilhelm IV., „der Weise", Landgraf v. Hessen, seit 1567, Sohn Philipps I., Begründer der modernen astronomischen Meßkunst, 1532 Kassel –1592.

HAUPTFRIEDHOF

Grimm, Ludwig, Maler u. Radierer, Bruder v. Jacob u. Wilhelm Grimm (→ Berlin-West), 1790 Hanau –1863.

Henschel, Karl Anton, Oberbergrat und Industrieller, Begründer der Maschinenfabrik „Henschel & Sohn" in Kassel, jetzt Henschel-Werke AG, 1780 Kassel –1861.

Scheidemann, Philipp, SPD-Politiker, rief am 9.11.1918 die deutsche Republik aus, Ministerpräsident 1919, 1865 Kassel –1939.

Spohr, Ludewig (Louis), Komponist, Dirigent u. Violinvirtuose, 1784 Braunschweig –1859.

Keitum (Sylt)

Waetzoldt, Wilhelm, Kunsthistoriker („Dürer und seine Zeit"), Generaldirektor der staatlichen Museen in Berlin 1927–33, 1880 Hamburg –1945.

Kemnade Kr. Holzminden

KLOSTERKIRCHE

Münchhausen, Karl Friedrich Hieronymus Baron v., gen. „Der Lügenbaron", Urheber unwahrscheinlicher Abenteurergeschichten, veröffentlicht in Oxford von R. E. Raspe und ins Deutsche zurückübertragen von Bürger, 1720 Bodenwerder –1797.

Kiebitzreihe Kr. Steinburg

Höger, Fritz, Architekt, Erneuerer des norddeutschen Backsteinbaues (Chilehaus in Hamburg), 1877 Beckenreihe, Kr. Steinburg –1949.

Kiel

NIKOLAIKIRCHE

Loewe, Karl, Komponist („Erlkönig", „Archibald Douglas"), 1796 Lobejun b. Halle, S. –1869. Herz in der 1944 stark zerstörten Jakobskirche in Stettin (Pfeiler neben der Orgel), an der Loewe von 1822–1866 Organist war.

FRIEDHOF EICHHOF

Esmarch, Friedrich v., Chirurg (Unfall- und Kriegschirurgie), verdient um die freiwillige Krankenpflege in Krieg und Frieden, 1823 Tönning –1908.

Tönnies, Ferdinand, Soziologe und Philosoph Studien über Hobbes, Mitbegründer und langjähriger Präsident der „Deutschen Gesellschaft für Soziologie", 1855 Oldenswort über Husum –1936.

NORDFRIEDHOF

Mangoldt, Hermann v., Jurist u. Politiker, Mitglied des Parlamentarischen Rates, Kommentator des Grundgesetzes, 1895 Aachen –1953.

Raeder, Erich, Großadmiral, Oberbefehlshaber der Kriegsmarine 1935/43, 1876 Hamburg –1960. Haft in Spandau.

Schneider, Erich, Nationalökonom („Einführung in die Wirtschaftstheorie"), 1900 Siegen –1970.

SÜDFRIEDHOF

Groth, Klaus, Dichter, vornehmlich in plattdeutscher Sprache („Quickborn"), Prof. für Literatur in Kiel, 1819 Heide, Holstein –1899.

Kirchhammelwarden *siehe* Hammelwarden

Kitzingen

Knab, Armin. Lieder- u. Chorkomponist („Weihnachtskantate", „Das gesegnete Jahr"), 1881 Neuschleichach, Kr. Haßfurt –1951.

Kleinglattbach b. Vaihingen, Enz

Neurath, Konstantin Frhr. v., Reichsaußenminister 1932–38, Reichsprotektor in Böhmen u. Mähren 1939–43, 1873 Kleinglattbach –1956. Haft in Spandau.

Kleve

STÄDT. FRIEDHOF

Brautlacht, Erich, niederrheinischer Erzähler, 1902 Rheinberg, Rheinland –1957.

Koblenz

HAUPTFRIEDHOF, Beatusstraße

Baedeker, Karl, Verlagsbuchhändler, gab die ersten deutschen Reisehandbücher heraus, 1801 Essen –1859.

Goeben, August v., General, Heerführer im Kriege 1870/71, 1816 Stade –1880.

Schenkendorf, Max v., Lyriker („Freiheit, die ich meine"), 1783 Tilsit –1817.

Kochel Kr. Bad Tölz-Wolfratshausen

Marc, Franz, expressionistischer Maler u. Graphiker („Turm der blauen Pferde"), Mitbegründer der Künstlergemeinschaft „Der blaue Reiter", 1880 München –1916. Gefallen.

Köln

Dom

Engelbert, Graf v. Berg, Erzbischof von Köln (seit 1216), Reichsverweser unter Friedrich II., wird als Heiliger verehrt, um 1185–1225. Ermordet, Reliquien in der Schatzkammer.

Klemens August, Kurfürst u. Erzbischof v. Köln (seit 1723), Erbauer des Schlosses Brühl, Sohn des Kurfürsten Maximilian II. Emanuel v. Bayern, 1700 Brüssel –1761.

Konrad v. Hochstaden, Erzbischof von Köln seit 1238, legte den Grundstein zum gotischen Neubau des Domes, um 1200–1261.

Rainald v. Dassel, Erzbischof von Köln, seit 1156, Reichskanzler Friedrichs I. Barbarossa, um 1118–1167.

St. Andreas

Albertus Magnus, eigentl. Albert Graf v. Bollstädt, Philosoph, Theologe u. Naturforscher, Scholastiker, Lehrer von Thomas v. Aquin, einer der bedeutendsten Gelehrten des Mittelalters, Heiliger (1931), um 1200 Lauingen, Donau –1280. Gebeine seit 1954 in einem römischen Steinsarg aus dem 3. Jahrhundert n. Chr.

Minoritenkirche

Kolping, Adolf, der „Gesellenvater", kath. Theologe, Begründer des 1. kath. Gesellenvereins, der Keimzelle des späteren Kolpingwerks, 1813 Kerpen, Bez. Köln –1865.

Friedhof Melaten

Lit.: Vogts, H.: Der Kölner Friedhof Melaten, Köln 1937, (schließt mit 1900 ab).

Backhaus, Wilhelm, Pianist, Beethoven-Interpret, 1884 Leipzig –1969.

Böckler, Hans, Gewerkschaftsführer, Vorsitzender des DGB 1949–51, 1875 Trautskirchen, Mittelfr. –1951.

Langen, Albert, Verleger, Begründer des Simplicissimus 1896, 1869 Köln –1909.

Langen, Eugen, Ingenieur, konstruierte mit Otto (s. u.) den ersten Gasmotor, 1833 Köln –1895.

Marx, Wilhelm, Zentrumspolitiker, Reichskanzler 1923–25 u. 1926–28, 1863 Köln –1946.

Mevissen, Gustav v., Wirtschaftsführer und Politiker, 1815 Dülken –1899.

Nay, Ernst Wilhelm, Maler („Lofotenbilder"), 1902 Berlin –1968.

Otto, Nikolaus, mit Langen (s. o.) Erfinder des „Ottomotors" und Gründer der Gasmotorenfabrik Deutz, 1832 Holzhausen –1891.

Schwann, Theodor, Anatom u. Physiologe, Arbeiten über Nerven, Entdecker des Pepsins, 1810 Neuß –1882.

Schwarz, Rudolf, Architekt, Kirchenbaumeister (Fronleichnamskirche Aachen, St. Michael, Frankfurt/M.), Leiter der Wiederaufbauplanung von Köln, 1897 Straßburg, Els. –1961.

Wissmann, Hermann v., Afrikaforscher, 1853 Frankfurt, O. –1905.

Zwirner, Ernst Friedrich, Architekt (Apollinariskirche in Remagen), Kölner Dombaumeister, 1802 Jakobswalde, Kr. Cosel –1861.

Südfriedhof

Böhm, Dominikus, Kirchenbaumeister (Betonkirche in Neu-Ulm), 1880 Jettingen, Schwaben –1955.

Braunfels, Walter, Komponist (Opern, Chorwerke u. Lieder), Direktor der Hochschule für Musik in Köln, 1882 Frankfurt/M. –1954.

Nipperdey, Hans Carl, Rechtslehrer u. Präsident des Bundesarbeitsgerichts 1954–63, führend auf dem Gebiet des Arbeitsrechts, 1895 Bad Berka, Thür. –1968.

Peters, Hans, Rechtslehrer (Staats- u. Verwaltungsrecht), Präsident der Görres-Gesellschaft, 1896 Berlin –1966.

Scheler, Max, Philosoph, Hauptvertreter der von Husserl (→ Freiburg-Günterstal) entwickelten Phänomenologie, Begründer der philosophischen Anthropologie, 1874 München –1928.

Köln-Deutz

PFARRKIRCHE ST. HERIBERT

Heribert, Erzbischof von Köln, seit 999, Kanzler Ottos III., Heiliger, um 970 Worms –1021.

DEUTZER FRIEDHOF

Alder, Kurt, Chemiker, Nobelpreis 1950 mit Diels (→ Ulsnis, Schleswig-Holstein) „für die Entwicklung der Dien-Synthese", 1902 Königshütte/Oberschl. –1958.

Königshofen-Messelhausen

Tauberkreis s. Messelhausen

Königslutter Kr. Helmstedt

ABTEIKIRCHE ST. PETER UND PAUL

Lothar III. v. Supplinburg, deutscher König, seit 1125 und Kaiser, seit 1133. 1075–1137.

Konnersreuth Kr. Tirschenreuth, Oberpf.

Neumann, Therese, Stigmatisierte, 1898 Konnersreuth –1962.

Konstanz

MÜNSTER

Wessenberg, Ignaz Heinrich Karl Frhr. v., kath. Theologe, Verweser des Bistums Konstanz 1817–27, trat für eine deutsche Nationalkirche und eine allmähliche Aufhebung des Zölibats ein und geriet dadurch in Gegensatz zur Kurie, 1774 Dresden –1860.

FRIEDHOF ALLMANNSDORF

Scholz, Wilhelm v., lyrischer u. dramatischer Dichter des Neuklassizismus („Der Jude von Konstanz", „Perpetua"), 1874 Berlin –1969.

„Was uns bleibt? Der Traum von Stunden
Die ein ganzes Leben waren
Und das Werk von schweren Jahren,
Die wie eine Nacht entschwunden."

Krailling Kr. Starnberg

Belling, Rudolf, expressionistischer Bildhauer einer der Begründer der abstrakten Plastik, 1886 Berlin –1972.

Kreuztal Kr. Siegen

Flick, Friedrich, Großindustrieller, einer der erfolgreichsten Unternehmer der Gegenwart, 1883 Ernsdorf b. Siegen –1972.

Kronberg/Taunus

Bonn, Moritz Julius, Nationalökonom, Rektor der Handelshochschule Berlin 1920–33, ab 1933 Prof. in Oxford (Engl.), 1873 Frankfurt/M. –1965. Urne eingemauert in die Außenwand des Rathauses.

Ladenburg/Neckar

Benz, Carl, Automobilpionier, Gründer der Fa. Benz & Co. (1883), der späteren Daimler-Benz AG, 1844 Karlsruhe –1929.

Landsberg b. Kettwig

Thyssen, August, Industrieller (Montan-Industrie), Begründer des Thyssen-Konzerns, 1842 Eschweiler –1926.

Landstuhl, Pfalz

PFARRKIRCHE ST. ANDREAS

Sickingen, Franz v., Reichsritter, Vorkämpfer der Reformation, 1481 Ebernburg, Kr. Rokkenhausen –1523.

Langenargen Kr. Friedrichshafen

Purrmann, Hans, Maler, Schüler von Matisse, 1880 Speyer –1966.

Langeoog, Insel, Kr. Wittmund
DÜNENFRIEDHOF

Andersen, Lale, eigentl. Lieselotte Wilke, Sängerin, 1911 –1972.

Leinsweiler Kr. Landau–Bad Bergzabern
HOFGUT NEUKASTEL

Slevogt, Max, Maler u. Graphiker, führender deutscher Impressionist, 1868 Landshut –1932.

Lensahn Kr. Ostholstein

Bock, Fedor v., Feldmarschall, 1880 Küstrin –1945. Tod durch Fliegerangriff.

Stinde, Julius, Schriftsteller, Verfasser humoristischer Romane aus dem alten Berlin („Familie Buchholz"), 1841 Kirchnüchel b. Eutin –1905.

Leverkusen
JAPANISCHER GARTEN

Duisberg, Carl, Chemiker u. Industrieller, Leiter der Farbwerke Bayer, Mitbegründer der IG-Farbenindustrie, 1861 Barmen –1935.

Lichtenfels

Dehler, Thomas, Politiker, Bundesjustizminister 1949–53, 1897 Lichtenfels –1967.

Lindenberg/Allgäu

Geßler, Otto, Politiker der Weimarer Republik, Reichswehrminister 1920–28, Präsident des Deutschen Roten Kreuzes 1950–52, 1875 Ludwigsburg –1955.

Lipburg b. Badenweiler

Schickele, René, elsäß. Schriftsteller, Lyriker, Dramatiker und Erzähler („Hans im Schnakenloch", „Das Erbe am Rhein"), 1883 Oberehnheim, Elsaß –1940.

Lippoldsberg Kr. Hofgeismar
KREUZGANG DES EHEM. KLOSTERS

Grimm, Hans, Schriftsteller („Südafrikani-

sche Novellen", „Volk ohne Raum"), 1875 Wiesbaden –1959.

Löschwitz b. Kemnath, Oberpfalz
PARK DES SCHLOSSES KAIBITZ

Ebermayer, Erich, Schriftsteller (Romane, Novellen, Tagebücher), 1900 Bamberg –1970.

Lövenich Kr. Köln
ORTSTEIL KÖNIGSDORF

Zimmermann, Bernd-Alois, Komponist (Oper „Die Soldaten"), 1918 Bliesheim, Kr. Euskirchen –1970. Selbstmord.

Lübeck
KATHARINENKIRCHE

Reinken (Reincken), Johan Adam, Organist u. Komponist, 1623 Wildeshausen, Oldenb. –1722.

> „Mensch, die zeit wirdt nun baldt kommen,
> das du ruhen wirst ins Grab.
> Eh dirs Leben wird genommen,
> dien dem, der dirs Leben gab."

MARIENKIRCHE

Buxtehude, Dietrich, Organist u. Komponist, Vorläufer J. S. Bachs, 1637 vermutlich Oldesloe –1707.

BURGTOR-FRIEDHOF

Behncke, Paul, Admiral, Staatssekretär des Reichsmarineamtes 1918, Chef der Marineleitung 1920–24, 1866 Süsel, Kr. Eutin –1937.

Boy-Ed, Ida, geb. Boy, Schriftstellerin auf dem Gebiet der Unterhaltungsliteratur, z. T. mit sozialkritischer Tendenz, 1852 Hamburg –1928.

Geibel, Emanuel, spätromantischer Schriftsteller und Lyriker („Der Mai ist gekommen"), Haupt des Münchener Dichterkreises unter Maximilian II. v. Bayern, 1815 Lübeck –1884.

Hillard, Gustav, eigentl. Steinbömer, Romanschriftsteller und Novellist, 1881 Rotterdam –1972.

Mann, Heinrich, Getreidegroßhändler u. Senator (†1891) und Julia geb. Bruhns, Eltern von Heinrich (→ Berlin-Ost, Dorotheenstädt. Friedhof) und Thomas Mann (→Kilchberg, Kanton Zürich).

Ludwigsburg

ALTER FRIEDHOF
Schorndorferstraße

Strauß, David Friedrich, evgl. Theologe und Philosoph („Das Leben Jesu"), 1808 Ludwigsburg –1874.

Walcker, Eberhard Friedrich, Orgelbauer, 1794 Stuttgart –1872.

Wilhelm II., letzter König von Württemberg 1891–1918, 1848 Stuttgart –1921.

Lüneburg

ZENTRALFRIEDHOF SOLTAUERSTRASSE

Milch, Erhard, Feldmarschall, Generalinspekteur der Luftwaffe 1938–45, 1892 Wilhelmshaven –1972.

Mainz

DOM ST. MARTIN UND ST. STEPHAN

Heinrich v. Meißen, gen. Frauenlob, mittelhochdeutscher Dichter, Vorbild der Meistersinger, um 1250 Meißen –1318. Kreuzgang.

Ketteler, Wilhelm Emanuel Frhr. v., Bischof von Mainz seit 1850, Vorkämpfer des politischen Katholizismus, Sozialpolitiker, 1811 Münster i. W. –1877.

HAUPTFRIEDHOF

Lit.: Boerckel: Geschichte des Mainzer Friedhofs.

Cornelius, Peter, Opernkomponist („Der Barbier von Bagdad"), 1824 Mainz –1874.

Dombrowski, Erich, Journalist, Mitherausgeber der „Frankfurter Allgemeinen Zeitung", 1882 Danzig –1972.

Malente-Gremsmühlen Kr. Ostholstein

Dorpmüller, Julius, Generaldirektor der Deutschen Reichsbahn, Reichsverkehrsminister 1937–45, 1869 Elberfeld –1945.

Mannheim

Lit.: Die Friedhöfe in Mannheim, Mannheim 1927.

HAUPTFRIEDHOF Röntgenstraße

Bassermann, Albert, Schauspieler, 1867 Mannheim –1952.

Dalberg, Wolfgang Heribert Reichsfreiherr v., Intendant des Mannheimer Nationaltheaters, 1778–1803, ließ Schillers erste Dramen aufführen, 1750 Worms –1806.

Kotzebue, August v., Staatsrat in russ. Diensten, Dramatiker („Die deutschen Kleinstädter"), bekämpfte die Romantiker und die Burschenschaften, von dem Studenten Sand (s. u.) erdolcht, 1761 Weimar –1819.

Lanz, Heinrich, Industrieller auf dem Gebiet des Landmaschinenbaues, 1838 Friedrichshafen –1905.

Sand, Karl Ludwig, Theologiestudent, erdolchte 1819 Kotzebue, um sich für die Verspottung der Burschenschaften zu rächen und löste damit die Karlsbader Beschlüsse aus, 1795 Wunsiedel –1820. Hingerichtet.

Schnabel, Franz, Historiker („Deutsche Geschichte im 19. Jahrhundert"), 1887 Mannheim –1966.

Marburg/Lahn

ELISABETHKIRCHE

Elisabeth, Landgräfin v. Thüringen, Heilige (1235), 1207 Sarospatak, Ung. –1231. 1539 ließ Landgraf Philipp v. Hessen die Gebeine der Heiligen, die sich bis dahin in dem kostbaren Elisabeth-Schrein befunden hatten, entfernen, um der Verehrung ein Ende zu setzen. Zwar mußte er sie 1548 wieder herausgeben, doch sind sie seitdem verschwunden. Lediglich das Haupt befindet sich in der Elisabethinenkirche (Klosterkirche St. Elisabeth, Landstraßer Hauptstraße) in Wien.

Hindenburg, Paul v. Beneckendorff und v. Hindenburg, Feldmarschall, Reichspräsident seit 1925, 1847 Posen –1934. Hindenburg wurde ursprünglich beigesetzt im Tannenbergdenkmal bei Hohenstein (Ostpr.). Kurz vor dem Einmarsch der Russen wurde der Sarg in einem Salzbergwerk in Thüringen sichergestellt, später von den Amerikanern gefunden und 1946 nach Marburg gebracht.

ELSENHÖHE, MAUSOLEUM

Behring, Emil v., Bakteriologe, Begründer der Serumheilkunde, Nobelpreis 1901 „für seine Arbeiten über Serumtherapie und besonders für deren Anwendung gegen Diphtherie, wodurch er einen neuen Weg auf dem Gebiet der medizinischen Wissenschaft gebahnt und dem Arzt eine bezwingende Waffe im Kampf gegen Krankheit und Tod gegeben hat", 1854 Hansdorf, Westpr. –1917.

HAUPTFRIEDHOF

Günther, Agnes, Schriftstellerin („Die Heilige und ihr Narr"), 1863 Stuttgart –1911.

Hamann, Richard, Kunsthistoriker, 1879 Seehausen, Kr. Wanzleben –1961.

Justi, Carl, Kunsthistoriker, Verfasser von Biographien über Michelangelo, Velazques u. Winckelmann, 1832 Marburg, Lahn –1912.

Kippenberg, Anton, Verleger, Leiter des Inselverlages, Goetheforscher, 1874 Bremen –1950.

Natorp, Paul, Philosoph, führte die von Hermann Cohen (→ Berlin-Weißensee, Jüd. Friedhof) begründete „Marburger Schule" des Neukantianismus fort, 1854 Düsseldorf –1924.

Otto, Rudolf, evgl. Theologie u. Religionsphilosoph („Das Heilige"), 1869 Peine –1937.

Maulbronn Enzkreis

AN DER KLOSTERKIRCHE

Schelling, Karoline, geb. Michaelis, Schriftstellerin, bedeutendste Frauengestalt der deutschen Frühromantik, die „Dame Luzifer" (Schiller), vermählt mit August Wilhelm v. Schlegel (geschieden, → Bonn) und mit dem Philosophen Friedr. Wilh. v. Schelling (→ Ragaz, Schweiz), 1763 Göttingen –1809.

Maulburg Kr. Lörrach

Burte, Hermann, eigentl. H. Strübe, Lyriker, Dramatiker und Romanschriftsteller („Wiltfeber, der ewige Deutsche"), 1879 Maulburg –1960.

Mechtshausen Kr. Hildesheim-Marienburg

Busch, Wilhelm, Dichter und Zeichner, bedeutendster deutscher Humorist von weltweiter Wirkung, 1832 Wiedensahl –1908.

Meerbusch-Büderich

s. Büderich

Meersburg/Bodensee

FRIEDHOF

Droste-Hülshoff, Annette Freiin v., Schriftstellerin, 1797 Schloß Hülshoff b. Münster –1848.

Mauthner, Fritz, österr. Schriftsteller und Philosoph („Der Atheismus und seine Geschichte im Abendlande"), Verfasser geistvoller Parodien („Nach berühmten Mustern"), 1849 Hořitz, Böhmen –1923.
„Vom Menschsein erlöst."

Mesmer, Franz Anton, Arzt, propagierte die Heilkraft des „animalischen Magnetismus", 1734 Iznang, Kr. Konstanz –1815.

Meissenheim Kr. Offenburg

Brion, Friederike, Pfarrerstochter aus Sesenheim, Feundin Goethes in seiner Straßburger Zeit (1770), 1752 Niederrödern, Elsaß –1813.
„Ein Strahl der Dichtersonne fiel auf sie, So reich, daß er Unsterblichkeit ihr lieh."

Mengeringhausen Kr. Waldeck

Busch, Fritz, Dirigent, Generalmusikdirektor in Dresden 1922–33, 1890 Siegen –1951.

Meschede

Wittig, Joseph, kath. Theologe und Schriftsteller, indiziert und 1926–1946 exkommuniziert, 1879 Schlegel, Kr. Neurode –1949.

Messelhausen Tauberkreis

Lenard, Philipp, Physiker, Nobelpreis (1905) für seine Arbeiten über Kathodenstrahlen, Gegner Einsteins und seiner Relativitätstheorie, Verfasser einer „Deutschen Physik", 1862 Preßburg –1947.

Mindelheim

PFARRKIRCHE ST. STEPHAN

Frundsberg, Georg v., Landsknechtsführer, „Vater der Landsknechte", 1473 Auf der Mindelburg –1528. Grabanlage u. ursprüngliche Grabplatte nicht mehr vorhanden. Im Chorraum Erinnerungsmal, errichtet 1928 von der Stadt Mindelheim.

Mittelrhein Kr. Rüdesheim

Stosch, Albrecht v., General u. Admiral, als Chef der Admiralität 1872–83 Leiter der deutschen Marine, Gegner Bismarcks, 1818 Koblenz –1896.

Mönchengladbach

HAUPTFRIEDHOF

Viersenerstraße 202

Lersch, Heinrich, Arbeiterdichter („Mensch im Eisen", „Hammerschläge"), 1889 Mönchengladbach –1936.

EVGL. FRIEDHOF

Viersenerstraße

Pferdmenges, Robert, Bankier, Berater Konrad Adenauers, 1880 Mönchengladbach –1962.

Mülheim/Ruhr

PETRI-KIRCHE

Tersteegen, Gerhard, evgl. Mystiker, Kirchenliederdichter („Ich bete an die Macht der Liebe"), 1697 Moers –1769. (Grabstein an der Kirche).

ALTER FRIEDHOF

Kettwigerstraße

Stinnes, Hugo, Industrieller im Bereich der Montanindustrie, außerdem Binnen- u. Seeschiffahrt, 1870 Mühlheim, Ruhr –1924.

HAUPTFRIEDHOF

Zeppelinstraße

Fischer, Franz, Chemiker, Direktor des Instituts für Kohleforschung, entwickelte mit Tropsch die Benzin-Synthese (Fischer-Tropsch-Verfahren), 1877 Freiburg, Br. –1947.

Gilles, Werner, Maler, 1894 Rheydt –1961.

FRIEDHOF MÜLHEIM-SAARN

Kaufmann, Erich, Rechtslehrer (Rechtsphilosophie, Völkerrecht, öffentl. Recht), Altkanzler des Ordens pour le mérite für Wissenschaften und Künste, 1880 Demmin, Kr. Schlochau –1972.

München

Kirchen

THEATINER HOFKIRCHE

Karl VII., deutscher Kaiser 1742–45, als Karl Albrecht Kurfürst v. Bayern seit 1726, 1697 Brüssel –1745.

Maximilian I. Joseph, Kurfürst 1799–1806 und seit 1806 König von Bayern, 1756 Schwetzingen –1825.

Maximilian II., König v. Bayern 1848–1864, Sohn Ludwigs I. (→ St. Bonifaz), 1811 München –1864.

Otto I., König v. Griechenland 1833–1862, Sohn Ludwigs I., 1815 Salzburg –1867.

Luitpold, Prinzregent v. Bayern, Sohn Ludwigs I., führte seit 1886 die Regentschaft für seine geisteskranken Neffen Ludwig II. bzw. Otto I., 1821 Würzburg –1912.

Rupprecht, Kronprinz v. Bayern, Armeeführer im 1. Weltkrieg, Sohn Ludwigs III. (→ Frauenkirche), 1869 München –1955.

FRAUENKIRCHE

Ludwig IV., „der Bayer", deutscher König seit 1314 und Kaiser seit 1328, 1282 wahrscheinlich München –1347. Genaue Grabstelle unbekannt.

Ludwig III., letzter König von Bayern 1912 bis 1918, Sohn des Prinzregenten Luitpold (→ Theatiner Hofkirche), 1845 München –1921.

Faulhaber, Michael v., Erzbischof v. München-Freising seit 1917, Kardinal, predigte gegen Nationalsozialismus und Rassenhaß, 1869 Heidenfeld, Unterfranken –1952.

Paumann, Konrad, Organist u. Komponist, blind geboren, 1409 Nürnberg –1473. Epitaph in der nördl. Turmkapelle.

ST. MICHAEL
Neuhauserstraße

Ludwig II., König v. Bayern 1864–86, Sohn Maximilians II. (→ Theatiner Hofkirche), Erbauer der bayer. Königsschlösser, Förderer Richard Wagners (→ Bayreuth), 1845 München –1886. Zuletzt geisteskrank, im Starnbergersee ertrunken.

Beauharnais, Eugène de, Herzog v. Leuchtenberg, Vizekönig von Italien 1805–1814/15, Stiefsohn Napoleons I., Schwiegersohn von Maximilian I. Joseph (→ Theatiner Hofkirche), 1781 Paris –1824. Grabmal von Thorvaldsen.

ST. BONIFAZ
Karlstraße

Ludwig I., König v. Bayern 1825–48, Sohn Maximilians I. Joseph, machte München zur ersten Kunststadt Deutschlands und zu einem Mittelpunkt wissenschaftlichen Lebens. Entsagte 1848 dem Thron, 1786 Straßburg –1868.

BÜRGERSAALKIRCHE
Neuhauserstraße

Mayer, Rupert, Jesuit u. Volksprediger, entschiedener Gegner des Nationalsozialismus, 1876 Stuttgart –1945.

Friedhöfe

SÜDLICHER FRIEDHOF
Thalkirchnerstraße

Lit.: Hufnagel, Max Joseph: Berühmte Tote im Südlichen Friedhof zu München, 3. Aufl., München 1970.

Der Südliche Friedhof vor dem Sendlingertor geht bis auf das Jahr 1563 zurück. Zur allgemeinen Begräbnisstätte, zum Münchener „Centralfriedhof" wurde er allerdings erst, als 1788 ein „Rescript" die Bestattung innerhalb der Stadtmauern verbot. Zu gleicher Zeit räumte man die Gräber auf den innerstädtischen Friedhöfen (St. Peter, Salvator u.a.) und brachte die Gebeine auf den Südlichen Friedhof, um sie dort in Massengräbern beizusetzen. Mit dem 31.12.1943 wurden die Beerdigungen auf dem Friedhof eingestellt.
Wenn auch nicht wegen seiner Anlage, wohl aber wegen der großen Zahl von berühmten Künstlern und Gelehrten, die auf ihm ihre letzte Ruhestätte gefunden haben, gehört der Südliche Friedhof zu den bedeutendsten Begräbnisstätten Deutschlands. Sucht man die Gräber jener Persönlichkeiten, die München im 19. Jahrhundert zur ersten Kunststadt Deutschlands und zu einem Zentrum wissenschaftlichen Lebens gemacht haben, so findet man sie fast ausnahmslos auf dem Südlichen Friedhof.

Baader, Franz Xaver v., kath. Philosoph, ursprünglich Naturwissenschaftler. Bergfachmann. 1765 München –1841.

Böhm, Theobald, Flötenvirtuose u. Instrumentenbauer (Böhm-Flöte), 1794 München –1881.

Bürklein, Georg Christian Friedrich, Baumeister (Hauptbahnhof, Maximilianeum in München), 1813 Burk, Mittelfranken –1872.

Dillis, Johann Georg v., Maler u. Radierer, 1759 Grüngibing bei Haag –1841.

Döllinger, Ignaz v., kath. Theologe u. Kirchenhistoriker, Gegner des Unfehlbarkeitsdogmas und daher exkommuniziert (1871), 1799 Bamberg –1890.

Dollmann, Georg v., Architekt, Baumeister Ludwigs II., Erbauer der bayer. Königsschlösser: Linderhof, Herrenchiemsee, Neuschwanstein, 1830 Ansbach –1895.

Fischer, Karl v., Baumeister, bedeutendster Architekt des Klassizismus in München (Nationaltheater), 1782 Mannheim –1820.

Fraunhofer, Joseph v., Physiker, bahnbrechende Forschungen auf dem Gebiet der Optik, 1787 Straubing –1826.

Gabelsberger, Franz Xaver, Erfinder eines Kurzschriftsystems, 1789 München –1849.

Gärtner Friedrich v., Baumeister, Architekt Ludwigs I. (Universität, Feldherrenhalle, Siegestor), 1791 Koblenz –1847.

Görres, Joseph v., Publizist u. Gelehrter, Herausgeber des „Rheinischen Merkur" (seit 1814), einer der markantesten Persönlichkeiten des deutschen Katholizismus im 19. Jahrhundert, 1776 Koblenz –1848.

Hauberrisser, Georg v., Architekt (Rathaus in München), 1841 Graz –1922.

Herigoyen, Emanuel Josef v., portug. Baumeister, 1746 Lissabon –1817.

Hermann, Friedrich Benedikt Wilh. v., Nationalökonom u. Statistiker, 1795 Dinkelsbühl –1868.

Jacobi, Friedrich Heinrich, Philosoph, Begründer der deutschen Gefühls- u. Glaubensphilosophie, beeinflußte die Frühromantik und Schleiermacher, 1743 Düsseldorf –1819.

Kaulbach, Wilhelm v., Portrait- u. Historienmaler, Illustrator, Direktor der Münchner Akademie, 1805 Arolsen –1874.

Klenze, Leo v., Architekt, Baumeister Ludwigs I. (Glyptothek u. Propyläen in München, Walhalla b. Regensburg, Befreiungshalle b. Kelheim), 1784 Bockenem b. Hildesheim –1864.

Kobell, Ferdinand v., Landschaftsmaler u. Radierer, 1740 *Mannheim* –1799.

Kobell, Franz v., Mineraloge und Dialektdichter, Erfinder der Galvanographie, Sohn von Wilhelm v. Kobell, 1803 München –1882.

Kobell, Wilhelm v., Maler u. Radierer (Landschaften u. Schlachtenbilder), Sohn von Ferdinand v. Kobell, 1766 Mannheim –1853.

Liebig, Justus Frhr. v., Chemiker, Begründer der Agrikulturchemie, Organisator des Chemiestudiums, 1803 Darmstadt –1873.

Maffei, Josef Anton v., Industrieller auf dem Gebiet des Lokomotivbaues, 1790 München –1870.

Max, Gabriel v., Maler, 1840 Prag –1915.

Miller, Ferdinand v., Erzgießer, Direktor der Erzgießerei in München, Vater von Oskar v. Miller (→ Neuhauser Friedhof), 1813 Fürstenfeldbruck –1887.

Morgenstern, Christian, Landschaftsmaler, Großvater des Dichters Christian Morgenstern (→ Dornach, Schweiz), 1805 Hamburg –1867.

Oberländer, Adolf, Zeichner u. Karikaturist, Mitarbeiter der „Fliegenden Blätter", 1845 Regensburg –1923.

Ohm, Georg Simon, Physiker, fand das Ohmsche Gesetz, 1789 Erlangen –1854.

Olivier, Ferdinand v., Maler, Zeichner u. Graphiker, 1785 Dessau –1841.

Pettenkofer, Max v., Hygieniker, Begründer der experimentellen Hygiene, 1818 Lichtenheim b. Neuburg/D. –1901. Selbstmord.

Possart, Ernst v., Schauspieler u. Regisseur, Generalintendant in München 1895–1905. 1841 Berlin –1921.

Rheinberger, Josef Gabriel v., Komponist, Organist u. Hofkapellmeister, 1839 Vaduz –1901.

Rottmann, Carl, Landschaftsmaler, 1797 Heidelberg –1850.

Schlagintweit, Hermann v., Naturforscher, bereiste mit seinen Brüdern Adolf (ermordet in Kaschgar) u. Robert (→ Gießen) Süd- und Zentralasien, 1826 München –1882.

Schleich, Eduard, Landschaftsmaler, 1812 Harbach b. Dorfen –1874.

Schwanthaler, Ludwig v., Bildhauer Ludwigs I. (Bavaria), 1802 München –1848.

Schwind, Moritz v., Maler, Meister der deutschen Spätromantik, 1804 Wien –1871.

Seidl, Gabriel v., Architekt (Bayer. Nationalmuseum u. Deutsches Museum in München), 1848 München –1913.

Senefelder, Aloys, Erfinder der Lithographie, 1771 Prag –1834.

Siebold, Carl Theodor v., Mediziner u. Zoologe, erforschte Lebens- und Fortpflanzungsart der niederen Tiere, 1804 Würzburg –1885.

Spitzweg, Carl, Maler des kleinbürgerlichen Biedermeier („Der arme Poet", „Ständchen"), 1808 München –1885.

Steinheil, Carl August v., Physiker, Optiker u. Astronom, befaßte sich mit der praktischen Durchführung der elektromagnetischen Telegraphie, 1801 Rappoltsweiler b. Colmar –1870.

Stieler, Josef, Portraitmaler, schuf die Bilder der „Schönheitsgalerie" Ludwigs I., 1781 Mainz –1858.

Straub, Johann Baptist, Bildhauer, 1704 Wiesensteig Kr. Göppingen –1784.

ALTER NÖRDLICHER FRIEDHOF
Arcisstraße

Der Friedhof wurde zur Entlastung des Südlichen Friedhofs 1866–69 nach Plänen des Oberbaurats Arnold v. Zenetti (1824–91) angelegt und ist jetzt Parkanlage.

Bauer, Wilhelm, bayer. Unteroffizier u. Ingenieur, konstruierte das erste Unterseeboot, 1822 Dillingen –1875.

Bauernfeind, Carl Max v., Bauingenieur u. Geodät, Mitbegründer der Münchner Technischen Hochschule, 1818 Arzberg, Oberfranken –1894.

Riehl, Wilhelm v., bedeutendster deutscher Kulturhistoriker des 19. Jahrhunderts, Direktor des bayer. Nationalmuseums, 1823 Wiesbaden –1897.

Tann-Rathsamhausen, Ludwig Frhr. v. d., bayer. General und Heerführer im Kriege 1870–71, 1815 Darmstadt –1881.

NORDFRIEDHOF, Ungererstraße

Angelegt 1896–1899 nach den Plänen von Grässel.

Bothmer, Felix Graf, Generaloberst, Armeeführer im 1. Weltkrieg, 1852 München –1937.

Britting, Georg, Lyriker u. Erzähler („Lebenslauf eines dicken Mannes, der Hamlet hieß"), 1891 Regensburg –1964.

Bruckmann, Friedrich, Verleger, Gründer des Verlages F. Bruckmann, 1814 Köln –1898.

Defregger, Franz v., österr. Maler, 1835 Ederhof , Pustertal –1921.

Dietl, Eduard, Generaloberst, Armeeführer des 2. Weltkrieges in Norwegen u. Finnland, 1890 Bad Aibling –1944. Flugzeugabsturz.

Ebers, Georg Moritz, Ägyptologe und Schriftsteller („Eine ägyptische Königstochter"), 1837 Berlin –1898.

Frank, Leonhard, pazifistisch-sozialistischer Erzähler („Der Mensch ist gut", „Links, wo das Herz ist", „Das Ochsenfurter Männerquartett"), 1882 Würzburg –1961.

Hertz, Wilhelm v., Literaturhistoriker u. Dichter, 1835 Stuttgart –1902.

Kahr, Gustav v., Politiker, bayer. Ministerpräsident 1920–21, Generalstaatskommissar 1923. Warf 1923 den Hitlerputsch nieder, 1862 Weißenburg, Bay. –30.6.1934 von Nationalsozialisten ermordet.

Kanoldt, Alexander, Maler, einer der Begründer der „Münchener Neuen Sezession", 1881 Karlsruhe –1939. Grab 1971 eingeebnet.

Mach, Ernst, österr. Physiker u. Philosoph, Arbeiten auf dem Gebiet der Optik, Akustik

u. Mechanik, einer der Wegbereiter der modernen Physik, 1838 Chirlitz b. Turas, Mähren −1916. Grabstelle geräumt.

Piloty, Karl v., Historienmaler („Seni an der Leiche Wallensteins"), 1826 München −1886.

Piper, Reinhard, Gründer des R. Piper-Verlags, 1879 Penzlin −1953.

Sommerfeld, Arnold, Physiker, bedeutende Arbeiten zur Quantentheorie, 1868 Königsberg, Pr. −1951.

Spengler, Oswald, Geschichts- u. Kulturphilosoph („Der Untergang des Abendlandes"), 1880 Blankenburg, Harz −1936.

Weber, Adolf, Nationalökonom, Arbeiten über Wirtschafts- und Sozialpolitik, 1876 Mechernich, Kr. Schleiden −1963.

Wenzl, Aloys, Philosoph, 1887 München −1967.

Worringer, Wilhelm, Kunsthistoriker, 1881 Aachen −1965.

Zumbusch, Ludwig v., Maler, Sohn des Bildhauers Kaspar v. Zumbusch (→ Wien, Zentralfriedhof), 1861 München −1927.

OSTFRIEDHOF
St. Martinplatz

Dönniges, Helene v., Schauspielerin u. Schriftstellerin, eng befreundet mit Ferdinand Lasalle (→ Breslau), der ihretwegen in einem Duell seinen Tod fand, 1846 München −1911. Selbstmord, Grab nicht mehr erhalten.

Fischer, Hans, Chemiker, Arbeiten über Blut- u. Blattfarbstoffe, Nobelpreis 1930 „für seine Forschungen über die Konstitution von Hämin und Chlorophyll, besonders für seine Hämin-Synthese", 1881 Frankfurt/M. −1945.

Guddon, Bernhard v., Psychiater, 1824 Kleve −1886. Bei dem Versuch, König Ludwig II. zu retten, im Starnberger See ertrunken.

Halt, Karl Ritter v., Sportorganisator, Präsident des Nationalen olympischen Komitees für Deutschland 1951−61, 1891 München −1964.

Hofmiller, Josef, Essayist u. Kritiker („Über den Umgang mit Büchern"), 1872 Kranzegg b. Immenstadt −1933.

Renner, Otto, Botaniker, Arbeiten zur Pflanzenphysiologie und Vererbungslehre, 1883 Neu-Ulm −1960.

Schacht, Hjalmar, Finanzpolitiker, an der Schaffung der Rentenmark beteiligt (1923), Reichsbankpräsident 1924−30 u. 1933−39 u. Reichswirtschaftsminister 1934−37, 1877 Tingleff, Bez. Tondern −1970.

WALDFRIEDHOF

Alter Teil, Fürstenriederstraße

Lit.: Wolf, Georg Jakob. Der Münchener Waldfriedhof, Augsburg 1928.

Die gärtnerische Anlage und die Baulichkeiten des alten Teils des Waldfriedhofs sind zwischen 1905 und 1907 nach den Plänen des Baudirektors Hans Grässel (s. u.) entstanden, der bereits um die Jahrhundertwende in München den Ost-, Nord- und Westfriedhof geschaffen hatte. Der Münchner Waldfriedhof – die bedeutende Schöpfung Grässels auf dem Gebiet des Friedhofswesens – hat die Gestaltung der Friedhöfe in Deutschland während des 20. Jahrhunderts weitgehend beeinflußt.

Amira, Karl v., Rechtshistoriker, 1848 Aschaffenburg −1930.

Anschütz-Kaempfe, Hermann, Ingenieur, Erfinder des Kreiselkompasses, 1872 Zweibrukken −1931.

Baeyer, Adolf v., Chemiker, Arbeiten auf dem Gebiet der organischen Chemie, Nobelpreis 1905 „für seine Forschungen über organische Farbstoffe und hydroaromatische Verbindungen", 1835 Berlin −1917.

Bierbaum, Otto Julius, Lyriker u. Romanschriftsteller („Stilpe", „Prinz Kuckuck"), 1865 Grünberg, Schles. −1910.

Dölger, Franz, Byzantinist, 1891 Klein-Wallstadt b. Aschaffenburg −1968.

Epp, Franz Ritter v., General, Reichsstatthalter von Bayern 1933−45, 1868 München −1946.

Fischer, Theodor, Architekt u. Städtebauer (Stadtplanung von München), 1862 Schweinfurt –1938.

Géczy, Barnabas v., Orchesterleiter, 1897 Budapest –1971.

Grässel, Hans, Architekt, Stadtbaudirektor in München, bedeutender Friedhofgestalter, Schöpfer des Waldfriedhofs, 1860 Rehau –1939.

Grützner, Eduard v., Maler, 1846 Groß-Carlowitz b. Neiße –1925.

Haas, Joseph, Opernkomponist („Tobias Wunderlich"), Oratorien („Die heilige Elisabeth"), 1879 Maihingen b. Nördlingen –1960.

Halder, Franz, Generaloberst, Chef des Generalstabs des Heeres 1938–42, Militärschriftsteller, nach dem 20.7.1944 im KZ. 1884 Würzburg –1972.

Hartmann, Karl Amadeus, Komponist, 1905 München –1963.

Heck, Ludwig, Zoologe, Direktor des Berliner Zoologischen Gartens 1888–1931 . 1860 Darmstadt –1951.

Heyse, Paul v., Schriftsteller, Nobelpreis 1910 „in Anerkennung der vollendeten, von Idealismus durchleuchteten Kunst, für die er während langer fruchtbarer Jahre als Lyriker, Dramatiker, Romancier und Verfasser von weltberühmten Novellen Beweis gegeben hat", 1830 Berlin –1914.

Huber, Kurt, Philosoph u. Musikwissenschaftler, 1893 Chur –1943. Als führendes Mitglied der Widerstandsgruppe „Weiße Rose" hingerichtet.

Junkers, Hugo, Flugzeugkonstrukteur u. Industrieller, 1859 Rheydt –1935.

Kerschensteiner, Georg, Pädagoge und Schulreformer, 1854 München –1932.

Krone, Carl, Gründer des Zirkus Krone, 1870 Osnabrück. –1943.

Lersch, Philipp, bedeutender Psychologe, Charakterologe („Der Aufbau des Charakters") u. Philosoph, 1898 München –1972.

Linde, Carl v., Ingenieur u. Industrieller, Erfinder der ersten Ammoniakkältemaschine, 1842 Berndorf, Kr. Kulmbach –1934.

Mottl, Felix, österr. Dirigent, Interpret der Werke von Wagner, Generalmusikdirektor in München seit 1903, 1856 Wien –1911.

Penzoldt, Ernst, Lyriker, Dramatiker u. Erzähler („Die Powenzbande"), auch Bildhauer u. Maler, 1892 Erlangen –1955.

Piel, Harry, Filmschauspieler u. Regisseur („Menschen, Tiere, Sensationen"), 1892 Düsseldorf –1963.

Ponten, Josef, Erzähler („Volk auf dem Wege") und Reiseschriftsteller, 1883 Raeren b. Eupen –1940.

Reger, Max, Komponist, Chor- und Orchesterwerke, sowie Orgel- und Klaviermusik, 1873 Brand b. Marktredwitz –1916. 1930 von Weimar überführt.

Ruederer, Josef, naturalistischer Erzähler u. Dramatiker mit Stoffen aus dem Bauernleben Oberbayerns, 1861 München –1915.

Schrenck-Notzing, Albert Frhr. v., Mediziner, Arbeiten über Hypnose und Parapsychologie, 1862 Oldenburg i. O. –1929.

Schrimpf, Georg, Maler u. Graphiker, 1889 München –1938.

Seidl, Emanuel v., Architekt, Bruder des Architekten Gabriel v. Seidl (→ Südl. Friedhof), 1856 München –1919.

Stuck, Franz v., Maler u. Graphiker des Münchener Jugendstils, 1863 Tettenweis, Niederbayern –1928.

Thiersch, Friedrich v., Architekt (Justizpalast in München), auch bedeutender Hochschullehrer, 1852 Marburg/L.–1921.

Tirpitz, Alfred v., Großadmiral, Schöpfer der Flotte des 2. Deutschen Reiches, 1849 Küstrin –1930.

Uhde, Fritz v., Maler („Komm, Herr Jesus, sei unser Gast"), 1848 Wolkenburg, Mulde –1911.

Vollmar, Georg v., Politiker, Führer der bayer. Sozialdemokraten, 1850 München –1922.

Voßler, Karl, Romanist, Arbeiten über französische, italienische und spanische Literatur, 1872 Stuttgart –1949.

Wedekind, Frank, Dramatiker („Frühlings Erwachen", „Erdgeist", „Lulu"), 1864 Hannover –1918.

Wedekind, Mathilde (Tilly), geb. Newes, Schauspielerin, Gattin von Frank Wedekind, 1886 Graz –1970.

Wien, Wilhelm, Physiker, Arbeiten zur Gasentladungsphysik, Nobelpreis 1911 „für seine die Gesetze der Wärmestrahlung betreffenden Entdeckungen", 1864 Gaffken, Samland –1928.

Neuer Teil, Lorettoplatz

Kortner, Fritz, Schauspieler u. Regisseur, 1892 Wien –1970.

WESTFRIEDHOF
Baldurstraße

Czibulka, Alfons Frhr. v., österr. Erzähler („Der Kerzlmacher v. St. Stephan"), 1888 Schloß Radbor, Böhmen –1969.

Hartung, Hugo, Schriftsteller („Ich denke oft an Piroschka", „Wir Wunderkinder"), 1902 Netzschkau/Vogtl. –1972.

Lenbach, Franz v., Maler, Porträtist des ausgehenden 19. Jahrhunderts, 1836 Schrobenhausen, Bayern –1904.

Röhm, Ernst, Stabschef der SA, 1887 München –1934. Auf Befehl Hitlers erschossen.

Stratz, Rudolf, Dramatiker u. Erzähler, 1864 Heidelberg –1936. Grabstätte 1966 aufgelassen.

NEUER ISRAELITISCHER FRIEDHOF
Ungererstraße

Eisner, Kurt, Schriftsteller u. Politiker (USPD), rief am 7.11.1918 in München die Republik aus, bayer. Ministerpräsident, 1867 Berlin –1919. Ermordet.

Landauer, Gustav, radikaler sozialist. Schriftsteller, 1919 Mitglied der Räteregierung, 1870 Karlsruhe –1919. Ermordet.

BOGENHAUSENER FRIEDHOF
an der St. Georgs Pfarrkirche

Graf, Oskar Maria, Schriftsteller („Das bayerische Dekameron", „Kalender-Geschichten"), 1894 Berg, Kr. Starnberg –1967.

Hausenstein, Wilhelm, Kunstschriftsteller u. Diplomat, Botschafter in Paris 1953–55, 1882 Hornberg, Kr. Calw –1957.

Karlstadt, Liesl, eigentl. Wellano, bayer. Volksschauspielerin, Partnerin von Karl Valentin (→ München-Planegg), 1892 München –1960.

Knappertsbusch, Hans, Dirigent, Leiter der Staatsopern in München 1922–38 u. Wien 1938–45, 1888 Elberfeld –1965.

Kolb, Annette, Schriftstellerin (Romane, Essays u. Biographien), setzte sich für eine deutsch-französische Verständigung ein, 1870 München –1967.

Seeliger, Hugo v., österr. Astronom, bedeutender Astrophysiker, Leiter der Münchener Sternwarte, Präs. d. bayer. Akademie der Wissenschaften, 1849 Biala, Österr.-Schles. –1924.

Waldau, Gustav, eigentl. Frhr. v. Rummel, Bühnen- u. Filmschauspieler, 1871 –1958.

NEUHAUSENER FRIEDHOF
Winthirstraße

Bustelli, Franz Anton, Porzellanplastiker, Modellmeister der Nymphenburger Porzellanmanufaktur, 1723 Locarno –1763. Grab nicht mehr vorhanden, seit 1972 Gedenktafel an der Kirche.

Dörfler, Peter, Priester u. kath. Volksschriftsteller („Der Roßbub", „Die Papstfahrt durch Schwaben"), 1878 Untergermaringen b. Kaufbeuren –1955.

Miller, Oskar v., Ingenieur, Begründer des Deutschen Museums in München, Erbauer des Walchenseekraftwerks, Sohn des Erzgießers Ferdinand v. Miller (→ Südlicher Friedhof), 1855 München –1934.

Stiglmaier, Joh. Baptist, Erzgießer u. Bildhauer, Gründer der Münchner Erzgießerei, 1791 Fürstenfeldbruck –1844.

PRIESTERFRIEDHOF VON ST. LAURENTIUS
Nürnbergerstraße

Guardini, Romano, kath. Theologe und Religionsphilosoph, 1885 Verona –1968.

FRIEDHOF AM PERLACHER FORST

Scholl, Hans, Student, Mitglied der Widerstandsgruppe „Weiße Rose", 1918 Crailsheim –1943. Hingerichtet.

Scholl, Sophie, Studentin, Widerstandskämpferin, Schwester von Hans Scholl, 1921 Forchtenberg b. Heilbronn –1943. Hingerichtet.

MÜNCHEN-OBERFÖHRING

Hildebrand, Adolf v., Bildhauer (Wittelsbacher Brunnen in München), 1847 Marburg, Lahn –1921.

MÜNCHEN-SOLLN
Waldfriedhof

Bergmann, Gustav v., Internist, Forschungen auf dem Gebiet der Pathologie u. der Röntgenologie, Sohn des Mediziners Ernst v. Bergmann (→ Potsdam, Alter Friedhof), 1878 Würzburg –1955.

Hertwig, Richard v., Zoologe, führend auf dem Gebiet der Biologie, Bruder des Anatomen u. Zoologen Oskar Hertwig (→ Berlin-Wilmersdorf), 1850 Friedberg, Hessen –1937.

Leeb, Wilhelm Ritter v., Feldmarschall, Armeeführer im 2. Weltkrieg 1876 Landsberg, Lech –1956.

Schweninger, Ernst, Mediziner, Vertreter der Naturheilkunde, Leibarzt Bismarcks, 1850 Freystadt, Oberpfalz –1924.

Weiß, Ferdl, eigentl. Weisheitinger, Münchner Volksschauspieler, 1883 Altötting –1949.

Münsing Kr. Bad Tölz-Wolfratshausen

Pocci, Franz Graf v., Dichter, Zeichner u. Musiker, Verfasser von Kinderbüchern, 1807 München –1876.

Ratzel, Friedrich, Geograph, begründete die politische Erdkunde als selbständigen Zweig der Geographie und damit Wegbereiter der späteren Geopolitik, 1844 Karlsruhe –1904.

Münster/Westfalen

Lit.: Müller, Eugen: Die Begräbnisstätten der Stadt Münster, Münster 1928.

DOM ST. PAUL

Droste zu Vischering, Clemens August Frhr. v., Erzbischof von Köln 1835, wegen seiner Haltung in der Mischehenfrage auf der Festung Minden inhaftiert (..Kölner Wirren"), 1773 Vorheim b. Münster –1845.

Galen, Clemens August Graf v., Bischof von Münster seit 1933, Kardinal 1946, kämpfte in Predigten u. Hirtenbriefen gegen die nationalsozialistische Rassenpolitik und „Euthanasie", 1878 Dinklage –1946.

STIFTSKIRCHE LIEBFRAUEN
Überwasserkirche

Overberg, Bernhard Heinrich, kath. Theologe u. Pädagoge, „Vater der Lehrer", Reformator der Volksschulen zu Beginn des 19. Jahrhunderts, 1754 Höckel, Kr. Bersenbrück –1826.

Schlaun, Johann Conrad, bedeutendster westfälischer Barockbaumeister (Schloß u. Erbdrostenhof in Münster, Schloß Brühl b. Köln), 1695 Nörde, Kr. Warburg –1773. Lage des Grabes nicht mehr feststellbar.

ÜBERWASSERFRIEDHOF
Wilhelmstraße

Hamann, Johann Georg, Philosoph u. Schriftsteller, gen. der „Magus des Nordens", beeinflußte die Klassik, die Romantik, Kierkegaard und die dialektische Theologie, 1730 Königsberg, Pr. –1788.

Hitze, Franz, kath. Theologe und Sozialpolitiker, Mitbegründer des Caritasverbandes, 1851 Hanemicke, Kr. Olpe –1921.

ZENTRALFRIEDHOF

Brüning, Heinrich, Zentrumspolitiker, Reichskanzler 1930–32, 1885 Münster, W. –1970.

Hittorf, Wilhelm, Physiker, Entdecker der Kathodenstrahlen, bedeutsame Forschungen auf dem Gebiet der Elektrolyse, 1824 Bonn –1914.

Ketteler, Klemens Frhr. v. Gesandter in Peking, seine Ermordung löste während des Boxer-Aufstandes den China-Feldzug von 1900 aus, 1853 Potsdam –1900.

FRIEDHOF LAUHEIDE

Domagk, Gerhard, Pathologe u. Bakteriologe, führte die Sulfonamide in die Therapie ein, Nobelpreis 1939 „für seine Entdeckung der antibakteriellen Wirkung von Prontosil“, 1895 Lagow, Brandenb. –1964.

Murnau Kr. Garmisch-Patenkirchen

Münter, Gabriele, Malerin, langjährige Gefährtin Kandinskys, Mitglied der Künstlergemeinschaft „Der blaue Reiter“, 1877 Berlin –1962.

Murrhardt b. Backnang

Zügel, Heinrich v., Maler, vornehmlich Tierbilder, 1850 Murrhardt –1914.

Neuendettelsau b. Ansbach

Löhe, Wilhelm, evgl. Theologe, Gründer der Neuendettelsauer Missionsanstalt für innere u. äußere Mission, 1808 Fürth –1872.

Neuötting Kr. Altötting
ALTER FRIEDHOF

Halbe, Max, Romanschriftsteller und Dramatiker des Naturalismus („Jugend“, „Mutter Erde“, „Der Strom“), 1865 Güttland b. Danzig –1944.

Neuses b. Coburg

Rückert, Friedrich, Prof. für Orientalistik, Lyriker und Vermittler orientalischer Dichtung, 1788 Schweinfurt –1866.

Neuß
STÄDT. FRIEDHOF

Kardorff-Oheimb, Katharina v., Politikerin, 1879 Neuß –1962.

Neustadt/Weinstraße

Helfferich, Karl, Politiker u. Volkswirtschaftler, Vizekanzler 1915–17, ab 1920 Führer der Rechtsopposition im Reichstag, Kampf gegen Erzberger (→ Biberach/Riß), 1872 Neustadt, Weinstraße –1924. Opfer eines Eisenbahnunglücks.

Neuwied Ortsteil Alt-Heddesdorf
FRIEDHOF AM SOHLERWEG

Raiffeisen, Friedrich Wilhelm, Gründer des landwirtschaftlichen Genossenschaftswesens (Raiffeisen-Kassen u. -Vereine), 1818 Hamm, Kr. Altenkirchen –1888.

Nordstetten b. Horb
JÜDISCHER FRIEDHOF

Auerbach, Berthold, eigentl. Moses Baruch, Schriftsteller („Schwarzwälder Dorfgeschichten“, „Barfüssele“) 1812 Nordstetten –1882.

Nürnberg
ST. JOHANNISFRIEDHOF

Lit.: Hahn, Illa: Der St. Johannisfriedhof zu Nürnberg, München 1968.

Der St. Johannisfriedhof gehört zu den ehrwürdigsten und ältesten Begräbnisstätten Deutschlands, vielleicht sogar der Welt. Er dürfte in seinen Anfängen bereits um 1250 entstanden sein und zwar zunächst für die Beisetzung der im nahegelegenen Aussätzigenhaus (Siechkobel) Verstorbenen. 1395 wurde zugleich mit der St. Johanniskirche, die seitdem im wesentlichen unverändert geblieben ist und als einzige der historischen Kirchen Nürnbergs den Krieg unversehrt überstanden hat, ein anschließender Pestfriedhof geweiht. Nachdem 1518 der Rat der Stadt Nürnberg wegen der häufigen Seuchen die Bestattung in den Kirchen der Stadt und auf den sie umgebenden Friedhöfen untersagt hatte, wurde der St. Johannisfriedhof nunmehr allgemeine Begräbnisstätte.

Die Besonderheit des Friedhofs besteht darin, daß er – ebenso wie der St. Rochus-Friedhof – bis zum Anfang des 19. Jahrhunderts ausschließlich mit liegenden Steinen (Sandsteinblöcken) besetzt wurde, auf denen sich wertvolle gegossene Wappen- oder Inschriftentafeln finden. So bietet der Friedhof das Bild einer seltenen Geschlossenheit. Seit dem 17. Jahrhundert tragen die Grabsteine, von denen die ältesten aus dem Jahre 1520 stammen, eine eingemeißelte Nummer.

Burgschmiet, Jacob Daniel, Bildhauer und Erzgießer, 1796 Nürnberg –1858.

Dürer, Albrecht, 1471 Nürnberg –1528.

Feuerbach, Anselm, einer der bedeutendsten deutschen Maler des 19. Jahrhunderts (Iphigenie, Nanna-Bilder), 1829 Speyer –1880.

Feuerbach, Ludwig, Philosoph, beeinflußte den historischen Materialismus von Marx u. Engels, 1804 Landshut –1872.

Jamnitzer, Wenzel, Goldschmied, 1508 Wien –1585.

Meiser, Hans, evgl. Theologe, Landesbischof von Bayern 1933–55, entschiedener Gegner des Nationalsozialismus, 1881 Nürnberg –1956.

Pirkheimer, Willibald, Humanist, Freund Dürers und Reuchlins (→ Stuttgart), 1470 Eichstätt –1530.

Sachs, Hans, Meistersinger u. Dichter, 1494 Nürnberg –1576. Genaue Grabstelle unbekannt.

Sandrart, Joachim v., Maler, Kupferstecher

u. Kunstschriftsteller, 1608 Frankfurt/M. –1688.

Schwarzenberg u. Hohenlandsberg, Johann Frhr. v., Staatsmann und Humanist, Verfasser der Bambergischen Halsgerichtsordnung, 1463–1528. Genaue Grabstelle unbekannt.

Stoß, Veit, Bildhauer, Maler u. Kupferstecher (Hochaltar in der Krakauer Marienkirche, „Englischer Gruß" in St. Lorenz zu Nürnberg), 1455 Horb a. Neckar(?) –1533.

ST. ROCHUS-FRIEDHOF

Pachelbel, Johann, Organist u. Komponist, einer der bedeutendsten Organisten seiner Zeit, 1653 Nürnberg –1706.

Vischer d. Ä., Peter, Erzgießer, Bildhauer der Dürerzeit, (Sebaldusgrab in Nürnberg, beteiligt am Maximiliansgrab in Innsbruck), 1460 Nürnberg –1529.

SÜDFRIEDHOF

Glaise v. Horstenau, Edmund, österr. Historiker u. Politiker, Vizekanzler 1938, 1882 Braunau, Inn –1946. Selbstmord im Lager Langwasser.

WESTFRIEDHOF

Bröger, Karl, Arbeiterdichter, Lyriker u. Erzähler, 1886 Nürnberg –1944.

Nußdorf b. Überlingen
GEMEINDEFRIEDHOF

Weismann, Julius, Komponist von Opern („Schwanenweiß"), Klavierstücken und Liedern, Sohn des Zoologen August Weismann (→ Freiburg, Hauptfriedhof), 1879 Freiburg, Br. –1950.

Oberdreis Kr. Neuwied

Deussen, Paul, Philosoph, Anhänger Schopenhauers, Arbeiten über indische Philosophie u. über die Geschichte der Philosophie, 1845 Oberdreis –1919.

Obermeitingen b. Schwabmünchen

SOLDATENFRIEDHOF SCHWABSTADL

Sperrle, Hugo, Feldmarschall (Luftwaffe), im span. Bürgerkrieg Befehlshaber der Legion Condor 1936–37, 1885 Ludwigsburg –1953.

Oberndorf/Neckar Kr. Rottweil

Mauser, Wilhelm, Waffenkonstrukteur, Gründer der Mauser-Werke AG 1872. 1834 Oberndorf –1882.

Oberstdorf, Allgäu

Le Fort, Gertrud Freiin v., Schriftstellerin („Das Schweißtuch der Veronika", „Der Papst aus dem Ghetto"), 1876 Minden, Westf. –1971.

Offenbach

AN DER ST. PANKRATIUS-KIRCHE

La Roche, Sophie v., geb. Gutermann v. Gutershofen, Schriftstellerin der Aufklärung („Geschichte des Fräuleins v. Sternheim"), Großmutter von Clemens Brentano (→ Aschaffenburg) und Bettina v. Arnim (→ Wiepersdorf), 1731 Kaufbeuren –1807.

Oldenburg i. O.

GERTRUDENFRIEDHOF

Hinrichs, August, einer der erfolgreichsten niederdeutschen Erzähler und Dramatiker („Krach um Jolanthe"), 1879 Oldenburg i. O. –1956.

Oppenheim Kr. Mainz-Bingen

STÄDT. FRIEDHOF

Wallot, Paul, Architekt (Reichstagsgebäude Berlin, Ständehaus Dresden), 1841 Oppenheim –1912.

Osnabrück

MARIENKIRCHE

Möser, Justus, Staatsmann, Geschichtsschreiber und Schriftsteller („Patriotische Phantasien"), 1720 Osnabrück –1794.

Ostermünchen Kr. Rosenheim

Schäffer, Fritz, Politiker, Bundesfinanzminister 1949–57 und Bundesjustizminister 1957 bis 1961, 1888 München –1967.

Ottrau Kr. Ziegenhain

ALTER FRIEDHOF

Schäfer, Wilhelm, Dramatiker u. Erzähler („Die dreizehn Bücher der deutschen Seele", „Anekdoten"), 1868 Ottrau –1952.

Pähl Kr. Weilheim

HARTSCHIMMELHOF

Haushofer, Karl, General u. Geograph, Hauptvertreter der Geopolitik in Deutschland, Vater des als Widerstandskämpfer hingerichteten Geopolitikers und Dichters Albrecht Haushofer („Moabiter Sonette"), 1869 München –1946. Selbstmord.

Palmberg Kr. Mühldorf, Inn

Greif, Martin, eigentl. Frey, Lyriker und Dramatiker, 1839 Speyer –1911.

Passau

KAPELLE DES HEILIGGEISTSPITALS

Huber, Wolf, Landschaftsmaler, einer der Meister der Donauschule, um 1485 Feldkirchen –1553.

Pech Kr. Euskirchen

Kneip, Jakob, rhein. Lyriker u. Erzähler aus dem Kreis der Arbeiterdichtung („Hampit der Jäger", „Porta nigra"), 1881 Morshausen, Kr. St. Goar –1958.

Pfaffenhofen a. d. Roth Kr. Neu-Ulm

Köhl, Hermann, überflog als erster mit Hünefeld (→Berlin-Steglitz) und Fitzmaurice den Atlantik von Ost nach West, 1888 Neu-Ulm –1938.

Pforzheim

HAUPTFRIEDHOF

Erler, Fritz, soziald. Politiker, 1913 Berlin
–1967.

Strauß, Emil, Schriftsteller („Freund Hein",
„Das Riesenspielzeug"), 1866 Pforzheim
–1960.

Planegg Kr. München

Valentin, Karl, eigentl. Valentin Ludwig Fey,
bayer. Volksschauspieler, Partner von Liesl
Karlstadt (→ München, Bogenhausener
Friedhof), 1882 München –1948.

Prien/Chiemsee

Schenzinger, Karl Aloys, Schriftsteller, Verfasser populär-wissenschaftlicher Romane aus
der Geschichte der Technik („Anilin", „A-
tom"), 1886 Neu-Ulm –1962.

Pronstorf Kr. Segeberg

Lettow-Vorbeck, Paul v., General, während
des ersten Weltkrieges Kommandeur der
Schutztruppe in Deutsch-Ostafrika, 1870
Saarlouis –1964.

Puch Kr. Fürstenfeldbruck

Langbehn, Julius, gen. „Der Rembrandt-
deutsche", Schriftsteller und Kulturkritiker
(„Rembrandt als Erzieher"), 1851 Haders-
leben –1907.

Quelkhorn Kr. Verden, Aller

Modersohn, Otto, Landschaftsmaler, Mitbegründer der Künstlerkolonie Worpswede,
verh. mit Paula Modersohn-Becker (→
Worpswede), 1865 Soest –1943.

Ratzeburg

DOM

Adolf Friedrich, Herzog v. Mecklenburg,
Afrikareisender, Ehrenpräsident des Deutschen Olympischen Komitees, 1873 Schwerin –1969.

FRIEDHOF AN DER SEEDORFERSTRASSE

Barlach, Ernst, expressionistischer Bildhauer,
Graphiker und Dichter, 1870 Wedel, Holstein –1938. Auf dem Grabe Plastik von Barlach „Der singende Klosterschüler".

Ravensburg

Erb, Karl, Tenor an der Stuttgarter und Münchener Staatsoper, 1877 Ravensburg –1958.

Rechtenfleth Kr. Wesermarsch

Allmers, Hermann, Schriftsteller und Kulturhistoriker, Dichter der Marschlandschaft,
1821 Rechtenfleth –1902.

Recklinghausen

NORDFRIEDHOF, Börsterweg

Weber, Helene, Politikerin. Führend in der
kath. Frauenbewegung, 1881 Elberfeld–1962.

Regensburg

DOM

Karl Theodor, Kurfürst von Mainz, Reichsfreiherr v. Dalberg, Erzbischof v. Regensburg, Fürstprimas des Rheinbundes 1806–13,
Großherzog von Frankfurt 1810–13, einer
der bedeutendsten Vertreter der kath. Aufklärung in Deutschland, 1744 Herrnsheim b.
Worms –1817.

ST. EMMERAM

Arnulf v. Kärnten, ostfränkischer König seit
887, und deutscher Kaiser seit 896, um 850
bis 899.

Ludwig „das Kind", deutscher König seit 900,
Sohn Arnulfs von Kärnten, letzter Karolin-
ger, 893 Öttingen –911.

Wolfgang, Ungarnmissionar, Bischof v. Regensburg seit 972, Heiliger (1052), um 924
Pfullingen –994.

EHEM. ST. LAZARUSFRIEDHOF
jetzt Stadtpark

Ziebland, Georg Friedrich, Architekt (St. Bonifaz und Neue Staatsgalerie in München),

1800 Regensburg –1873. Grabstein jetzt an der Ostwand der griech.-orthodoxen Kirche.

Unterer Kath. Friedhof
Alfons-Auerstraße 1

Held, Heinrich, Politiker, bayer. Ministerpräsident 1924–33, 1868 Erbach –1938.

Reichenau, Insel, Kr. Konstanz
Mittelzell, Münster St. Maria und St. Markus

Karl III, „der Dicke", König von Schwaben seit 876, deutscher Kaiser seit 881, Sohn Ludwigs des Deutschen, 839–888. Genaue Grabstelle unbekannt.

Remscheid
Evgl. Friedhof Bliedinghausen, Südfriedhof

Mannesmann, Reinhard, Industrieller auf dem Gebiet der Röhrenherstellung, 1856 Remscheid –1922.

Renchen Kr. Offenburg
An der Kirche

Grimmelshausen, Hans Jakob Christoffel v., („Der abenteuerliche Simplizissimus, Teutsch"), 1622 Gelnhausen –1676.

Rendsburg
Neuwerker-Friedhof

Bredow, Hans, Staatssekretär im Reichspostministerium, Schöpfer des deutschen Unterhaltungsrundfunks, 1879 Schlawe, Pommern –1959.

Steltzer, Theodor, Politiker, Mitglied des „Kreisauer-Kreises", erster Ministerpräsident des Landes Schleswig-Holstein bis 1947, 1885 Trittau, Holst. –1967.

Reutlingen
Finckh, Ludwig, Arzt und Schriftsteller, Lyriker und Erzähler („Der Rosendoktor"), 1876 Reutlingen –1964.

Rhöndorf s. Bad Honnef

Riedböhringen b. Donaueschingen

Bea, Augustin, Jesuit, Kurienkardinal seit 1959, Vorsitzender des Sekretariats für die Einigung der Christen, 1881 Riedböhringen –1968.

Rieneck Main-Spessart-Kreis
Stadtfriedhof

Bloem, Walter, Schriftsteller, 1868 Elberfeld –1951.

Rösberg b. Bonn
Friedhof an der Kirche

Weichs, Maximilian Frhr. v., Feldmarschall, Armeeführer im 2. Weltkrieg, 1881 Dessau –1954.

Rottach-Egern
Alter Friedhof

Ganghofer, Ludwig, Schriftsteller („Das Schweigen im Walde", „Schloß Hubertus") 1855 Kaufbeuren –1920.

Müller, Karl Alexander v., Historiker, vornehmlich auf dem Gebiet der bayer. Landesgeschichte, 1882 München –1964.

Seldte, Franz, Politiker, Gründer des „Stahlhelms" 1918, Reichsarbeitsminister 1933–45, 1882 Magdeburg –1947.

Slezak, Leo, Sänger (Tenor) u. Filmschauspieler, 1873 Mährisch-Schönberg –1946.

Thoma, Ludwig, Erzähler, Lyriker u. Dramatiker („Moral", „Lausbubengeschichten", „Josef Filsers Briefwexel"), 1867 Oberammergau –1921.

Neuer Gemeindefriedhof

Gulbransson, Olaf, Zeichner u. Maler, Karikaturist, Mitarbeiter des „Simplizissimus", 1873 Oslo –1958.

Spoerl, Heinrich, Schriftsteller („Der Maulkorb", „Feuerzangenbowle", „Wenn wir alle Engel wären"), 1887 Düsseldorf –1955.

Ruhpolding

FRIEDHOFSKAPELLE

Hertling, Georg Graf v., Staatsmann u. Philosoph, Mitbegründer und Präsident der Görres-Gesellschaft, bayer. Ministerpräsident 1912, Reichskanzler 1917–18, 1843 Darmstadt –1919.

Rüsselsheim

ALTER FRIEDHOF, Mainzerstraße

Opel, Adam, Industrieller, Gründer der Opel-Werke, 1837 Rüsselsheim –1895.

Saig/Hochschwarzwald

Klimsch, Fritz, Bildhauer, 1870 Frankfurt/M. –1960.

Ritter, Gerhard, Historiker („Stein", „Goerdeler und die deutsche Widerstandsbewegung"), beteiligt an der Widerstandsbewegung, 1888 Sooden-Allendorf –1967.

Salem Kr. Friedrichshafen

Maximilian, Prinz von Baden, letzter kaiserlicher Reichskanzler, 1918, 1867 Karlsruhe –1929.

Salzgitter-Hohenrode

Brauchitsch, Walther v., Feldmarschall, Oberbefehlshaber des Heeres 1939–41, 1881 Berlin –1948.

Schillingsfürst, Kr. Ansbach

Hohenlohe-Schillingsfürst, Chlodwig Fürst zu, Staatsmann, bayer. Ministerpräsident 1866–70, Reichskanzler 1894–1900, 1819 Rotenburg, Fulda –1901.

Schleswig

ANNETTENHÖHE

Brockdorffscher Familienfriedhof

Brockdorff-Rantzau, Ulrich Graf v., Diplomat, Reichsaußenminister 1919, Botschafter in Moskau seit 1922, um eine deutsch-russische Verständigung bemüht, 1869 Schleswig –1928.

FRIEDHOF FRIEDRICHSBERG

Ramcke, Hermann, General der Fallschirmtruppen, 1889 Schleswig –1968.

FRIEDHOF AM ST. JOHANNIS-KLOSTER
vor Schleswig

Bellmann, Karl Gottlieb, Organist, Komponist des Liedes „Schleswig-Holstein, meerumschlungen", 1772 Muskau/Lausitz –1862,

Schöntal Hohenlohekreis

KREUZGANG DER KLOSTERKIRCHE

Berlichingen, Götz v., gen. „Der Ritter mit der eisernen Hand", Reichsritter, Vorbild für Goethes Drama, 1480 Jagsthausen –1562.

Schorndorf Kr. Waiblingen

ALTER FRIEDHOF

Maier, Reinhold, liberaler Politiker, wrttbg. Ministerpräsident 1945–53, 1889 Schorndorf –1971.

Schwetzingen

ALTER FRIEDHOF, HILDASTRAßE

Hebel, Johann Peter, Dichter und Erzieher, alemannischer Mundartdichter, 1760 Basel –1826.

Seebüll Kr. Nordfriesland

Nolde, Emil, eigentl. Emil Hansen, Maler und Graphiker, 1867 Nolde b. Tondern –1956. Gruft mit Mosaik von Nolde im Garten seines früheren Hauses, der jetzigen Ada und Emil Nolde-Stiftung.

Seligenstadt Kr. Offenbach

EINHARDS-BASILIKA

Einhard, fränkischer Gelehrter u. Geschichtsschreiber, Biograph Karls d. Gr., um 770 Mainfranken –840.

Siegburg

KLOSTERKIRCHE

Anno, Erzbischof v. Köln 1056–76, Reichsregent, Heiliger 1183, 1010–1086.

Sigmaringen

HOHENZOLLERNSCHE FAMILIENGRUFT

Luise, ehem. Kronprinzessin v. Sachsen, geb. Erzherzogin v. Österreich, von Friedrich August III. v. Sachsen (→ Dresden, Hofkirche) geschieden, später vermählt mit dem Komponisten Enrico Toselli, Schwester von Leopold Wölfling (→ Berlin-West, Friedhof am Mehringdamm), 1870 Salzburg –1947.

Sobernheim Kr. Bad Kreuznach

Felke, Emanuel, evgl. Pfarrer und Naturheilkundiger („Lehmpastor"), 1856 Kläden b. Stendal –1926.

Söcking Kr. Starnberg

Klinger, Paul, Schauspieler, 1907 Essen –1971.

Speyer

DOM

Konrad II., deutscher König seit 1024 u. Kaiser seit 1027, erster Kaiser des fränkischen (salischen) Hauses, Gründer des Domes, um 990–1039.

Heinrich III., deutscher König seit 1039 u. Kaiser seit 1046, Sohn Konrads II., 1017 –1056 (Herz → Goslar, St. Ulrichs Kapelle).

Heinrich IV., deutscher König seit 1056 u. Kaiser seit 1084, Sohn Heinrichs III., 1050 Goslar (?) –1106.

Heinrich V., deutscher König seit 1106 u. Kaiser seit 1111, letzter salischer Kaiser, Sohn Heinrichs IV., 1086–1125 (Herz: Krypta des Domes in Utrecht).

Philipp v. Schwaben, deutscher König seit 1198, Sohn Friedrichs I. Barbarossa, um 1180–1208 Ermordet.

Rudolf I., deutscher König seit 1273, erster König aus dem Hause Habsburg, 1218 Schloß Limburg, Breisgau –1291.

Adolf v. Nassau, deutscher König seit 1292, um 1250–1298. Gefallen bei Göllheim.

Albrecht I., deutscher König seit 1298, Herzog v. Österreich, Sohn Rudolfs I., 1255–1308. Von seinem Neffen Johann Parricida ermordet.

Stadtoldendorf Kr. Holzminden

Beste, Konrad, Verfasser heimatverbundener u. humoristischer Romane („Das vergnügliche Leben der Doktorin Löhnefink"), 1890 Wendeburg b. Braunschweig –1958.

Starnberg

FRIEDHOF HANFELDERSTRASSE

Falckenberg, Otto, Direktor des Schauspielhauses u. d. Kammerspiele in München 1917 bis 1947. 1873 Koblenz –1947.

Meyrink, Gustav, österr. Schriftsteller („Der Golem", „Des deutsches Spießers Wunderhorn", „Walpurgisnacht"), 1868 Wien –1932.

Wieland, Heinrich, Chemiker, Nobelpreis 1927 „für die Erforschung der Gallensäuren und analoger Substanzen", 1877 Pforzheim –1957.

Steinfeld Kr. Schleiden

KLOSTERKIRCHE: „EIFELER DOM"

Hermann Joseph, Mystiker und Heiliger seit 1958, um 1150–1241.

Steinheim Kr. Höxter

Weber, Friedrich Wilhelm, kath. Lyriker u. Epiker („Dreizehnlinden"), 1813 Alhausen b. Bad Driburg –1894.

Steinhorst Kr. Gifhorn

Hammerstein-Equord, Kurt Frhr. v., Generaloberst, Chef der Heeresleitung 1930–33, Gegner Hitlers, 1878 Hinrichshagen, Mecklenbg.

–1943. Beigesetzt auf dem Hammersteinischen Familienfriedhof.

Stöß b. Lütjenburg Kr. Plön

Waldersee, Alfred Graf v., Feldmarschall, Nachfolger Moltkes als Chef des Generalstabs 1888–91, Oberbefehlshaber über die Truppen der europäischen Mächte zur Bekämpfung des Boxeraufstandes in China 1900–01, 1832 Potsdam –1904.

Straubing

BERNAUERKAPELLE auf dem Friedhof der Pfarrkirche St. Peter

Bernauer, Agnes, Tochter eines Baders, heimlich vermählt mit Herzog Albrecht III. von Bayern, auf Geheiß ihres Schwiegervaters Herzog Ernst als Zauberin in der Donau ertränkt, 1410 Augsburg –1435.

Stuttgart

ST. LEONHARDSKIRCHE

Reuchlin, Johannes, bedeutendster deutscher Humanist neben Erasmus v. Rotterdam (→ Basel), förderte die Verbreitung der griechischen und hebräischen Sprache in Deutschland, 1455 Pforzheim –1522.

STIFTSKIRCHE

Brenz, Johannes, schwäbischer Reformator, 1499 Weil der Stadt –1570. Grab unter der Kanzel.

HOPPENLAUFRIEDHOF

Lit.: Pfeiffer, Berthold: Der Hoppenlaufriedhof, 2. Aufl., Stuttgart 1912.

Der Hoppenlaufriedhof ist nicht nur der älteste noch vorhandene Friedhof Stuttgarts, sondern er gehört auch zu den ältesten in die Gegenwart überkommenen Begräbnisstätten Deutschlands. Er wurde bereits 1626 eröffnet, 1880 geschlossen.

Cotta, Johann Friedrich Frhr. v., Verleger der deutschen Klassiker (Goethe, Schiller, Herder, Wieland), 1764 Stuttgart –1832. Grabstelle nicht mehr feststellbar.

Dannecker, Johann Heinrich v., Bildhauer des Klassizismus, 1758 Waldenbuch b. Stuttgart –1841.

Hauff, Wilhelm, volkstümlicher Erzähler („Lichtenstein", „Der Mann im Mond"), auch Lyriker („Steh ich in finsterer Mitternacht", „Morgenrot"), 1802 Stuttgart –1827.

Schick, Gottlieb, Maler des Klassizismus, 1776 Stuttgart –1812. Grabstelle nicht mehr feststellbar.

Schubart, Christian Friedr. Daniel, Lyriker und Publizist, vermittelte Schiller den Stoff für die „Räuber", nach 10jähriger Haft auf dem Hohenasperg 1777–87 körperlich und seelisch gebrochen, 1739 Obersontheim, Kr. Schwäb.-Hall –1791.

Schwab, Gustav, Lyriker, Nacherzähler antiker und deutscher Sagen, 1772 Stuttgart –1850.

Wächter, Eberhard v., klassizistischer Maler 1762 Balingen –1852.

Zanth, Karl Ludwig, Architekt (Villa Wilhelma bei Stuttgart) 1796 Breslau –1857.

PRAGFRIEDHOF

Lit.: Linck-Pelargus: 60 Jahre Stuttgarter Pragfriedhof, Stuttgart 1933.

Baumeister, Willi, Maler u. Graphiker, 1889 Stuttgart –1955.

Etzel, Karl v., Eisenbahningenieur, Erbauer der Brennerbahn, 1812 Heilbronn –1865.

Flaischlen, Cäsar, schwäb. Lyriker und Erzähler („Von Alltag und Sonne", „Jost Seyfried"), 1864 Stuttgart –1920.

Gerok, Friedrich Karl v., evgl. Theologe und Dichter religiöser Lieder („Palmblätter"), 1815 Vaihingen, Enz –1890.

Goebel, Karl v., Botaniker, Schöpfer des Nymphenburger Botanischen Gartens, 1855 Billigheim, Kr. Mosbach –1932.

Kiderlen-Wächter, Alfred v., Diplomat, 1852 Stuttgart –1912.

Leins, Christian Friedrich v., Architekt (Villa Berg in Stuttgart), 1814 Stuttgart –1892.

Mörike, Eduard, Lyriker, („Mozart auf der Reise nach Prag", „Maler Nolten", „Das Stuttgarter Hutzelmännlein"), 1804 Ludwigsburg –1875. (→ Cleversulzbach).

Mungenast, Ernst Moritz, Schriftsteller („Der Zauberer Muzot"), 1898 Metz –1964. Kein Grabstein.

Penck, Albrecht, Geograph u. Forschungsreisender, bedeutender Geomorphologe („Die Alpen im Eiszeitalter"), 1858 Leipzig –1945.

Spemann, Hans, Zoologe, Arbeiten zur Entwicklungsphysiologie, Nobelpreis für Medizin 1935 „für die Entdeckung des Organisator-Effektes während der embryonalen Entwicklung", 1869 Stuttgart –1941.

Waldoff, Claire, Schauspielerin und Kabarettistin, 1884 Gelsenkirchen –1957.

Zeller, Eduard, evgl. Theologe und Philosoph, Neukantianer, prägte den Begriff „Erkenntnistheorie", 1814 Kleinbottwar –1908.

Zeppelin, Ferdinand Graf v., General und Luftschiff-Konstrukteur, 1838 Konstanz –1917.

WALDFRIEDHOF

Bonatz, Paul, Architekt (Stadthalle Hannover, Hauptbahnhof Stuttgart, Kunstmuseum Basel), 1877 Solgne b. Metz –1956.

Bosch, Robert, Industrieller, Gründer der Boschwerke für Feinmechanik und Elektrotechnik, Onkel des Nobelpreisträgers Carl Bosch (→ Heidelberg), 1861 Albeck b. Ulm –1942.

Heuss, Theodor, liberaler Politiker und Publizist, erster Bundespräsident 1949–59, 1884 Brackenheim –1963.

Hölzel, Adolf, Maler und Kunsttheoretiker, Wegbereiter der modernen abstrakten Malerei, 1853 Olmütz –1934.

Kasack, Hermann, Schriftsteller („Die Stadt hinter dem Strom"), 1896 Potsdam –1966.

Onegin, Sigrid, Sängerin, Mitglied der Berliner Staatsoper 1926–31, 1891 Stockholm –1943.

Ponto, Erich, Schauspieler, 1884 Lübeck –1957.

Schlemmer, Oskar, Maler und Graphiker, 1888 Stuttgart –1943.

Sieburg, Friedrich, Publizist und Schriftsteller, 1893 Altena, Westf. –1964.

Wurm, Theophil, evgl. Theologe, wrttb. Landesbischof 1933–49, Vertreter der Bekennenden Kirche, Gegner des Nationalsozialismus, Ratsvorsitzender der EKD 1945–49, 1868 Basel –1953.

STUTTGART–BAD CANNSTATT

HAUPTFRIEDHOF STEINHALDENSTRASSE

Haenisch, Erich, Sinologe, 1880 Berlin –1967.

FRIEDHOF AN DER UFFKIRCHE

Daimler, Gottlieb Wilhelm, Ingenieur, Erfinder und Autoindustrieller, Gründer der Daimler-Benz-Motoren-Gesellschaft, 1834 Schorndorf –1900.

Freiligrath, Ferdinand, Lyriker des Vormärz, 1810 Detmold –1876.

Maybach, Wilhelm, Autoindustrieller, Erfinder des Benzinvergasers, 1846 Heilbronn –1929.

FANGELSBACHFRIEDHOF

Fichte, Immanuel Hermann, Philosoph, Sohn von Johann Gottlieb Fichte (→ Berlin-Ost, Dorotheenstädtischer Friedhof), Herausgeber der Werke seines Vaters, 1796 Jena –1879.

Thouret, Nicolaus Friedrich v., Baumeister des Klassizismus (Schloß Monrepos, Inneneinrichtung der Schlösser in Stuttgart und Ludwigsburg, auch tätig in Weimar), 1767 Ludwigsburg –1845.

Sülze Kr. Celle

Ehlers, Hermann, Oberkirchenrat, Politiker, Bundestagspräsident seit 1950, 1904 Berlin –1954.

Tegernsee

Courths-Mahler, Hedwig, Schriftstellerin, Verfasserin von über 200 Unterhaltungsromanen mit einer Gesamtauflage von 27 Millionen, 1867 Nebra, Unstrut –1950.

Messter, Oskar, Kinotechniker, Pionier des deutschen Films, Produzent der ersten deutschen Wochenschauen, 1866 Berlin –1943.

Timmendorfer Strand Kr. Ostholstein

WALDFRIEDHOF

Simpson, William v., Romanschriftsteller („Die Barrings", „Der Enkel"), 1882 Nettienen, Kr. Insterburg –1945.

Traben-Trarbach

Kr. Bernkastel-Wittlich

Beumelburg, Werner, Erzähler u. Publizist, Verfasser von Kriegsbüchern über den 1. Weltkrieg („Sperrfeuer um Deutschland", „Gruppe Bosemüller"), 1899 Traben-Trarbach –1963.

Trages Kr. Gelnhausen

Savigny, Friedrich Karl v., Jurist, Begründer der historischen Rechtsschule, 1779 Frankfurt/M. –1861.

Trier

DREIFALTIGKEITSKIRCHE

Spee v. Langenfeld, Friedrich, Jesuit, kath. Lyriker des Barock („Trutz Nachtigall"), Bekämpfer des Hexenwahns („Cautio Criminalis"), 1591 Düsseldorf –1635.

Trossingen Kr. Tuttlingen

Hohner, Matthias, Musikinstrumentenhersteller (Harmonika), Gründer der heutigen M. Hohner AG, 1833 Trossingen –1902.

Tübingen

STIFTSKIRCHE ST. GEORG

Der Chor der Stiftskirche dient als Grablege der württembergischen Herzöge.

Eberhard „im Bart", Graf 1457–95 und Herzog seit 1495 von Württemberg, Gründer der Universität Tübingen 1477, 1445 Urach –1496.

STADTFRIEDHOF

Dehio, Georg, Kunsthistoriker („Handbuch der Deutschen Kunstdenkmäler"), 1850 Reval –1932.

Hölderlin, Friedrich, Dichter, 1770 Lauffen, Neckar –1843. Seit 1806 geisteskrank.
  „Im heiligsten der Stürme falle
  Zusammen meine Kerkerwand,
  Und herrlicher und freier walle
  Mein Geist ins unbekannte Land."

Kluckhohn, Paul, Literaturhistoriker („Das Ideengut der deutschen Romantik"), 1886 Göttingen –1957.

Kurz, Hermann, Romanschriftsteller („Schillers Heimatjahre", „Der Sonnenwirt"), auch Novellist u. Übersetzer, 1813 Reutlingen –1873.

Kurz, Isolde, Lyrikerin u. Erzählerin („Florentinische Erinnerungen", „Der Ruf des Pan", „Vanadis"), Tochter von Hermann Kurz 1853 Stuttgart –1944.

Littmann, Enno, Orientalist, unternahm archäologische Expeditionen nach Syrien u. Äthiopien, 1875 Oldenburg i.O. –1958.

Meyer, Julius Lothar, Chemiker, stellte unabhängig von Mendelejew ein Periodensystem der chemischen Elemente auf, 1830 Varel –1895.

Schieber, Anna, Schriftstellerin, Verfasserin von Kindergeschichten, 1867 Esslingen –1945.

Silcher, Friedrich, Liederkomponist („Ännchen von Tharau", „Ich weiß nicht, was soll es bedeuten"), 1789 Schnait, Kr. Waiblingen –1860.

Spranger, Eduard, Philosoph u. Pädagoge („Psychologie des Jugendalters"), 1882 Berlin –1963.

Uhland, Ludwig, Dichter, 1787 Tübingen –1862.

Wildermuth, Ottilie, christl. Erzählerin u. Jugendschriftstellerin, 1817 Rottenburg –1877.

BERGFRIEDHOF

Kretschmer, Ernst, Psychiater u. Neurologe, Forschungen über die menschliche Konstitution („Körperbau und Charakter"), 1888 Wüstenrot b. Heilbronn –1964.

Walden, Paul, Chemiker, bedeutende Arbeiten auf dem Gebiet der physikalischen Chemie, 1863 Schloß Rosenbeck b. Wenden, Livland –1957.

DORFFRIEDHOF KILCHBERG

Schmitthenner, Paul, Architekt (Königin-Olga-Bau in Stuttgart), 1884 Lauterburg, Elsaß –1972.

Tutzing Kr. Starnberg
NEUER FRIEDHOF

König, Leo Frhr. v., Maler, Porträtist, 1871 Braunschweig –1944.

Ludendorff, Erich, General und Politiker, 1923 am Hitler-Putsch beteiligt, 1865 Kruszewnia b. Posen –1937.

Ludendorff, Mathilde, verw. v. Kemnitz, geb. Spieß, Schriftstellerin, Gattin von Erich Ludendorff, 1877 Wiesbaden –1966.

Ney, Elli, Pianistin, bekannte Beethoveninterpretin, 1882 Düsseldorf –1968.

Seidel, Heinrich Wolfgang, evgl. Geistlicher u. Schriftsteller, Sohn von Heinrich Seidel (→ Berlin-Lichterfelde), 1876 Berlin –1945.

ALTER FRIEDHOF

Vogl, Heinrich, Tenor an der Münchner Staatsoper, 1845 München –1900.

Überlingen

Haensel, Carl, Jurist u. Romanschriftsteller („Der Kampf ums Matterhorn", „Das war Münchhausen"), 1889 Frankfurt/M. –1968.

Raymond, Fred, eigentl. Friedr. Vesely, Operettenkomponist („Maske in Blau", „Saison in Salzburg"), Filmmusik, 1900 Wien –1954.

Scheffler, Karl, Kunstschriftsteller, 1869 Hamburg –1951.

Ziegler, Leopold, Religions- und Kulturphilosoph („Gestaltwandel der Götter"), 1881 Karlsruhe –1958.

Ulm
DREIFALTIGKEITSKIRCHE
Früher Predigerkirche. Seit 1944 Ruine.

Seuse, Heinrich, Philosoph, Mystiker, 1300 –1366. Seit dem Umbau der Kirche 1616–21 ist das Grab verschollen.

NEUER FRIEDHOF
Stuttgarterstraße

Eyth, Max v., Ingenieur u. Schriftsteller („Hinter Pflug und Schraubstock"), Gründer der Deutschen Landwirtschaftsgesellschaft, 1884, Konstrukteur eines Dampfpfluges, 1836 Kirchheim/Teck –1906.

Ulsnis Kr. Schleswig

Diels, Otto, Chemiker, Nobelpreis 1950 mit Alder, (→ Köln) für die Entwicklung der Diensynthese. Sohn des Altphilologen Hermann Diels (→ Berlin-Dahlem) und Bruder des Botanikers Ludwig Diels (→ Berlin, Bothanischer Garten), 1876 Hamburg –1954.

Waldrennach Kr. Calw

Blessing, Karl, Bundesbankpräsident 1958–69, 1900 Enzweihingen –1971.

Wallerfangen Kr. Saarlouis

Papen, Franz v., Politiker, Reichskanzler 1932, Vizekanzler 1933–34, Botschafter in Wien u. Ankara. 1879 Werl, Westf. –1969.

Wassenberg Kr. Geilenkirchen

Kittel, Bruno, Chordirigent, Direktor des Konservatoriums in Berlin, 1870 Entenbruch b. Posen –1948.

Wässerndorf Kr. Kitzingen

Kehr, Paul Fridolin, Historiker, Generaldirektor der preuß. Staatsarchive 1915–29, 1860 Waltershausen –1944.

Weilburg, Lahn

Müller-Freienfels, Richard, Psychologe u. Philosoph („Menschenkenntnis und Menschenbehandlung"), 1882 Bad Ems –1949.

Weilheim

Hipper, Franz v., Admiral, maßgebend am Erfolg der Skagerrak-Schlacht 1916 beteiligt, 1863 Weilheim –1932.

Wesel

Etzel, Franz, Vizepräsident der Montanunion 1952–57, 1902 Wesel –1970.

Wetzlar

Ehem. Friedhof an der Goethestraße

Jerusalem, Karl Wilhelm, Jurist, Sekretär beim Reichskammergericht, Vorbild für den Werther in Goethes Roman „Die Leiden des jungen Werthers", 1747 Wolfenbüttel –1772. Selbstmord. Genaue Lage des Grabes nicht bekannt; Gedenkstein.

Wiesbaden

Lit.: Herrmann, Albert: Gräber auf den Wiesbadener Friedhöfen, Wiesbaden 1928.

Bodenstedt, Friedrich v., Lyriker („Lieder des Mirza Schaffy"), Vermittler orientalischen Dichtgutes u. Übersetzer, 1819 Peine –1892.

Gieseking, Walter, Pianist, 1895 Lyon –1956.

Schuckert, Johann, Industrieller, Begründer der Elektrizitäts-AG (später, durch Zusammenschluß mit Siemens, Siemens-Schuckertwerke), 1846 Nürnberg –1895.

Schuricht, Carl, Dirigent, Generalmusikdirektor in Wiesbaden 1912–44, 1880 Danzig –1967.

Glaeser, Ernst, Dramatiker u. Erzähler („Jahrgang 1902"), 1902 Butzbach –1963.

Klöpfer, Eugen, Schauspieler u. Intendant, 1886 Talheim b. Heilbronn –1950.

Sack, Erna, Sängerin, die „deutsche Nachtigall", 1898 Berlin –1972.

Dilthey, Wilhelm, Philosoph, 1833 Wiesbaden –1911.

Windbergen Kr. Dithmarschen

Frenssen, Gustav, ehem. Pfarrer und Schriftsteller, im norddeutschen Raum wurzelnd („Jörn Uhl", „Hilligenlei", „Bismarck, eine epische Erzählung"), 1863 Barlt, Süderdithm. –1945. Grab am Wodansberg b. Windbergen.

Windeby Kr. Rendsburg-Eckernförde

Lehmann, Wilhelm, Lyriker u. Erzähler („Antwort des Schweigens", „Ruhm des Daseins"), 1882 Puerto Cabello, Venezuela –1968.

Winkel Kr. Rüdesheim

Günderode, Karoline v., Schriftstellerin der Romantik, 1780 Karlsruhe –1806. Selbstmord; Grabplatte an der Mauer hinter dem Chor der Kirche.

Winningen Kr. Koblenz

Horch, August, Autoindustrieller, Begründer der Audi-Werke in Zwickau 1909, 1868 Winningen –1951.

Wolfenbüttel

HAUPTKIRCHE (Marienkirche)

Praetorius, Michael, Organist, Komponist u. Musiktheoretiker, 1571 Creuzburg b. Eisenach –1621. Beigesetzt unter der Orgel.

NEUER FRIEDHOF

Elster, Julius, Physiker, stellte mit Geitel (s. u.) die erste photoelektrische Zelle her, 1854 Blankenburg a. H. –1920.

Geitel, Hans Friedrich, Physiker, 1855 Braunschweig –1923.

Wolframs-Eschenbach Kr. Ansbach

Wolfram v. Eschenbach, mittelhochdeutscher Epiker („Parzifal", „Willehalm"), um 1170 bis nach 1220. Grab nicht mehr erhalten, doch ist aus den Nachrichten des 15. und noch des 17. Jahrhunderts zu entnehmen, daß Wolfram seinerzeit in der Pfarrkirche beigesetzt worden ist.

Wolfratshausen Ortsteil Nantwein

Weber, Alfred, Nationalökonom und Soziologe, Bruder von Max W. (→ Heidelberg, Bergfriedhof), 1868 Erfurt –1958.

Wolfsburg

WALDFRIEDHOF

Nordhoff, Heinrich, Ingenieur, Generaldirektor des Volkswagenwerkes seit 1947. 1899 Hildesheim –1968.

Worpswede Kr. Osterholz

Mackensen, Fritz, Maler, Mitbegründer der Worpsweder Künstlerkolonie, Lehrer von Paula Modersohn-Becker, 1866 Greene b. Kreiensen –1953.

Modersohn-Becker, Paula, Malerin, Vorläuferin des Expressionismus, verheiratet mit Otto Modersohn (→ Quelkhorn/Niedersachsen), 1876 Dresden –1907.

Wuppertal

WUPPERTAL-BARMEN

Friedhof Hugostraße

Bredt, Viktor, Staats- u. Kirchenrechtler, Politiker der Weimarer Republik, Reichsjustizminister, 1879 Barmen –1940.

WUPPERTAL-ELBERFELD

Luth. Friedhof, Hochstraße 4

Bayer, Friedrich, Gründer der Farbenfabriken Friedrich Bayer & Co., Leverkusen 1863. 1825 Barmen –1880.

WUPPERTAL-ELBERFELD

Reform. Friedhof, Hochstraße 13

Heydt, Eduard Frhr. v. d., Bankier, Sammler außereurop. Kunst (Museum Rietberg in Zürich), 1882 Elberfeld –1964.

Würzburg

DOM

Außenwand des nördl. Seitenschiffs

Riemenschneider, Tilman, Bildschnitzer u. Bildhauer (Marienaltar in Creglingen, Blutaltar in Rothenburg u. a.), um 1460 Heiligenstadt, Eichsfeld –1531. Beerdigt in unmittelbarer Nähe des Domes, Grab nicht mehr feststellbar, Grabplatte an der Außenseite des Domes.

SCHÖNBORNSCHE BEGRÄBNISKAPELLE AM DOM

Schönborn, Friedrich Karl v., Fürstbischof von Würzburg. Förderer von Wissenschaft und Kunst, Erbauer des Würzburger Schlosses, 1674 Mainz –1746

MARIENKAPELLE

Neumann, Balthasar, Architekt, deutscher Barockbaumeister, (Würzburger Residenz, Kirchen in Vierzehnheiligen u. Neresheim, Treppenhaus im Schloß Bruchsal), 1687 Eger –1753. Tafel am 3. rechten Pfeiler der Kapelle.

NEUMÜNSTER
Kreuzgang „Lusamgärtlein"

Walther v. d. Vogelweide, mittelhochdeutscher Lyriker, um 1170 wahrscheinl. in Niederösterreich bis um 1230. Ob Walther überhaupt in Würzburg war und dann im „Lusamgärtlein" beigesetzt wurde, ist nicht belegt.

HAUPTFRIEDHOF

Daumer, Georg Friedrich, Religionsphilosoph, Dichter u. Übersetzer morgenländischer Lyrik, eine Zeitland Erzieher Kaspar Hausers (→ Ansbach), 1800 Nürnberg –1875.

Dauthendey, Max, Schriftsteller, Lyriker u. Erzähler („Lusamgärtlein", „Die acht Gesichter am Biwasee"), 1867 Würzburg –1918. In Internierungshaft auf Java verstorben.

„Bin ein gestorben Herze,
das tot noch liebt und schlägt."

Heim, Georg, bayer. Politiker und Bauernführer, 1865 Aschaffenburg –1938.

Junot, Karoline, geb. v. Schiller, Tochter Schillers (→ Weimar) 1799 –1850.

Kölliker Rudolf Albert v., schweiz. Anatom u. Zoologe, 1817 Zürich –1905.

Leibl, Wilhelm, Maler, („Drei Frauen in der Dorfkirche"), 1844 Köln –1900.

Roeder, Emy, Bildhauerin (Bildnisköpfe, Tierplastiken u. Aktfiguren), 1890 Würzburg –1971.

Sachs, Julius, Botaniker, Pflanzenphysiologe, 1832 Breslau –1897.

Stegerwald, Adam, Zentrumspolitiker, Führer der christl. Gewerkschaften, preuß. Ministerpräsident 1921, 1874 Greußenheim b. Würzburg –1945.

Zilcher, Hermann, Komponist, 1881 Frankfurt/M. –1948. Begründer der Mozart-Festspiele in Würzburg.

Zillig, Winfried, Komponist (Opern, Lieder u. Filmmusik), Dirigent u. Musikschriftsteller, 1901 Würzburg –1963.

WÜRZBURG-OBERZELL

Koenig, Friedrich, Buchdrucker, Erfinder der Schnellpresse, 1774 Eisleben –1833. Beigesetzt im Garten hinter der Kirche des ehem. Prämonstratenserklosters.

Berlin

Die Berliner Friedhöfe gehören politisch teils zu West-Berlin, teils zu Ost-Berlin und teils zum Bezirk Potsdam der DDR (Südwestkirchhof und Wilmersdorfer Waldfriedhof in Stahnsdorf). Der Einfachheit halber sind sie nachstehend im Zusammenhang behandelt.

Gesamtdarstellungen

Finger-Hain, Willi: Das Ewige ist stille, Gräber unserer Großen in Berlin, Flensburg o. J.

Frankfurth, Hermann: Berlin und Potsdam in der Sprache ihrer Kirchen und Friedhöfe, Berlin 1924.

Schoenichen, Walther: Geweihte Stätten der Weltstadt. Grabdenkmäler Berlins und was sie uns künden. Berlin und Leipzig 1928.

Seyppel, Joachim: Nun o Unsterblichkeit, Wanderungen zu den Friedhöfen Berlins, Berlin 1964.

Wohlberedt, Willi: Verzeichnis der Grabstätten bekannter und berühmter Persönlichkeiten in Groß-Berlin und Potsdam mit Umgebung, 4 Teile, 420 S., Berlin 1932 bis 1950.

Bezirk Charlottenburg

MAUSOLEUM

IM SCHLOSSPARK CHARLOTTENBURG

Lit.: Rave, Paul Ortwin: Das Mausoleum zu Charlottenburg, Berlin 1967.

Friedrich Wilhelm III., König von Preußen 1797–1840, 1770 Potsdam –1840. Sarkophag von Christian Rauch.

Luise, Königin von Preußen, Gemahlin Friedrich Wilhelms III., 1776 Hannover –1810. Sarkophag von Christian Rauch.

Friedrich Wilhelm IV., König von Preußen 1840–61, 1795 Berlin –1861. Zuletzt geisteskrank, hier nur das Herz beigesetzt, (→ Potsdam).

Wilhelm I., König v. Preußen 1861–88, Deutscher Kaiser seit 1871, 1797 Berlin –1888.

Augusta, Königin v. Preußen, Deutsche Kaiserin, Gemahlin Wilhelm I., 1811 Weimar –1890.

ALTER LUISENFRIEDHOF

Königin-Elisabethstraße

Bode, Wilhelm v., Kunsthistoriker, Generaldirektor der Berliner Museen 1906–20, Begründer des Kaiser Friedrich Museums, 1845 Calvörde, Braunschweig –1929.

Frankl, Wilhelm, einziger mit dem Orden pour le mérite ausgezeichneter Fliegeroffizier jüdischen Glaubens, 1893–1917. Gefallen; Grabmal 1933 zerstört.

Heyl, Hedwig, Sozialpolitikerin, führend in der deutschen Frauenbewegung, 1850 Bremen –1934.

Kretzer, Max, Dramatiker u. Erzähler, behandelte die soziale u. religiöse Not des Großstadtproletariats („Die beiden Genossen", „Meister Timpe"), 1854 Posen –1941.

Liliencron, Rochus Frhr. v., Germanist, Herausgeber der „Allgemeinen Deutschen Biographie", 1820 Plön –1912.

March, Otto, Architekt (Theaterbauten u. Sportanlagen), 1845 Berlin–1913.

Matkowsky, Adalbert, Schauspieler, 1857 Königsberg, Pr. –1909.

Schaudinn, Fritz, Zoologe, Entdecker des Syphilis-Erregers, 1871 Röseningken b. Gumbinnen –1906.

Slaby, Adolf, Physiker, Pionier der Funktechnik, unternahm mit Graf Arco (→ Stahnsdorf) erste Versuche einer Nachrichtenübertragung durch Funk, 1849 Berlin –1913.

Wolff, Albert, Bildhauer, (Rossebändiger vor dem Alten Museum in Berlin), 1814 Neustrelitz –1892.

FRIEDHOF III DER
LUISENKIRCHEN GEMEINDE
Fürstenbrunner Weg

Brugsch-Pascha, Heinrich, Ägyptologe, 1827 Berlin –1894. Als Grabdenkmal Sargdeckel eines 6000 Jahre alten Königsgrabes aus Sakkara, Ägypten.

Heym, Georg, Schriftsteller, neben Trakl (→ Innsbruck) bedeutendster Vertreter des Frühexpressionismus, 1887 Hirschberg, Riesengeb.–1912. Beim Eislauf auf der Havel ertrunken.

FRIEDHOF DER
KAISER WILHELM GEDÄCHTNIS-KIRCHEN-
GEMEINDE
Fürstenbrunner Weg

Bielschowsky, Albert, Literaturhistoriker, Goetheforscher, 1847 Namslau –1902.

Gierke, Otto v., Rechtslehrer, führend auf dem Gebiet des Genossenschaftsrechts, Vater des Rechtslehrers Julius v. Gierke (→ Göttingen), 1841 Stettin –1921.

Joachim, Joseph, Geigenvirtuose, Leiter der Hochschule für Musik in Berlin, 1831 Kittsee, Burgenland –1907.

Porten-von Kaufmann, Henny, Filmschauspielerin, 1890 Magdeburg –1960.

Schmoller, Gustav v., Nationalökonom, Vorkämpfer auf dem Gebiet der deutschen Sozialgesetzgebung, 1838 Heilbronn –1917.

Spielhagen, Friedrich, Erzähler, Dramatiker u. Lyriker, 1829 Magdeburg –1911.

FRIEDHOF HEERSTRASSE
Heilsberger Allee

Ansorge, Conrad, Pianist u. Komponist, 1862 Buchenwald, Schles. –1930.

Behmer, Marcus, Zeichner u. Buchschmuckkünstler, 1879 Weimar –1958.

Blech, Leo, Dirigent an der Berliner Hofoper 1906–37 und am Deutschen Opernhaus in Berlin seit 1949, 1871 Aachen –1958.

Bohnen, Michael, Opernsänger (Baß-Bariton), 1887 Köln –1965.

Bruckner, Ferdinand, eigentl. Theodor Tagger, österr. Dramatiker („Krankheit der Jugend", „Elisabeth v. England", „Bolivar"), 1891 Wien –1958.

Däubler, Theodor, Dichter („Das Nordlicht"), 1876 Triest –1934.

Durieux, Tilla, eigentl. Ottilie Godefroy, Schauspielerin, 1880 Wien –1971.

Grosz, George, Maler u. Graphiker, 1893 Berlin –1959.

Harbou, Thea v., Schriftstellerin („Metropolis"), Verfasserin von Filmdrehbüchern („Die Nibelungen"), 1888 Tauperlitz b. Hof –1954.

Harden, Maximilian, eigentl. Witkowski, Schriftsteller und Kritiker, Herausgeber der „Zukunft", 1861 Berlin –1927.
„Keines Eroberers Macht währt als des Gedankens".

Holz, Arno, Schritsteller, begründete mit Joh. Schlaf den „konsequenten Naturalismus" („Papa Hamlet"), 1883 Rastenburg, Ostpr. –1929.

Kolbe, Georg, Bildhauer (→ Kolbe-Museum, Berlin-Charlottenburg), 1877 Waldheim, Kr. Döbeln –1947.

Künneke, Eduard, Operettenkomponist („Der Vetter aus Dingsda", „Glückliche Reise"), 1885 Emmerich –1953.

Lange, Helene, Führerin der deutschen Frauenbewegung, 1848 Oldenburg i. O. –1930.

Marcks, Erich, Historiker, („Bismarck", „Königin Elisabeth v. England") 1861 Magdeburg –1938.

Moser, Hans-Joachim, Musikwissenschaftler (Musiklexikon), 1889 Berlin –1967.

Ringelnatz, Joachim, eigentl. Hans Bötticher, humorist. Lyriker und Erzähler („Kuttel Daddeldu"), 1883 Wurzen –1934.

Schaeffers, Willy, Leiter des „Kabaretts der Komiker" in Berlin, 1884 Landsberg, Warthe –1962.

Schering, Arnold, Musikwissenschaftler, Bachforscher, 1877 Breslau –1941.

Wegener, Paul, Schauspieler, 1874 Bischdorf, Ostpr. –1948.

Weiser, Grethe, Schauspielerin, 1903 Hannover –1970.

NEUER JÜDISCHER FRIEDHOF
Heerstraße

Deutsch, Ernst, Schauspieler, 1890 Prag –1969.

Bezirk Kreuzberg

FRIEDHOF DER DREIFALTIGKEITSGEMEINDE
Bergmannstraße 39–41

Lit.: Hoeft, Bernhard: Berühmte Männer und Frauen Berlins und ihre Grabstätten I. Der Dreifaltigkeitsfriedhof in der Bergmannstraße, Berlin 1919.

Blechen, Karl, Landschaftsmaler der Romantik, 1798 Cottbus –1840. Grab eingeebnet.

Bopp, Franz, Sprachwissenschaftler, Begründer der vergleichenden Sprachwissenschaft, 1791 Mainz –1867.

Halske, Johann Georg, Ingenieur, mit Werner v. Siemens (→ Stahnsdorf) Begründer der Telegraphenbauanstalt Siemens & Halske (1847), 1814 Hamburg –1890.

Haupt, Moriz, Germanist u. Altphilologe, 1808 Zittau –1874.

Kalb, Charlotte v., Schriftstellerin, befreundet mit Schiller, Hölderlin und Jean Paul, 1761 Waltershausen, Franken –1843.
„Ich war auch ein Mensch, sagt der Staub.
Ich bin auch ein Geist, sagt das All."

Klingenberg, Friedrich, Elektrotechniker, Erbauer von 70 Kraftwerken, darunter Klingenberg-Kraftwerk in Berlin u. Golpa-Zschornewitz, 1870 Hamburg –1925.
„Was ist der Ruhm? Ein Regenbogenlicht, Ein Sonnenstrahl, der sich in Tränen bricht."

Kopisch, August, Dichter („Die Heinzelmännchen von Köln"), 1799 Breslau –1853.

Lachmann, Karl, klass. Philologe und Germanist, Mitbegründer der Germanistik, 1793 Braunschweig –1851.

Menzel, Adolph v., Maler u. Graphiker, 1815 Breslau –1905.

Mommsen, Theodor, Historiker u. Jurist, Nobelpreis für Literatur 1902 „als größtem lebenden Meister der historischen Darstellung, besonders als Anerkennung für seine monumentale ‚Römische Geschichte'", 1817 Garding, Kr. Eiderstedt –1903.

Pertz, Georg Heinrich, Historiker, Organisator der „Monumenta Germaniae historica", Mitglied der Akademie der Wissenschaften, Biograph des Frhr. v. Stein, 1795 Hannover –1876.

Reimer, Georg Andreas, Verleger, 1776 Greifswald –1842.

Schleiermacher, Friedrich Ernst Daniel, evgl. Theologe und Philosoph, 1768 Breslau –1834.

Stoecker, Adolf, evgl. Theologe u. Politiker

mit antisemitischen Tendenzen, Gründer der Berliner Stadtmission, 1835 Halberstadt –1909.

Tieck, Ludwig, Dichter aus dem Kreis der Jenaer Frühromantik, setzte die von Aug. Wilh. v. Schlegel (→ Bonn, Alter Friedhof) begonnene Shakespeare-Übersetzung fort, 1773 Berlin –1853.

FRIEDHOF DER
FRIEDRICH WERDERSCHEN GEMEINDE
Bergmannstraße 42–44

Dieffenbach, Johann Friedrich, Chirurg, einer der Begründer der modernen plastischen Chirurgie, 1794 Königsberg, Pr. –1847.

Grell, August Eduard, Komponist (Chormusik), Direktor der Berliner Singakademie, 1800 Berlin –1886.

FRIEDHOF DER
JERUSALEMS- UND NEUEN KIRCHE
Bergmannstraße 45–47

Schaper, Fritz, Bildhauer, 1841 Alsleben, Saale –1919.

Schlözer, Kurd v., Diplomat, Verfasser kulturhistorisch interessanter Briefe, 1822 Bremen –1894.

Schmidt, Erich, Literaturhistoriker, Lessing- u. Goetheforscher, fand 1886 Goethes „Urfaust" in der einzigen erhaltenen Abschrift der Hofdame L. v. Göchhausen, 1853 Jena –1913. Grab eingeebnet.

LUISENSTÄDTISCHER FRIEDHOF
Bergmannstraße 48–50

Richter, Eugen, Politiker, Führer des Freisinns, Gegner Bismarcks, 1838 Düsseldorf –1906.

Scherl, August, Zeitungsverleger, Begründer eines Pressekonzerns („Berliner Lokalanzeiger", „Der Tag", „Die Woche"), 1849 Düsseldorf –1921.

Stresemann, Gustav, Staatsmann, Reichskanzler 1923 und Reichsaußenminister 1923–29, Friedensnobelpreisträger 1926 gemeinsam mit Briand, 1878 Berlin –1929. Grabmal von Prof. Lederer.

Friedhöfe der DREIFALTIGKEITS-, JERUSALEMS- UND NEUEN KIRCHENGEMEINDE, der BÖHMISCHEN GEMEINDE und der BRÜDERGEMEINE Mehringdamm u. Zossenerstraße

Lit.: Horn: Die vor uns gewesen sind. Ein Bild Alt-Berliner Kulturgeschichte, gesehen von den Friedhöfen am Hallischen Tor im Jahre ihres 200jährigen Bestehens, Berlin 1936.
Ilse Nicolas: Kreuzberger Impressionen, S. 102 ff, Berlin 1969.

Auwers, Arthur v., einer der bedeutendsten Astronomen seiner Zeit, 1838 Göttingen –1915.

Barth, Heinrich, Forschungsreisender u. Geograph, bedeutendster deutscher Afrikaforscher, 1821 Hamburg –1865.

Chamisso, Adelbert v., Naturforscher u. Dichter der Romantik („Peter Schlehmils wundersame Geschichte"), 1781 Schloß Boncourt, Champagne –1838.

Encke, Johann Franz, Astronom, Direktor der Berliner Sternwarte seit 1825, 1791 Hamburg –1865.

Gaudy, Franz, Frhr. v., Lyriker u. Erzähler, 1800 Frankfurt/Oder –1840.

Gilly, David, Baumeister des Klassizismus (Schlösser in Freienwalde u. Paretz), 1748 Schwedt, Oder –1808.

Glaßbrenner, Adolf, Schriftsteller u. satirischer Dichter („Berlin, wie es ist – und trinkt"), Vater des Berliner Witzes, 1810 Berlin –1876.

Graefe, Albrecht v., Augenarzt, Begründer der modernen Augenheilkunde, 1828 Finkenheerd b. Berlin –1870.

Heim, Ernst Ludwig, volkstümlicher Berliner Arzt, 1747 Solz, Kr. Rotenburg –1834.
Herz, Henriette, bedeutende Frauengestalt der Romantik, 1764 Berlin –1847.

Hoffmann, Ernst Theodor Amadeus (eigentl. Wilhelm), Kammergerichtsrat, Dichter („Die Elixiere des Teufels", „Kater Murr"), Maler u. Komponist (Oper „Undine"), 1776 Königsberg, Pr. –1822.

Jacobi, Karl Gustav Jacob, einer der bedeutendsten Mathematiker des 19. Jahrhunderts, 1804 Potsdam –1851.

Iffland, August Wilhelm, Schauspieler, Theaterleiter und Dramatiker, 1759 Hannover –1814.

Knobelsdorff, Georg Wenzeslaus v., Baumeister Friedrichs d. Gr. (Rheinsberg, Sanssouci, Opernhaus Berlin), 1699 Kuckädel b. Crossen –1753. 1881 zusammen mit Pesne (s. u.) aus der Neuen Kirche am Gendarmenmarkt (Deutscher Dom) überführt. Grabstein im Krieg zerstört. Am Eingang Zossenerstraße Gedenktafel für beide Künstler.

Marpurg, Friedrich Wilhelm, Lotteriedirektor, Komponist u. Musikschriftsteller („Der kritische Musikus an der Spree"), 1718 Seehausen, Altmark –1795. Grab eingeebnet.

Mendelssohn-Bartholdy, Felix, Komponist („Sommernachtstraum-Ouvertüre", „Lieder ohne Worte"), Pianist und Dirigent, Enkelsohn des Religionsphilosophen Moses Mendelssohn (→ Berlin-Ost, Alter jüd. Friedhof), Ehefrau Cäcilie → Frankfurt/M., 1809 Hamburg –1847.

Pesne, Antoine, preuß. Hofmaler seit 1711, 1683 Paris –1757 (→ Knobelsdorff).

Schering, Ernst, Begründer der chemischpharmazeutischen Scheringwerke, 1824 Prenzlau –1889.

Simson, Eduard v., Jurist u. Politiker, Präsident der Frankfurter Nationalversammlung seit Dez. 1848, erster Präsident des Reichsgerichts 1879–91, 1810 Königsberg, Pr. –1899.

Stephan, Heinrich v., Staatssekretär des Reichspostamts, Organisator des deutschen Postwesens, Schöpfer des Weltpostvereins, 1831 Stolp –1897.

Varnhagen v. Ense, Karl August, Diplomat, Schriftsteller u. Biograph, 1785 Düsseldorf –1858, und seine Ehefrau.

Varnhagen v. Ense, Rahel, geb. Levin, bedeutende Frauengestalt der Romantik, 1771 Berlin –1833.

Wackenroder, Wilhelm Heinrich, Kunstschriftsteller der Romantik, 1773 Berlin –1798. Grab eingeebnet.

Wagner, Adolph, Nationalökonom, Vertreter des Staatssozialismus (Kathedersozialist), 1835 Erlangen –1917. Grabdenkmal nicht mehr vorhanden.

Wölfling, Leopold, vormals Erzherzog v. Österreich, Bruder der Kronprinzessin Luise v. Sachsen (→ Sigmaringen), 1869 Salzburg –1935.

Bezirk Neukölln

GARNISONFRIEDHOF
Columbiadamm

Hartmann, Eduard v., Philosoph („Philosophie des Unbewußten"), Vorläufer von Freud (→ London), 1842 Berlin –1906.

FRIEDHOF DER
ST. JAKOBI-KIRCHENGEMEINDE
Karl Marxstraße 4

Skarbina, Franz, Maler, 1849 Berlin –1910.

FRIEDHOF DER
ST. THOMAS-GEMEINDE
Hermannstraße 179

Habisch, Reinhold Franz, gen. „Krücke", Berliner Original, 1889 Berlin –1964.

Bezirk Reinikendorf

GRABSTÄTTE DER FAMILIE V. HUMBOLDT
Berlin-Tegel, Schloßpark

Humboldt, Alexander Frhr. v., Naturforscher und Geograph, bereiste Amerika u. Asien, Begründer der Pflanzengeographie und der physiologischen Erdbeschreibung (Geophysik), 1769 Berlin –1859.

Humboldt, Wilhelm Frhr. v., Staatsmann u. Gelehrter (Sprachforscher), Leiter des preuß. Kultus- u. Unterrichtswesens 1809, Vertreter Preußens auf dem Wiener Kongreß, Bruder von Alexander v. Humboldt, 1767 Potsdam –1835.

STÄDT. FRIEDHOF BERLIN-FROHNAU
Hainbuchenstraße

Loerke, Oskar, Lyriker („Der Silberdistelwald"), Erzähler und Essayist, 1884 Jungen, b. Marienwerder –1941.

Bezirk Schöneberg

FRIEDHOF DER ST. MATTHÄI-GEMEINDE
Großgörschenstraße 12–14

Der im Jahre 1856 eröffnete Friedhof ist die Begräbnisstätte der St. Matthäus-Gemeinde, die das sog. „Geheimratsviertel" zwischen Tiergarten und Landwehrkanal umfaßte. Dieser Bezirk Berlins, der im letzten Kriege fast vollständig dem Erdboden gleichgemacht worden ist, war in der 2. Hälfte des 19. Jahrhunderts ein bevorzugtes Wohnviertel von Gelehrten und Künstlern. Daraus erklärt sich, daß sich gerade auf diesem keineswegs sehr ausgedehnten Friedhof eine unverhältnismäßig große Zahl von Gräbern berühmter Persönlichkeiten findet.

1938 war beabsichtigt, den gesamten Friedhof zwecks Anlegung eines Güterbahnhofs einzuebnen. Der Krieg hat diesen Plan zum größten Teil vereitelt, so daß einer der alten historischen Friedhöfe Berlins erhalten geblieben ist. Allerdings hatten bereits in größerem Umfang Umbettungen auf den Südwestfriedhof in Stahnsdorf stattgefunden, von denen jedoch die nachstehend aufgeführten Toten nicht betroffen worden sind.

Bolle, Karl, Begründer der Bolleschen Meierei, ursprünglich Maurer, 1832 Milow, Havel –1910.

Bruch, Max, Dirigent u. Komponist (Violinkonzert in g-Moll), 1838 Köln –1920.

Brunner, Heinrich, Rechtshistoriker, einer der Hauptvertreter der germanisch-historischen

Rechtswissenschaft, 1840 Wels, Oberösterr. –1915.

Büchmann, Georg, Philologe, Verfasser der „Geflügelten Worte", 1822 Berlin –1884.

Curtius, Ernst, Historiker u. Archäologe, Leiter der ersten Ausgrabungsperiode in Olympia, 1814 Lübeck –1896.

Diesterweg, Adolf, Pädagoge, 1790 Siegen –1866.

Drake, Friedrich, Bildhauer (Viktoria auf der Siegessäule in Berlin), 1805 Pyrmont –1882.

Gneist, Rudolf v., Jurist u. Politiker, 1816 Berlin –1895.

Grieben, Theobald, Verleger, Herausgeber von Reisehandbüchern, 1826 Berlin –1914.

Grimm, Brüder Jacob 1785 Hanau –1863 ; und Wilhelm 1786 Hanau –1859. Sprachwissenschaftler, Sagen- u. Märchenforscher, Arbeiten am „Deutschen Wörterbuch".

Grimm, Herman, Kunst- u. Literaturhistoriker, Sohn von Wilhelm Grimm ,1828 Kassel –1901.

Hansemann, David, Staatsmann u. Wirtschaftsführer, Gründer der Disconto-Gesellschaft 1851, 1790 Hamburg –1864.

Harnack, Adolf v., evgl. Theologe u. Kirchenhistoriker, Anreger u. erster Präsident 1911 der Kaiser-Wilhelm-Gesellschaft, heute Max-Planck-Gesellschaft, 1851 Dorpat–1930.

Hehn, Victor, Kultur- und Literaturhistoriker, 1813 Dorpat –1890.

Hertz, Wilhelm Ludwig, Verleger (Th. Fontane, G. Keller, Paul Heyse, Ernst Curtius etc.), 1822 Hamburg –1901.

Kirchhoff, Gustav Robert, Physiker, Arbeiten auf dem Gebiet der Spektralanalyse (mit Bunsen, → Heidelberg), der Elektrizitätslehre und der Strahlungstheorie, 1824 Königsberg, Pr. –1887.

Kugler, Franz Theodor, Kunsthistoriker, Kulturpolitiker u. Maler, Verfasser einer „Geschichte Friedrichs d. Gr.", mit Holzschnitten von Menzel, 1808 Stettin –1858.

Langenbeck, Bernhard v., Mediziner, einer der Begründer der modernen Chirurgie, insbesondere der Kriegschirurgie, 1810 Padingbüttel, Kr. Wesermünde –1887.

Messel, Alfred, Architekt (Warenhaus Wertheim in Berlin), 1853 Darmstadt –1909.

Mitscherlich, Eilhard, Chemiker, Entdecker des Benzol und des Selen, 1794 Neuende, Ostfriesland –1863.

Paulsen, Friedrich, Philosoph u. Pädagoge, 1846 Langenhorn, Kr. Husum –1908.

Scherer, Wilhelm, Philologe und Literaturhistoriker („Geschichte der deutschen Literatur"), 1841 Schönborn, Niederösterr. –1886.

Schwendener, Simon, Botaniker, 1829 Buchs, Schweiz –1919.

Stahl, Friedrich Julius, eigentl. Jolson, Rechtsphilosoph u. Politiker, Vertreter einer christl.-konservativen Staatslehre, 1802 Würzburg –1861.

Sybel, Heinrich v., Historiker, bedeutender politischer Geschichtsschreiber, Direktor der preuß. Staatsarchive seit 1875, 1817 Düsseldorf –1895.

Treitschke, Heinrich v., Historiker u. politischer Schriftsteller („Deutsche Geschichte im 19. Jahrhundert"), 1834 Dresden –1896.

Virchow, Rudolf, Arzt u. Politiker, Begründer der Zellularpathologie, Vorkämpfer der Hygiene, politischer Gegner Bismarcks, 1821 Schivelbein, Pommern –1902.

Waitz, Georg, Historiker („Quellenkunde der deutschen Geschichte"), Leiter der „Monumenta Germaniae historica" seit 1875, 1813 Flensburg –1886.

Alter Friedhof
der Zwölf-Apostel-Gemeinde
Kolonnenstraße 24–25

Begas, Reinhold, Bildhauer, 1831 Berlin –1911.

Beyrich, Ernst, Geologe u. Paläontologe, Direktor der preuß. geologischen Landesan-

stalt, Begründer der geologischen Karten-
aufnahme, 1815 Berlin –1896.

Bötticher, Heinrich v., Staatsmann, Vizekanzler unter Bismarck u. Caprivi 1881–97, 1833
Stettin –1907.

Droysen, Johann Gustav, Historiker und
Politiker, 1808 Treptow, Rega –1884.

Koser, Reinhold, Historiker, Direktor der
preuß. Staatsarchive, Vorsitzender der Zen-
traldirektion der „Monumenta Germaniae
historica", 1852 Schmarsow b. Prenzlau
–1914.

Naumann, Friedrich, evgl. Theologe u. Sozialpolitiker, Vorsitzender der Deutschen De-
mokratischen Partei 1919, 1860 Störmthal b.
Leipzig –1919.

Vahlen, Johannes, klassischer Philologe, La-
tinist, 1830 Bonn –1911.

Werner, Anton v., Historienmaler, Direktor
der Berliner Kunstakademie, 1843 Frankfurt,
Oder –1915.

NEUER FRIEDHOF
DER ZWÖLF-APOSTEL-GEMEINDE
Sachsendamm

Simmel, Paul, Zeichner, Karikaturist, 1887
Berlin –1933. Selbstmord.

Spitta, Philipp, Musikwissenschaftler, Bach-
Biograph. Sohn des Theologen Philipp Spitta (→ Burgdorf/Hann.), 1841 Wechold b. Ver-
den –1894.

ALTER FRIEDHOF
AN DER PAUL-GERHARDT-KIRCHE
Hauptstraße

Schwechten, Franz Heinrich, Architekt (An-
halterbahnhof und Kaiser Wilhelm-Gedächt-
niskirche in Berlin, Hohenzollernbrücke in
Köln), 1841 Köln –1924.

ERSTER SCHÖNEBERGER FRIEDHOF
Eisackstraße

Bernstein, Eduard, soziald. Politiker u. Publizist, Hauptvertreter des „Revisionismus",
1850 Berlin –1932.

DRITTER SCHÖNEBERGER
(EHEMALS FRIEDENAUER) FRIEDHOF
Südwestkorso

Anschütz, Ottomar, Photograph, Erfinder
der Momentphotographie, 1846 Lissa, Posen
–1907.

Busoni, Ferruccio, Pianist u. Komponist
(Opern: „Turandot", „Doktor Faust"), 1866
Empoli b. Florenz –1924.

Kyser, Hans, Lyriker, Erzähler u. Dramatiker, 1882 Graudenz, Westpr. –1940.

Bezirk Steglitz

BOTANISCHER GARTEN
Berlin-Dahlem

Althoff, Friedrich, Ministerialdirektor im
preuß. Kultusministerium, verdient um den
Ausbau der preuß. Universitäten u. wissenschaftlichen Anstalten, 1839 Dinslaken –1908

Diels, Ludwig, Botaniker, Direktor des Bo-
tanischen Gartens, Sohn des Altphilologen
Hermann Diels (→ Friedhof an der Dahlemer
Dorfkirche) und Bruder des Chemikers Otto
Diels (→ Ulsnis, Schlesw.-Holstein), 1874
Hamburg –1945.

Engler, Adolf, Botaniker, Begründer und
erster Direktor des Berliner Botanischen
Gartens, 1844 Sagan –1930.

Schweinfurth, Georg, Afrikaforscher („Im
Herzen von Afrika"), 1836 Riga –1925.

STÄDTISCHER FRIEDHOF
Bergstraße

Hünefeld, Günther Frhr. v., Flieger u. Schriftsteller, unternahm mit Köhl (→ Pfaffenhofen
a.d. Roth, Schwaben) u. Fitzmaurice den ersten Atlantikflug von Ost nach West 1928,
1892 Königsberg, Pr. –1929.

Kraetke, Reinhold, Staatssekretär des Reichspostamts 1901–17, 1845 Berlin –1934.

Kuhl, Hermann v., Dr. phil., General und
Militärhistoriker, neben Bismarck und Moltke einziger Träger der Kriegs- und Friedens-

klasse des Ordens „pour le mèrite", 1856 Koblenz –1958.

Leistikow, Walter, Maler märkischer Landschaften, 1865 Bromberg –1908.

PARKFRIEDHOF
Thunerplatz

Deutsch, Felix, Industrieller, Leiter der AEG, 1858 Breslau –1928.

Dibelius, Otto, evgl. Theologe, Bischof von Berlin-Brandenburg 1945–66, Ratsvorsitzender der EKD 1949–61, 1880 Berlin –1967.

Hergesell, Hugo, Meteorologe, Berater des Grafen Zeppelin, Begründer des Flugwetterdienstes,1859 Bromberg –1938.

Linde, Otto zur, Lyriker u. Kulturhistoriker, 1873 Essen –1938.

Meyer, Eduard, Historiker, Arbeiten zur alten Geschichte („Geschichte des Altertums"), 1855 Hamburg –1930.

Moeller van den Bruck, Arthur, Kunsthistoriker und politischer Schriftsteller („Der preußische Stil", „Das dritte Reich"), Gegner des Liberalismus und der politischen Demokratie, 1876 Solingen –1925. Selbstmord.

Müller, Renate, Filmschauspielerin, 1906 München –1937.

Otto, Berthold, Pädagoge, Gründer der „Hauslehrer-Schule", 1859 Bienowitz b. Liegnitz –1933.

Rubner, Max, Mediziner u. Hygieniker, Direktor des Kaiser Wilhelm-Instituts für Arbeitspsychologie, 1854 München –1932.

Schleicher, Kurt v., General u. Politiker, Reichswehrminister 1932, Reichskanzler 1932 –1933, 1882 Brandenburg, Havel –1934 (mit seiner Frau anläßlich der Röhmaffaire von den Nationalsozialisten ermordet).

Stumpf, Carl, Philosoph, Musikforscher u. Tonpsychologe, 1848 Wiesentheid, Kr. Gerolzhofen –1936.

Wille, Bruno, Schriftsteller („Der Maschinenmensch und seine Erlösung"), Herausgeber der Zeitschrift „Der Freidenker", 1860 Magdeburg –1928.

ALTER FRIEDHOF LICHTERFELDE-OST
Langestraße

Lilienthal, Otto, Flugpionier, führte als erster Gleitflüge über mehrere hundert Meter Länge aus, 1848 Anklam –1896. Abgestürzt.

ALTER FRIEDHOF LICHTERFELDE-WEST
Moltkestraße

Hoensbroech, Paul Graf v., Schriftsteller, ehem. Jesuit, später evangelisch. Verfasser von Streitschriften gegen die kath. Kirche und die Jesuiten, 1852 Schloß Haag b. Geldern –1923.

Kossinna, Gustaf, Vorgeschichtsforscher, Begründer der „siedlungsarchäologischen Methode", 1858 Trier –1931.

Seidel, Heinrich, Ingenieur (am Bau des Anhalter-Bahnhofs in Berlin beteiligt) und seit 1880 Schriftsteller („Leberecht Hühnchen"), Vater des Schriftstellers Heinrich Wolfgang Seidel (→ Tutzing/Obb.), 1842 Perlin, Meckl. –1906.

Bezirk Tempelhof

FRIEDHOF DER HEILIG-KREUZ-,
MELANCHTHON- UND PASSION-GEMEINDE
Berlin-Mariendorf, Eisenacherstraße

Wissell, Rudolf, SPD-Politiker, Mitglied des Rates der Volksbeauftragten (ab Ende Dez. 1918), Reichswirtschafts- u. Reichsarbeitsminister 1928–30, 1869 Göttingen –1962.

FRIEDHOF DER ST. MATTHIAS-GEMEINDE
Berlin-Mariendorf, Röblingstraße

Hille, Peter, Schriftsteller, Verfasser von Aphorismen, Inbegriff des Bohemien, 1854 Erwitzen, Kr. Höxter –1904.

Bezirk Tiergarten

ZOOLOGISCHER GARTEN

Heinroth, Oskar, Ornitologe, Schöpfer u. Direktor des Berliner Aquariums, Leiter der Vogelwarte Rossitten, 1871 Wiesbaden –1945.

Bezirk Wedding

ROBERT KOCH INSTITUT Föhrerstraße

Koch, Robert, Bakteriologe, Begründer der experimentellen Bakteriologie, Entdecker des Milzbranderregers und des Tuberkelbazillus, Nobelpreis 1905 „für seine Untersuchungen und Entdeckungen auf dem Gebiet der Tuberkulose", 1843 Clausthal –1910.

DOMFRIEDHOF Müllerstraße

Brachvogel, Albert Emil, Schriftsteller („Friedemann Bach", „Narziß"), 1824 Breslau –1878.

Dryander, Ernst v., evgl. Theologe, Hofprediger Wilhelms II., 1843 Halle, Saale –1922.

Lepsius, Karl Richard, Ägyptologe, Mitbegründer der Ägyptologie, 1810 Berlin –1884.

Trendelenburg, Friedrich Adolf, Philosoph, Plato- und Aristotelesforscher, entschiedener Gegner Hegels, 1802 Eutin –1872.

NEUER DOROTHEENSTÄDTISCHER FRIEDHOF Liesenstraße

Busch, Paul, Gründer des Zirkus Busch, 1850 Berlin –1927.

Nicolai, Otto, Dirigent u. Komponist („Die lustigen Weiber von Windsor"), Begründer u. Leiter der Wiener Philharmoniker, zuletzt Kapellmeister an der Berliner Oper, 1810 Königsberg, Pr. –1849.

Raschdorff, Julius, Architekt (Dom in Berlin), 1823 Pless, Oberschl. –1914.

Renz, Ernst Jacob, Artist u. Zirkusdirektor, Begründer des Zirkus Renz, 1815 Heilbronn –1892.

SOPHIENFRIEDHOF Freienwalderstraße

Gebühr, Otto, Schauspieler, Darsteller Friedrichs d. Gr., 1877 Kettwig –1954.

STÄDTISCHER FRIEDHOF U. URNENHALLE Gerichtsstraße

Ochs, Siegfried, Chordirigent, 1858 Frankfurt/M. –1929. Am Grabmal Gedenktafel für seine mit 77 Jahren im Lager Theresienstadt umgekommene Ehefrau.

Preuß, Hugo, Jurist u. Politiker, Verfasser des Entwurfs für die Weimarer Reichsverfassung, 1860 Berlin –1925.

Tuaillon, Louis, Bildhauer, 1862 Berlin –1919.

Wassermann, August v., Mediziner u. Bakteriologe, erfand die „Wassermannsche Reaktion" (Serumreaktion auf Syphilis), 1866 Bamberg –1925. Urnenhalle.

Bezirk Wilmersdorf

FRIEDHOF HALENSEE – GRUNEWALD Bornstedterstraße

Delbrück, Hans, Historiker, Herausgeber der „Preußischen Jahrbücher", 1848 Bergen a. Rügen –1929.

Dernburg, Bernhard, Politiker, Staatssekretär des Reichskolonialamtes 1907–10, Reichsfinanzminister 1919, MdR 1919–30, Dtsch. Dem. P.), 1865 Darmstadt –1937.

Goerz, Carl Paul, Unternehmer, Begründer der Optischen-Anstalt Goerz AG, 1854 Brandenburg, Havel –1923.

Hertwig, Oskar, Anatom u. Zoologe, erkannte die Rolle des Zellkerns bei der Vererbung, Bruder des Zoologen Richard v. H. (→ München-Solln), 1849 Friedberg, Hessen –1922.

Schwarz, Hermann Amandus, bedeutender Mathematiker, 1843 Hermsdorf, Kr. Waldenburg, Schles. –1921.

Sudermann, Hermann, Dramatiker („Die Ehre", „Heimat"), Romanschriftsteller („Frau Sorge") u. Erzähler („Litauische Geschichten"), 1857 Matziken, Ostpr. –1928.

FRIEDHOF BERLIN-SCHMARGENDORF Breitestraße

Pechstein, Max, Maler u. Graphiker, Mitglied der Künstlergruppe „Die Brücke", 1881 Zwickau –1955.

STÄDT. FRIEDHOF UND KREMATORIUM Berlinerstraße

Behrens, Peter, Architekt, Maler u. Kunstgewerbler, (AEG Berlin), 1868 Hamburg –1940. Urnenhalle.

Jessel, Leon, Operettenkomponist („Schwarzwaldmädel"), 1871 Stettin –1942. In Gestapohaft verhungert.

Külz, Wilhelm, Politiker, gründete 1945 in der damaligen Sowjetzone die Liberal-Demokratische Partei, 1875 Borna, Sa. –1948.

Lietzmann, Hans, evgl. Theologe, Kirchenhistoriker, 1875 Düsseldorf –1942.

Mackeben, Theo, Operettenkomponist („Dubarry" nach Millöcker), Filmmusik, 1897 Stargard, Pom. –1953.

Niekisch, Ernst, politischer Schriftsteller („Das Reich der niederen Dämonen"), Hauptvertreter des Nationalbolschewismus, 1889 Trebnitz, Schl. –1967. Urnenhalle.

Parseval, August v., Luftschiffkonstrukteur, 1861 Frankenthal –1942. Urnenhalle.

Schröder, Friedrich, schweiz. Komponist („Hochzeitsnacht im Paradies"), 1910 Näfels, Glarus –1972.

Zobeltitz, Fedor v., Romanschriftsteller, 1857 Spiegelberg, Mark –1934. Urnenhalle.

Bezirk Zehlendorf

Friedhof an der Dahlemer Dorfkirche
St. Annenkirche
Königin-Luisestraße

Bildt, Paul, Schauspieler, 1885 Berlin –1957.

Caspar, Horst, Schauspieler, 1913 Radegast, Anh. –1952.

Diels, Hermann, Altphilologe („Fragmente der Vorsokratiker"), Vater des Botanikers Ludwig Diels (→ Berlin, Botan. Garten) und des Chemikers Otto Diels (→ Ulsnis, Schlesw. Holst.), 1848 Wiesbaden –1922.

Dorsch, Käthe, Schauspielerin, Mitglied des Wiener Burgtheaters, 1890–1957. Nur Gedenkstein; beerdigt in → Saarow-Pieskow, Bez. Frankfurt/O., DDR.

Gaul, August, Tierbildhauer, 1869 Großauheim –1921.

Hoff, Jacobus Henricus van't, niederl. Chemiker, begründete mit Ostwald (→ Großbothen, Bez. Leipzig, DDR) die physikalische Chemie, Nobelpreis 1901 „als Anerkennung des außerordentlichen Verdienstes, das er sich durch die Entdeckung der Gesetze der chemischen Dynamik und des osmotischen Druckes in Lösungen erworben hat", 1852 Rotterdam –1911.

Höflich, Lucie, eigentl. v. Holwede, Schauspielerin, 1883 Hannover –1956.

Kaftan, Julius, evgl. Theologe u. Religionsphilosoph, 1848 Loit b. Apenrade –1926.

Knaus, Ludwig, Maler, 1829 Wiesbaden –1910.

Lehmann, Lilli, Sopranistin an der Berliner Hofoper und an der Metropolitan Opera in New York, 1848 Würzburg –1929.

Meinecke, Friedrich, Historiker, Arbeiten zur Geistes- und Ideengeschichte („Weltbürgertum u. Nationalstaat"), Mitbegründer der Freien Universität Berlin, 1862 Salzwedel –1954.

Schäfer, Dietrich, Historiker („Weltgeschichte der Neuzeit"), 1845 Bremen –1929.

Schrey, Ferdinand, Stenograph, Erfinder eines Kurzschriftsystems, 1850 Elberfeld –1938.

Sering, Max, Nationalökonom, Agrar- und Siedlungspolitiker, 1857 Barby, Elbe –1939.

Warburg, Otto Heinrich, Physiologe u. Chemiker, Direktor des Max-Planck-Instituts für Zellphysiologie, Arbeiten über Stoffwechsel u. Krebs, Nobelpreis für Medizin 1931 „für seine Entdeckung der Natur und der Wirkungsweise des Atmungsfermentes", 1883 Freiburg, Br. –1970.

Zehrer, Hans, Journalist u. politischer Publizist, Chefredakteur der „Welt", 1899 Berlin –1966.

Städt. Waldfriedhof Berlin-Dahlem
Hüttenweg

Becker, Carl Heinrich, Orientalist u. preuß.

Kultusminister 1925–30, 1876 Amsterdam –1933.

Benn, Gottfried, Arzt und Lyriker, 1886 Mansfeld, Westpriegnitz –1956.

Brackmann, Albert, Historiker, Generaldirektor der preuß. Staatsarchive 1929–36, Herausgeber von Papsturkunden, 1871 Hannover –1952.

Burdach, Konrad, Germanist, Arbeiten über mittelalterl. Literatur („Vom Mittelalter zur Reformation"), 1859 Königsberg, Pr. –1936.

Correns, Carl, Botaniker, bahnbrechende Arbeiten über Vererbungslehre, Wiederentdecker der Mendelschen Gesetze, 1864 München –1933.

Erman, Adolf, Ägyptologe, bedeut. Arbeiten zur ägyptischen Kultur u. Religion, 1854 Berlin –1937.

Hofer, Carl, Maler u. Graphiker, 1945 Direktor der neuen Hochschule für bildende Künste in Berlin, 1878 Karlsruhe –1955.

Körber, Hilde, Schauspielerin, Leiterin der Max Reinhardt-Schule in Berlin, 1906 Wien –1969.

La Jana, eigentl. Henny Hiebel, Tänzerin, 1905–1940.

Lüders, Heinrich, Sanskritforscher, 1869 Lübeck –1943.

Lüders, Marie Elisabeth, Politikerin, MdR 1919–32, Deutsche Dem. Partei, MdB bis 1961, FDP; 1878 Berlin –1966.

Mühsam, Erich, Schriftsteller, Mitglied des Zentralrates d. bayer. Räterepublik 1919, langjährige Gefängnishaft, 1878 Berlin –1934. Im KZ Oranienburg ermordet.

Nelson, Rudolf, eigentlich Lewyson, Schlager- u. Revuekomponist, 1878 Berlin –1960.

Rosemeyer, Bernd, Automobilrennfahrer,1909 Lingen, Ems –1938. Verunglückt.

Sahm, Heinrich, Kommunalpolitiker, Senatspräsident der Freien Stadt Danzig 1920–29, Oberbürgermeister v. Berlin 1931–35, 1877 Anklam –1939.

Schreiber, Walther, Politiker, preuß. Handelsminister 1925–32, regierender Bürgermeister von Berlin-West, 1884 Pustleben b. Nordhausen –1958.

Schreker, Franz, Komponist (Opern „Der ferne Klang", „Der Schatzgräber"), Direktor der Hochschule für Musik in Berlin 1920–32, 1878 Monaco –1934.

Sintenis, Renée, Bildhauerin u. Graphikerin 1888 Glatz –1965.

Sombart, Werner, Nationalökonom u. Soziologe, Arbeiten zur Wirtschaftsgeschichte („Der moderne Kapitalismus"), 1863 Ermsleben a. Harz –1941.

Wiegand, Theodor, Archäologe, Begründer des Berliner Pergamonmuseums, Ausgrabungen in Milet u. Pergamon, 1864 Bendorf b. Koblenz –1936.

STÄDTISCHER WALDFRIEDHOF
Potsdamer Chaussee

Hartung, Karl, Bildhauer, 1908 Hamburg –1967.

Kaiser. Jakob, Politiker, Mitbegründer der CDU, Bundesminister für gesamtdeutsche Fragen 1949–57, 1888 Hammelburg, Unterfr. –1961.

Körner, Hermine, Schauspielerin, Regisseurin u. Theaterleiterin, 1882 Berlin –1960.

Lemmer, Ernst, CDU-Politiker, Mitbegründer der Ost-CDU, Bundesminister, 1898 Remscheid –1970.

Löbe, Paul, SPD-Politiker, Reichstagspräsident 1920–24 und 1925–32, 1875 Liegnitz –1967.

Muschler, Reinhold Conrad, Romanschriftsteller und Verfasser von Biographien („Bianca Maria", „Nofretete"), 1882 Berlin –1957.

Paul, Bruno, Architekt (Kathreiner-Hochhaus in Berlin) u. Kunstgewerbler (Gestalter von Typen-Möbeln), 1874 Seifhennersdorf b. Zittau –1968.

Piscator, Erwin, Regisseur u. Theaterleiter, 1893 Ulm b. Wetzlar –1966.

Reger, Erik, eigentlich Hermann Dannenberger, Verfasser kritischer Schlüsselromane über das Wirtschaftsleben an Rhein und Ruhr („Union der festen Hand", „Das wachsame Hähnchen"), Herausgeber des „Tagesspiegel", 1893 Bendorf, Rhein –1954.

Reuter, Ernst, SPD-Politiker, Oberbürgermeister bzw. Regierender Bürgermeister von West-Berlin seit 1948, 1889 Apenrade –1953.

Scharoun, Hans, Architekt (Neubau der Philharmonie in Berlin), 1893 Bremerhaven –1972. Urnenhain.

Suhr, Otto, SPD-Politiker, Regierender Bürgemeister von West-Berlin seit 1955, 1894 Oldenburg i. O. –1957.

FRIEDHOF BERLIN-NIKOLASSEE
Kirchweg

Friedensburg, Ferdinand, Wirtschaftswissenschaftler (Bergbau) und Politiker, Bürgermeister von Berlin 1946–51, 1886 Schweidnitz –1972.

Klepper, Jochen, Lyriker u. Erzähler („Der Vater", „Unter dem Schatten Deiner Flügel"), 1903 Beuthen –1942. Schied mit seiner jüdischen Frau und Stieftochter am Tage vor ihrer Deportation freiwillig aus dem Leben.

Kluge, Kurt, Erzgießer, Maler, Bildhauer u. Schriftsteller („Der Herr Kortüm"), 1886 Leipzig –1940.

Kretzschmar, Hermann, Musikwissenschaftler 1848 Obernhau, Erzgeb. –1924.

Muthesius, Hermann, Architekt, führend im Landhausbau, auch Architekturschriftsteller, 1861 Groß-Neuhausen, Kr. Sömmerda –1927.

STÄDT. FRIEDHOF
BERLIN-ZEHLENDORF – MITTE
Onkel Tomstraße

Dominik, Hans, Ingenieur u. Schriftsteller, Verfasser technischer Zukunftsromane („Der Brand der Cheopspyramide", „Atomgewicht 500"), 1872 Zwickau –1945.

Dovifat, Emil, Zeitungswissenschaftler, Leiter des Instituts für Publizistik an der Freien Universität Berlin, 1890 Moresnet b. Aachen –1969.

Hart, Julius, Dichter u. Kritiker, 1859 Münster i. W. –1930.

Kaun, Hugo, Komponist von Chor- u. Kammermusik, 1863 Berlin –1932.

Legal, Ernst, Schauspieler u. Bühnenleiter, Intendant der Deutschen Staatsoper in Ost-Berlin 1945–52, 1881 Schlieben, Kr. Herzberg –1955.

„Nichts ist verloren,
Wenn wir vergehn!
Vergehen ist werden."

Moll, Oskar, Maler, 1875 Brieg –1947. Entwurf des Grabmals von Prof. Scharoun.

Müller, Friedrich Wilhelm, Orientalist, Entzifferer der Turfanhandschriften, 1863 Neudamm b. Stettin –1930.

ALTER FRIEDHOF BERLIN-WANNSEE
Friedenstraße

Hartmann, Gustav, gen. „Der eiserne Gustav", fuhr 1928 im Alter von 70 Jahren mit seiner Droschke von Berlin nach Paris und zurück, 1859–1938.

Poelzig, Hans, Architekt (Großes Schauspielhaus und Haus des Rundfunks in Berlin, Verwaltungsgebäude der IG-Farben in Frankfurt a. Main), 1869 Berlin –1936.

NEUER FRIEDHOF BERLIN-WANNSEE
Lindenstraße

Der 1895 angelegte Friedhof wird im Volksmund auch „Millionenfriedhof" genannt, da auf ihm zahlreiche, in Wannsee ansässig gewesene Millionäre bestattet sind.

Fischer, Emil, Chemiker, Entdecker des Veronals, Nobelpreis 1902 „für seine Synthesen auf dem Gebiet der Zucker und Purine", 1852 Euskirchen –1919.

Helmholtz, Hermann v., Physiker u. Physiologe, Begründer der chemischen Thermodynamik, Erfinder des Augenspiegels, 1821 Potsdam –1894.

Sauerbruch, Ernst Ferdinand, Chirurg, grundlegende Arbeiten zur Brustkorbchirurgie, 1875 Barmen –1951.

Sorma, Agnes, verehel. Gräfin Minotto, Schauspielerin, 1865 Breslau –1927.

BERLIN-WANNSEE, AM KLEINEN WANNSEE

Kleist, Heinrich v., Dramatiker u. Erzähler („Prinz v. Homburg", „Der zerbrochene Krug", „Michael Kohlhaas"), 1777 Frankfurt, O. –1811. Schied gemeinsam mit seiner Freundin Henriette Vogel an der Stelle, an der sich heute sein Grabdenkmal befindet, freiwillig aus dem Leben.

„Nun, o Unsterblichkeit,
bist du ganz mein."

Der jetzige Grabstein stammt aus dem Jahre 1936. Gleichzeitig wurde die 1861 angebrachte Platte mit der Inschrift:

Er lebte, sang und litt
in trüber, schwerer Zeit,
er suchte hier den Tod
und fand Unsterblichkeit.

entfernt, da sich herausgestellt hatte, daß die Verse von dem jüdischen Arzt und Schriftsteller Max Ring (1817–1901) stammten. Die Platte soll sich jetzt im Märkischen Museum in Berlin befinden.

NIKOLSKOE, PETER UND PAUL KIRCHE

Friedrich Karl, Prinz v. Preußen, Feldmarschall, Heerführer in den Kriegen 1864, 1866 und 1870–71, 1828 Berlin –1885.

Mitte

PFARRKIRCHE ST. NIKOLAI

Älteste Kirche Alt-Berlins, 1945 zerstört. Der Friedhof, von dem die Kirche seinerzeit umgeben war, wurde vermutlich bereits im ersten Drittel des 13. Jahrhunderts angelegt und 1707 geschlossen.

Pufendorf, Samuel Frhr. v., Rechtsphilosoph u. Historiograph des Großen Kurfürsten, 1632 Dorfchemnitz, Sa. –1694.

Spener, Philipp Jakob, evgl. Theologe, Begründer des evgl. Pietismus, 1635 Rappoltsweiler, Elsaß –1705. Seinerzeit auf dem Friedhof an der Kirche beigesetzt.

PAROCHIALKIRCHE

1945 teilzerstört

Cocceji, Samuel Frhr. v., Staatsmann u. Jurist, preuß. Großkanzler seit 1747. Reformator des Rechtswesens, 1679 Heidelberg –1755.

ST. HEDWIGS-KATHEDRALE

Lichtenberg, Bernhard, Dompropst, kämpfte gegen die nationalsozialistische Judenverfolgung, †1943. Auf dem Transport in ein KZ verstorben.

Preysing-Lichtenegg-Moos, Konrad Graf v., Bischof von Berlin seit 1935, Kardinal 1946, Gegner des Nationalsozialismus, 1880 Schloß Kronwinkl b. Landshut –1950.

DOM

Lit.: Schniewind, Carl: Der Dom zu Berlin, Berlin 1905; mit einer eingehenden historischen Schilderung der Hohenzollerngruft unter Angabe der dort beigesetzten Personen.

Durch Einsturz des Gewölbes der Domkuppel infolge Fliegerangriffs im Jahre 1944 sind einige in der Gruft befindlichen Särge zerstört worden, darunter die von König Friedrich Wilhelm II. und

der Königin Elisabeth Christine, der Gemahlin Friedrichs d. Gr.

Friedrich Wilhelm, Kurfürst von Brandenburg seit 1640, gen. der „Große Kurfürst", 1620 Berlin –1688.

Friedrich I., Kurfürst von Brandenburg seit 1688 u. König von Preußen seit 1701, Sohn Friedrich Wilhelms, 1657 Königsberg, Pr. –1713. Die Särge von ihm u. seiner Gemahlin Sophie-Charlotte entworfen v. Andreas Schlüter.

Sophie-Charlotte, Königin v. Preußen, geb. Prinzessin v. Hannover, Gemahlin Friedrichs I., Förderin von Kunst u. Wissenschaft, befreundet mit Leibniz (→ Hannover), 1668 Iburg –1705.

Louis Ferdinand, Prinz v. Preußen, Neffe Friedrichs d. Gr., 1772 Berlin –1806. Gefallen bei Saalfeld, erst 1811 von dort überführt und im Dom zu Berlin beigesetzt.

FRIEDHOF DER DOROTHEENSTÄDTISCHEN UND FRIEDRICH WERDERSCHEN GEMEINDEN
Chausseestraße

Der Friedhof ist 1762 angelegt worden. 1889 wurde ein Teil zwecks Verwendung als Straßengelände eingeebnet, wobei u.a. die Gebeine von Fichte, Hegel und Hufeland umgebettet worden sind.

Der Dorotheenstädtische Friedhof gehörte von jeher zu den „Prominentenfriedhöfen" Berlins und hat diesen Charakter auch nach der Teilung der Stadt nicht verloren. Während die führenden Politiker der DDR – soweit sie der SED angehört haben – vornehmlich auf dem Zentralfriedhof in Friedrichsfelde ihre letzte Ruhestätte finden, ist der Friedhof in der Chausseestraße weiterhin die bevorzugte Begräbnisstätte für die Vertreter des Geisteslebens und für die anderen Parteien als der SED angehörenden Politiker.

Lit..: Gerlach, Jens: Dorotheenstädtische Monologe, Berlin 1973.

Bach, August, DDR-Politiker, Mitbegründer und späterer 1.Vorsitzender der Ost-CDU, Präsident der Länderkammer seit 1955, 1897 Rhydt –1966.

Becher, Johannes Robert, Lyriker, Erzähler u. Dramatiker, Kultusminister der DDR, 1891 München –1958.

Boeckh, August, Altphilologe, Schöpfer der wissenschaftlichen griechischen Inschriftenkunde, 1785 Karlsruhe –1867.

Borsig, August, Industrieller, Begründer der Borsigschen Lokomotivfabrik, 1804 Breslau –1854.

Brecht, Bertolt, Schriftsteller u. Regisseur („Dreigroschenoper", „Mutter Courage", „Der kaukasische Kreidekreis"), 1898 Augsburg –1956.

Bronnen, Arnolt, eigentl. Bronner, österr. Erzähler und Dramatiker („Vatermord", „Katalaunische Schlacht", „A.B.gibt zu Protokoll"), 1895 Wien –1959.

Brugsch, Theodor, Internist, Sohn des Orientalisten Brugsch-Pascha (→ Berlin-Charlottenburg), 1878 Graz –1963.

Delbrück, Rudolf v., Staatsmann, Präsident des Reichskanzleramtes, Organisator der neuen Reichsverwaltung, 1817 Berlin –1903.

Dieckmann, Johannes, DDR-Politiker, Mitbegründer der Liberal-Demokratischen Partei, Volkskammerpräsident seit 1950, 1893 Fischerhude b. Bremen –1969.

Ehmsen, Heinrich, Maler u. Graphiker, 1886 Kiel –1964.

Eisler, Hanns, Komponist (Hymne der DDR), 1898 Leipzig –1962.

Engel, Erich, Filmregisseur („Pygmalion", „Affaire Blum"), 1891 Hamburg –1966.

Fichte, Johann Gottlieb, Philosoph, einer der Hauptvertreter des deutschen Idealismus, 1762 Rammenau, Lausitz –1814. Das 1945

durch Bomben zerstörte Grabmal wurde 1950 durch die Stadt Berlin erneuert.

Heartfield, John, eigentl. Helmut Herzfelde, Graphiker und Photomonteur, 1891 Berlin –1968.

Hegel, Georg Wilhelm Friedrich, Philosoph des deutschen Idealismus, 1770 Stuttgart –1831.

Hofmann, August Wilhelm v., Entdecker der Anilinfarben durch seine Arbeiten auf dem Gebiet der Teerfarben, 1818 Gießen –1892.

Hufeland, Christoph Wilhelm, Mediziner, bemüht um die Einführung der Pockenschutzimpfung, Arzt Goethes, 1762 Langensalza –1836.

Krüger, Franz, Maler, „Pferde-Krüger", 1797 Großbadegast b. Köthen –1857.

Langhoff, Wolfgang, Schauspieler u. Intendant (Deutsches Theater in Ostberlin), Verfasser des KZ-Berichts „Die Moorsoldaten", 1901 Berlin –1966.

Litfaß, Ernst, Buchdrucker, Erfinder der Anschlagsäulen, 1816 Berlin –1874. Das Gitter um die Grabstelle mit dem Namenszug von Litfaß ist in den letzten Jahren beseitigt worden.

Mann, Heinrich, Schriftsteller („Der Untertan", „Prof. Unrat"), Bruder von Thomas Mann (→ Kilchberg, Kanton Zürich), 1871 Lübeck –1950.

Motz, Friedrich v., preuß. Finanzminister, Reformator der preuß. Finanzverwaltung, 1775 Kassel –1830.

Nuschke, Otto, DDR-Politiker, Mitbegründer u. Vorsitzender der Ost-CDU, stellvertr. Ministerpräsident der DDR, 1883 Frohburg, Sa. –1957.

Rauch, Christian Daniel, Bildhauer, Hauptvertreter des Berliner Klassizismus. Denkmal Friedrichs II. von dem Standort Unter den Linden überführt in den Park v. Sanssouci, Potsdam, 1777 Arolsen –1857.

Rehfisch, Hans José, Dramatiker („Affaire

Dreyfus", „Wasser für Canitoga"), 1891 Berlin –1960.

Schadow, Johann Gottfried, Bildhauer des Klassizismus (Quadriga auf dem Brandenburger Tor), 1764 Berlin –1850.

Schinkel, Karl Friedrich, Baumeister des Klassizismus (Neue Wache und Schauspielhaus in Berlin, Nikolaikirche und Schloß Charlottenhof in Potsdam), 1781 Neuruppin –1841.

„Was vom Himmel stammt,
Was uns vom Himmel erhebet,
Ist für den Tod zu groß,
Ist für die Erde zu rein."

Strack, Heinrich, Architekt (Nationalgalerie-nach Plänen Stülers – und Siegessäule in Berlin), 1805 Bückeburg –1880.

Stüler, Friedrich August, Architekt, führender Baumeister der Schinkel-Schule (Neues Museum in Berlin, Burg Hohenzollern), 1800 Mühlhausen, Thür. –1865.

Uhse, Bodo, Schriftsteller, Erzähler, 1904 Rastatt –1963.

Wagner-Régeny, Rudolf, Opernkomponist („Der Günstling", „Die Bürger von Calais", „Das Bergwerk von Falun"), 1903 Sächs.-Regen, Siebenbürgen –1969.

Weigel, Helene, Schauspielerin u. Theaterleiterin, Gattin von Bert Brecht (s. o.), 1900 Wien –1971.

Zweig, Arnold, Dramatiker u. Erzähler („Der Streit um den Sergeanten Grischa"), 1887 Glogau –1968.

<small>FRANZÖSISCHER FRIEDHOF</small>
Chausseestraße 127

Chodowiecki, Daniel, Kupferstecher, Zeichner und Maler, Direktor der Berliner Akademie der bildenden Künste, 1726 Danzig –1801. Der Stein wurde 1932 in der Nähe des vermuteten Grabes errichtet.

Devrient, Ludwig, Schauspieler, genialer Charakterdarsteller, 1784 Berlin –1832.

Du Bois-Reymond, Emil, Physiologe, Begrün-

der der Elektrophysiologie, 1818 Berlin –1896.

<small>FRANZÖSISCHER FRIEDHOF</small>
Liesenstraße 7

Fontane, Theodor, Dichter („Effi Briest", „Wanderungen durch die Mark Brandenburg", „Stechlin"), auch Theaterkritiker, 1819 Neuruppin –1898.

<small>GARNISONFRIEDHOF VON 1722</small>
Rosenthalerstraße u. Linienstraße

Lützow, Ludwig Adolf Frhr. v., General u. Freikorpsführer 1813 (Schwarze Schar), 1782 Berlin –1834.

Motte-Fouqué, Friedrich Baron de La, spätromantischer Erzähler u. Lyriker („Undine", vertont von E. T. A. Hoffmann und Lortzing), 1777 Brandenburg, Havel –1843.

<small>INVALIDENFRIEDHOF</small>

Lit.: Hintze, G.: Der Invalidenfriedhof in Berlin 1936;
Treuwerth, K.: Der Invalidenfriedhof in Berlin, Berlin 1925.

Der Friedhof wurde 1748 als Anstaltsfriedhof für das Invalidenhaus angelegt, später jedoch auch zur Bestattung anderer Angehöriger des Heeres freigegeben. Mit den Namen von vielen, die hier einst zur Ruhe gebettet worden sind, ist ein Stück preußisch-deutscher Heeresgeschichte verbunden. Nunmehr ist ein großer Teil der Grabsteine entfernt. Auch ist der Friedhof, für den ein Photographierverbot besteht, nur noch an wenigen Stunden in der Woche zugänglich.

Boyen, Hermann v., Feldmarschall, Gründer der preuß. Landwehr, maßgebend für die Einführung der allgemeinen Wehrpflicht, 1771 Kreuzburg, Ostpr. –1848.

Friesen, Friedrich, mit Jahn (→ Freyburg/ Unstrut, DDR) einer der Begründer der deutschen Turnbewegung, 1784 Magdeburg –1814. Gefallen.

Fritsch, Werner Frhr. v., Generaloberst, Chef der Heeresleitung 1934–38, Gegner Hitlers,

1880 Düsseldorf –1939. Vor Warschau gefallen.

Holstein, Friedrich v., Diplomat, beeinflußte als „Graue Eminenz" die deutsche Außenpolitik unter Wilhelm II., 1837 Schwedt, Oder –1909.

Mölders, Werner, Oberst, Jagdflieger des 2. Weltkrieges, 1913 Gelsenkirchen –1941. Abgestürzt.

Reichenau, Walther v., Feldmarschall, Armeeführer im 2. Weltkrieg, 1884 Karlsruhe –1942. Gefallen.

Richthofen, Manfred Frhr. v., Jagdflieger des 1. Weltkrieges, „Der rote Kampfflieger", 1892 Breslau –1918. Gefallen, 1925 aus Frankreich überführt.

Scharnhorst, Gerhard Johann David v., General, führte nach 1806 die preuß. Heeresreform durch, 1755 Bordenau b. Hann. –1813. An seinen bei Großgörschen erlittenen Verwundungen gestorben. Entwurf des Grabmals von Schinkel, der Löwe modelliert von Rauch.

Schlieffen, Alfred Graf v., Feldmarschall, Chef des Generalstabs der Armee 1891–1905, entwickelte den „Schlieffen-Plan", 1833 Berlin –1913.

Seeckt, Hans v., Generaloberst, Chef der Heeresleitung 1920–26, Schöpfer u. Organisator der Reichswehr, 1866 Schleswig –1936.

Solf, Wilhelm, Politiker u. Diplomat, zuletzt Botschafter in Tokio 1920–28, Gegner Hitlers („Solf-Kreis"), 1862 Berlin –1936.

Tauentzien v. Wittenberg, Bogislaw Graf, General, Heerführer in den Befreiungskriegen (Großbeeren, Dennewitz), 1760 Potsdam –1824.

Todt, Fritz, Ingenieur, Generalinspekteur für das deutsche Straßenwesen 1933, Erbauer der Reichsautobahnen, 1891 Pforzheim –1942. Abgestürzt.

Troeltsch, Ernst, evgl. Theologe u. Religionsphilosoph, 1865 Haunstetten b. Augsburg –1923.

Udet, Ernst, Generalluftzeugmeister seit 1938, Vorbild für Zuckmayers „Des Teufels General", 1896 Frankfurt/M. –1941. Selbstmord.

Winterfeldt, Hans Carl v., General, Feldherr u. Freund Friedrichs d. Gr., 1707 Vanselow, Kr. Demmin –1757. Gefallen bei Moys.

ALTER JÜDISCHER FRIEDHOF
Große Hamburgerstraße

Der Friedhof wurde 1672 von Samuel Nehemias Speyer angelegt, 1827 geschlossen und 1943 auf Befehl der Gestapo zerstört. An die frühere jüdische Begräbnisstätte erinnern nur noch einige an der Häusermauer angebrachte alte Grabsteine und das nach 1945 neu errichtete Monument für Mendelssohn.

Mendelssohn, Moses, eigentl. Moses ben Menachem Mendel, Philosoph, Vorkämpfer der Aufklärung, erster jüdischer Schriftsteller deutscher Sprache von europäischer Geltung, Vorbild für Lessings „Nathan", Vater von Dorothea v. Schlegel (→ Frankfurt/M.) u. Großvater des Komponisten Felix Mendelssohn-Bartholdy (→ Berlin-West, Dreifaltigkeitsfriedhof), 1729 Dessau –1786.

ST. HEDWIGS-FRIEDHOF
Liesenstraße 8

Der im Jahre 1831 angelegte Friedhof befindet sich unmittelbar an der Grenze zwischen West- und Ost-Berlin. Im Zusammenhang mit der Errichtung der Mauer ist zwecks Anlegung eines „Todesstreifens" ein großer Teil des Friedhofs eingeebnet worden. Hiervon wurden alle nachstehend erwähnten Gräber betroffen, mit Ausnahme der Grabstelle von Sonnenschein. Für Cornelius und Weierstraß hat man auf dem Friedhof Gedenksteine errichtet.

Cornelius, Peter v., Maler, Romantiker u. Klassizist, Anhänger der Nazarener, verdient um die Neubelebung der deutschen Freskomalerei, 1783 Düsseldorf –1867.

Lichtenau, Wilhelmine Gräfin v., eigentl.

W. Enke, Maitresse König Friedrich Wilhelms II., 1753 Dessau –1820.

Müller, Johannes, Physiologe u. Anatom, einer der bedeutendsten Mediziner seiner Zeit, 1801 Koblenz –1858.

Sonnenschein, Carl, kath. Theologe, Künstler- u. Studentenseelsorger in Berlin, gen. der „Großstadtapostel", 1876 Düsseldorf –1929.

Weierstraß, Karl, Mathematiker, bahnbrechend auf dem Gebiet der analytischen Funktionen, 1815 Ostenfelde, Westf. –1897.

Friedhof der Sophiengemeinde
Bergstraße

Bach, Wilhelm, Pianist u. Cembalist, Kapellmeister der Königin Luise, Sohn von Johann Christoph Bach (→ Bückeburg), letzter Enkel von Joh. Seb. Bach (→ Leipzig). Mit ihm ist die Linie Joh. Seb. Bachs ausgestorben. 1759 Bückeburg –1845.

Bechstein, Carl, Gründer der Klavierfabrik Bechstein 1853, 1826 Gotha –1900.

Kollo, Walter, eigentlich Kollodziejski, Operettenkomponist („Wie einst im Mai", „Drei alte Schachteln"), 1878 Neidenburg –1940.

Lortzing, Albert, Opernkomponist („Zar und Zimmermann", „Der Wildschütz", „Undine", „Der Waffenschmied"), 1801 Berlin –1851.

Stirner, Max, eigentl. Kaspar Schmidt, Philosoph („Der Einzige und sein Eigentum"), beeinflußte den Anarchismus, 1806 Bayreuth –1856.

Alter Sophienkirchhof
an der Sophienkirche
Sophienstraße 2–3

Der Friedhof wurde 1712 angelegt und 1853 geschlossen, doch fanden auch noch später vereinzelt Beisetzungen statt wie die von Ranke, 1878 erfolgte die Umgestaltung in eine Parkanlage, ohne daß damit der Charakter als Friedhof verlorenging.

Karsch(in), Anna Luise, geb. Dürbach, Dichterin, von Lessing u. Gleim gefördert, von ihren Zeitgenossen die „deutsche Sappho" genannt, 1722 Meierhof „Auf dem Hammer" zwischen Züllichau u. Crossen – 1791. Tafel an der Sophienkirche.

Ramler, Karl Wilhelm, Lyriker der Aufklärung, 1725 Kolberg –1798.

Ranke, Leopold v., Historiker, Historiograph des preuß. Staates, Begründer der modernen Geschichtswissenschaft, 1795 Wiehe, Bez. Halle –1886.

Zelter, Carl Friedrich, Komponist, Leiter der Berliner Singakademie und Begründer der ersten „Liedertafel" zur Pflege des Männergesangs, 1758 Petzow b. Werder –1832.

Früherer Luisenstädtischer Friedhof
jetzt Luisen-Park an der Luisenstadt-Kirche, Alte Jakobstraße

Bach, Wilhelm Friedemann, Komponist, ältester Sohn Johann Sebastian Bachs (→ Leipzig), 1710 Weimar –1784. Grab eingeebnet, Gedenktafel an der im letzten Krieg zerstörten Kirche.

Prenzlauer Berg
Jüdischer Friedhof
Schönhauser Allee

Der 1827 angelegte Friedhof ist seit längerer Zeit geschlossen. Umgestürzte Grabsteine und Bäume machen den Besuch der einzelnen Gräber weitgehend unmöglich. Die Ruhestätten von Meyerbeer und Liebermann sind erhalten und zugänglich.

Bamberger, Ludwig, Volkswirtschaftler u. Politiker, Befürworter des Freihandels, Berater Kaiser Friedrichs III., 1823 Mainz –1899.

Bleichröder, Gerson v., Bankier, Finanzberater Bismarcks, 1822 Berlin –1893.

Geiger, Ludwig, Kultur- u. Literaturhistoriker, Goetheforscher, 1848 Breslau –1919.

Lasker, Eduard, liberaler Politiker, Mitbegründer der nationalliberalen Partei 1866, später entschiedener Gegner Bismarcks, 1829 Jarotschin –1884.

Liebermann, Max, Maler, 1847 Berlin –1935.

Meyerbeer, Giacomo, eigentl. Jakob Liebmann Meyer Beer, Opernkomponist („Robert der Teufel", „Die Hugenotten", „Die Afrikanerin"), 1794 Berlin –1864.

Ullstein, Leopold, Gründer des Ullstein-Verlages (Vossische Zeitung, Morgenpost, Berliner Illustrierte), 1826 Fürth –1899.

Zunz, Leopold, jüd. Gelehrter, Mitbegründer der Wissenschaft des Judentums, 1794 Detmold –1886.

ALTER FRIEDHOF VON ST. NIKOLAI UND ST. MARIEN
Prenzlauerstraße

Dove, Heinrich Wilhelm, Physiker, Begründer der wissenschaftlichen Meteorologie, 1803 Liegnitz –1879.

Ehrenberg, Christian Gottfried, Biologe, verdient um die mikroskopische Erforschung der Infusorien, 1795 Delitzsch –1876.
„Der Welten Kleines auch ist wunderbar und groß,
Und aus dem Kleinen bauen sich die Welten."

Forckenbeck, Max v., Politiker, Mitbegründer der nationalliberalen Partei, Reichstagspräsident u. Oberbürgermeister von Berlin, 1821 Münster i. W. –1892.

Poggendorff, Johann Christian, Physiker, Erfinder des Galvanometers, Forschungen zur Geschichte der Physik, 1796 Hamburg –1877.

Ritter, Carl, Geograph, Inhaber des ersten Lehrstuhls für Geographie an einer deutschen Universität, Begründer der modernen Geographie, 1779 Quedlinburg –1859.

Köpenick
STÄDT. WALDFRIEDHOF OBERSCHÖNEWEIDE
An der Wuhlheide

Rathenau, Emil, Industrieller, Gründer der AEG 1883, 1838 Berlin –1915.

Rathenau, Walther, Politiker, Präsident der AEG, Reichsaußenminister 1922, Sohn von Emil Rathenau, 1867 Berlin –1922. Von Rechtsradikalen ermordet.

Lichtenberg
ZENTRALFRIEDHOF FRIEDRICHSFELDE
Der städtische Zentralfriedhof Friedrichsfelde ist unter der Leitung des Gartendirektors Hermann Mächtig (1837–1909) nach dem Vorbild des Ohlsdorfer Friedhofs in Hamburg angelegt und 1881 eröffnet worden. Seitdem haben auf ihm zahlreiche Führer der politischen Linken in Deutschland ihre letzte Ruhestätte gefunden. In den Jahren 1949 bis 1951 wurde für sie eine besondere „Gedenkstätte der Sozialisten" geschaffen, wo sich u.a. die Gräber von Karl Liebknecht, Rosa Luxemburg, Pieck und Grotewohl befinden, sowie Gedenkplatten für Rudolf Breitscheid (1874–1944) und Ernst Thälmann (1886–1944), die beide im KZ Buchenwald umgekommen sind.

Grotewohl, Otto, Politiker, vereinigte 1946 die sowjetzonale SPD mit der KPD zur SED, Ministerpräsident der DDR seit 1949, 1894 Braunschweig –1964.

Haase, Hugo, Politiker (SPD später USPD), Mitglied des Rates der Volksbeauftragten Nov.-Dez. 1918, 1863 Allenstein –1919. An den Folgen eines Attentats verstorben.

Kollwitz, Käthe, Malerin, Graphikerin u. Bildhauerin, 1867 Königsberg, Pr. –1945.

Legien, Karl, Gewerkschaftsführer, Vors. des Allgem. Deutschen Gewerkschaftsbundes, 1861 Marienburg –1920.

Liebknecht, Karl, Politiker (SPD, später Spartakusbund), Sohn von Wilhelm Liebknecht, 1871 Leipzig –1919. Ermordet.

Liebknecht, Wilhelm, Politiker, gründete 1869 mit Bebel (→ Zürich) die Sozialistische Arbeiterpartei Deutschlands (später SPD), 1826 Gießen –1900.

Luxemburg, Rosa, Politikerin der äußersten Linken, gründete mit Karl Liebknecht 1917 den Spartakusbund, 1870 Zamość, Polen –1919. Ermordet.

Mehring, Franz, Politiker und Schriftsteller, Mitbegründer der KPD, 1846 Schlawe, Pommern –1919.

Meyerheim, Paul, Maler von Landschafts- und Tierbildern, 1842 Berlin –1915.

Müller, Hermann, Politiker, Vorsitzender der SPD 1919, Reichsaußenminister 1919–20 und Reichskanzler 1920 u. 1928–30, 1876 Mannheim –1931.

Pieck, Wilhelm, Politiker, Mitbegründer der KPD 1918 und der SED 1946, Präsident der DDR seit 1949, 1876 Guben –1960.

Rodenberg, Julius, eigentlich Levy, Schriftsteller, Begründer und Herausgeber der „Deutschen Rundschau", 1831 Rodenberg, Dillkr. –1914.

Singer, Paul, sozialdem. Politiker, neben Bebel Parteivorsitzender der SPD, 1844 Berlin –1911.

Weinert, Erich, Schriftsteller, Präsident des „Nationalkomitees Freies Deutschland" 1943 –1945, 1890 Magdeburg –1953.

Wolf, Friedrich, Arzt, Dramatiker u. Erzähler („Professor Mamlock"), 1888 Neuwied/Rhein –1953.

Pankow

III. STÄDT. FRIEDHOF BERLIN-PANKOW

Fallada, Hans, eigentl. Rudolf Ditzen, Schriftsteller („Kleiner Mann, was nun?", „Wer einmal aus dem Blechnapf frißt"), 1893 Greifswald –1947.

Nipkow, Paul, Ingenieur, Erfinder auf dem Gebiet des Fernsehens („Nipkow-Scheibe"), 1860 Lauenburg, Pommern –1940.

FRIEDHOF IN NIEDERSCHÖNHAUSEN

IV. STÄDT. FRIEDHOF

Buchholzerstraße

Ossietzky, Carl v., politischer Schriftsteller, Pazifist, Friedensnobelpreis 1935, dessen An-

nahme Ossietzky durch Hitler verboten wurde, 1889 Hamburg –1938. An den Folgen der im KZ erlittenen Mißhandlungen gestorben.

Skladanowsky, Max, Filmtechniker, führte 1895 in Berlin den ersten Film in Deutschland vor, 1863 Berlin –1939.

Weißensee

JÜDISCHER FRIEDHOF
Herbert-Baumstraße 45

Blumenthal, Oskar, Lustspielautor („Im weißen Rössl") u. Theaterkritiker, Gründer u. Leiter des Lessing-Theaters in Berlin, 1852 Berlin –1917.

Cohen, Hermann, Philosoph, Begründer der „Marburger Schule" (Neukantianismus), 1842 Coswig –1918. Ehrenreihe.

Fischer, Samuel, Verlagsbuchhändler, Gründer des S. Fischer Verlages 1886, 1859 Liptovsky-Mikulas, Tschechosl. –1934.

Fraenkel, Albert, Internist u. Bakteriologe, Entdecker des Erregers der Lungenentzündung, 1848 Frankfurt/O. –1916.

Franzos, Karl Emil, Erzähler aus dem jüdischen Milieu Galiziens u. Osteuropas, Wiederentdecker Büchners (→ Zürich), 1848 Czortków, Galizien –1904. Ehrenreihe.

Goldstein, Eugen, Physiker, Entdecker der Kanalstrahlen, 1850 Gleiwitz –1930. Ehrenreihe.

Heimann, Moritz, Dichter u. Essayist, Lektor des S. Fischer-Verlags, 1868 Werder, Havel –1925.

Hirsch, Max, Volkswirt u. Politiker, begründete 1868 mit F. Duncker die Hirsch-Dunkkerschen Gewerkvereine, 1832 Halberstadt –1905. Ehrenreihe.

Mosse, Rudolf, Zeitungsverleger („Berliner Tageblatt"), 1843 Grätz b. Wollstein, Posen –1920.

Steinschneider, Moritz, Begründer der wissenschaftlichen hebräischen Bibliographie, 1816 Proßnitz, Mähren –1907.

Tietz, Hermann, Kaufmann, Gründer des ersten deutschen Warenhauses (heute „Hertie") 1837 Birnbaum, Posen –1907.

Ury, Lesser, Maler impressionistischer Landschaften und Straßenszenen, 1861 Birnbaum, Posen –1931. Ehrenreihe.

Wolff, Theodor, demokr. Politiker und Publizist, Chefredakteur des Berliner Tageblatts seit 1906, 1868 Berlin –1943. An den Folgen der KZ-Haft in Auschwitz verstorben.

Die außerhalb des Ostberliner Territoriums in Stahnsdorf gelegenen Berliner Friedhöfe

SÜDWESTKIRCHHOF

Arco, Georg Graf v., Physiker, Pionier auf dem Gebiet der Funktechnik, 1869 Groß-Gorzütz b. Ratibor –1940. Block Heiliggeist.

Bastian, Adolf, Ethnologe, Begründer der modernen Ethnologie, Leiter des Museums für Völkerkunde in Berlin, 1826 Bremen –1905. Block Trinitatis.

Corinth, Lovis, impressionistischer Maler und Graphiker, 1858 Tapiau, Ostpr. –1925. Block Trinitatis.

Distler, Hugo, Komponist auf dem Gebiet der modernen evgl. Kirchenmusik, 1908 Nürnberg –1942. Selbstmord wegen politischer Verfolgungen. Block Reformation.

Groener, Wilhelm, General, 1918 Generalquartiermeister als Nachfolger Ludendorffs (→ Tutzing), Reichswehrminister 1928–32 u. Reichsinnenminister 1931–32, 1867 Ludwigsburg –1939. Kapellenfeld.

Hanussen, Erik Jan, eigentl. Hermann Steinschneider, österr. „Hellseher", 1889–1933. Von den Nationalsoz. ermordet. Charlottenburger Gartenblock

Humperdinck, Engelbert, Opernkomponist

(„Hänsel u. Gretel", „Die Königskinder"), 1854 Siegburg –1921.

Matschoß, Conrad, Altmeister der Geschichte der Technik, 1871 Neutomischel b. Posen –1942. Block Reformation.

Richthofen, Ferdinand Frhr. v., Geograph und Geologe, bereiste China 1868–72, 1833 Carlsruhe, Oberschl. –1905. Umbettungsblock.

Schleich, Carl Ludwig, Chirurg und Schriftsteller („Besonnte Vergangenheit"), verdient um die Einführung der Lokalanästhesie, 1859 Stettin –1922. Block Erlöser.
„Grenzstein des Lebens,
aber nicht der Liebe."

Siemens, Werner v., Ingenieur und Industrieller, Erfinder der Dynamomaschine, Gründer der heutigen Siemens AG, 1816 Lenthe b. Hannover –1892. Block Trinitatis.

Siemens, Wilhelm v., Industrieller u. Forscher, Sohn von Werner v. Siemens, 1855 Berlin –1919.

Stutz, Ulrich, Jurist, einer der bedeutendsten Forscher auf dem Gebiet des evgl. Kirchenrechts, 1868 Zürich –1938. Block Trinitatis.

Zille, Heinrich, Zeichner des Berliner Proletariats („Mein Milljöh"), 1858 Radeburg b. Dresden –1929. Block Epiphanien.

WILMERSDORFER WALDFRIEDHOF

Baluschek, Hans, Maler, Zeichner und Graphiker, Schilderer des Berliner Vorstadtmilieus, 1870 Breslau –1935.

Jaeckel, Willy, expressionistischer Maler, 1888 Breslau –1944. Opfer eines Fliegerangriffs.

Lederer, Hugo, Bildhauer (Bismarkdenkmal in Hamburg), 1871 Znaim, Südmähren –1940.

Reznı́ček, Emil Nikolaus Frhr. v., österr. Komponist („Donna Diana", „Ritter Blaubart"), 1860 Wien –1945.

Simons, Walter, Jurist und Politiker, Reichsaußenminister 1920–21, Reichsgerichtspräsident 1922–29, 1861 Elberfeld –1937.

Deutsche Demokratische Republik

Arnstadt

Alter Friedhof

Alexis, Willibald, eigentlich Wilhelm Häring, Schriftsteller, Verfasser historischer Romane („Die Hosen des Herrn v. Bredow"), 1798 Breslau –1871.

Marlitt, Eugenie, eigentlich Eugenie John, Schriftstellerin, schrieb erfolgreiche Unterhaltungsromane („Das Geheimnis der alten Mamsell"), 1825 Arnstadt –1887.

Bad Saarow-Pieskow Kr. Fürstenwalde

Dorsch, Käthe, Schauspielerin, 1890 Neumarkt, Oberpfalz –1957.

Michaelis, Georg, Reichskanzler Juli–Okt. 1917, 1857 Haynau, Schles. –1936.

Ballenstedt Kr. Quedlinburg

SCHLOSSKIRCHE

Albrecht I., der Bär, Markgraf v. Brandenburg, begründete 1157 nach Unterwerfung der Wenden die Mark Brandenburg. Um 1100 Ballenstedt –1170.

Friedhof

Kügelgen, Wilhelm v., Maler u. Schriftsteller („Jugenderinnerungen eines alten Mannes"), Sohn des Malers Gerhard v. Kügelen (→ Dresden), 1802 St. Petersburg –1867.

Böhne Kr. Rathenow

Kluge, Hans Günther v., Feldmarschall, Armeeführer im 2. Weltkrieg, 1882 Posen –1944. Selbstmord nach dem 20. 7. 1944; Grab am Ende des Krieges zerstört.

Borkheide Kr. Belzig

WALDFRIEDHOF

Grade, Hans, Ingenieur u. Flugpionier, flog 1908 das erste deutsche Motorflugzeug, 1879 Köslin –1946.

Branitz Kr. Cottbus

Pückler-Muskau, Hermann Fürst v., einer der bedeutendsten Garten- und Landschaftskünstler (Parkanlagen in Muskau u. Branitz),

Schriftsteller (Reisebücher), 1785 Muskau –1871. Grab in der im See des Parks befindlichen Pyramide.

Brigittenhof b. Müncheberg

Kr. Strausberg

Baur, Erwin, Arzt, Biologe u. Botaniker, Direktor des Kaiser-Wilhelm-Instituts für Züchtungsforschung, Pflanzengenetiker, 1875 Ichenheim, Baden –1933.

Burg b. Magdeburg

OSTFRIEDHOF

Clausewitz, Carl v., preuß. General und Militärtheoretiker („Vom Kriege"), 1780 Burg –1831. 1972 vom Alten Militärfriedhof in Breslau nach seiner Geburtsstadt überführt.

Dessau

MARIENKIRCHE (Ruine)

Leopold I., genannt der Alte Dessauer, Fürst v. Anhalt-Dessau seit 1693, preuß. Feldmarschall, Heerführer in den Schles. Kriegen, 1676 Dessau –1747.

ALTER FRIEDHOF I

Otto-Holzstraße, früher Mauerstraße

Erdmannsdorff, Friedrich Wilh. Frhr. v., Baumeister des Frühklassizismus, (Schloß u. Park in Wörlitz), 1736 Dresden –1800.

Müller, Wilhelm, gen. „Griechen-Müller", Dichter („Das Wandern ist des Müllers Lust" „Ich schnitt es gern in alle Rinden ein"), 1794 Dessau –1827.

Oechelhäuser, Wilhelm v., Industrieller, Mitbegründer der Deutschen Shakespeare-Ges., 1820 Siegen –1902.

EHRENFRIEDHOF

Boelcke, Oswald, Kampfflieger des 1. Weltkrieges, 1891 Halle –1916.

Dresden

Lit.: Kluge, Hans Joachim, Dresdens Friedhöfe und Grabdenkmäler in der Zeit der Freiheitskriege und der Romantik, Dresden 1937.

HOFKIRCHE Fürstengruft.

August II., der Starke, Kurfürst v. Sachsen seit 1694 und König von Polen seit 1697, 1670 Dresden –1733. Hier nur das Herz beigesetzt (→ Krakau).

Friedrich August III., letzter König von Sachsen (1904–18), 1865 Dresden –1932.

Johann, König v. Sachsen seit 1854, unter dem Pseudonym Philaletes Übersetzer und Kommentator von Dantes „Göttlicher Komödie", 1801 Dresden –1873.

ALTER ANNENFRIEDHOF
früher neuer Annenfriedhof, F. C. Weißkopfstraße

Schnorr v. Carolsfeld, Julius, Maler und Zeichner, bedeutend vor allem seine frühen Landschaften u. Bildnisse, 1794 Leipzig –1872.

ALTER KATHOLISCHER FRIEDHOF
früher Innerer kath. Friedhof, Friedrichstraße

Die erste Belegung erfolgte 1724. Auf dem Friedhof befinden sich zahlreiche Gräber polnischer Emigranten, die nach dem mißglückten polnischen Aufstand 1830/31 aus Polen nach Dresden geflüchtet waren.

Kügelgen, Gerhard v., Portraitmaler und Schöpfer religiöser und mythologischer Bilder, Vater von Wilhelm v. Kügelgen, (→ Ballenstedt), 1772 Bacharach –1820. Auf dem Wege nach Loschwitz ermordet.

Permoser, Balthasar, Barockbildhauer (Skulpturen am Dresdner Zwinger), 1651 Kammer b. Traunstein –1732.

Schlegel, Friedrich v., Dichter, Kritiker und Literaturhistoriker, einer der geistigen Führer der Frühromantik, Bruder von August Wilhelm v. Schlegel (→ Bonn, Alter Friedhof), vermählt mit Dorothea geb. Mendelssohn (→ Frankfurt/M., Hauptfriedhof), 1772 Hannover –1829.

Weber, Carl Maria v., Komponist, Schöpfer der romantischen deutschen Oper („Freischütz··, „Oberon··) 1786 Eutin –1826. 1844 aus London überführt.

ÄUSSERER KATHOLISCHER FRIEDHOF
Bremerstraße

Richter, Adrian Ludwig, Maler, Radierer u. Zeichner, durch seine Buchillustrationen einer der volkstümlichsten deutschen Künstler, 1803 Dresden –1884.

INNERER NEUSTÄDTER FRIEDHOF

Hausen, Max Frhr. v., Generaloberst, sächs. Kriegsminister 1902–14, August 1914 als Führer der 3. Armee Verlust der Marneschlacht, 1846 Dresden –1922.

Recke, Elisa v. d., Schriftstellerin, Freundin Lavaters (→ Zürich) und Jung-Stillings (→ Karlsruhe), 1776 Schönburg, Kurland –1833.

TRINITATIS-FRIEDHOF
Trinitatisstraße

Die Pläne für den 1815/16 angelegten Friedhof stammen im wesentlichen von dem Dresdener Architekten und Hofbaumeister Gottlieb Friedrich Thormeyer (1775–1842), dem es nicht nur auf die Zweckmäßigkeit der Anlage, sondern auch auf künstlerische Gestaltung ankam und der damit als einer der Wegbereiter für eine moderne Friedhofsform angesehen werden kann. Angeregt wurde Thormeyer offenbar durch den Friedhof der Brudergemeine in Herrnhut und durch den 1787 von dem Architekten Friedr. Wilhelm v. Erdmannsdorff in Dessau angelegten Friedhof. Leider sind die Pläne von Thormeyer nur zu einem geringen Teil verwirklicht worden.

Carus, Carl Gustav, Arzt. Philosoph u. Maler, einer der universalsten Geister des 19. Jahrhunderts, Vertreter der romantischen deutschen Landschaftsmalerei, 1789 Leipzig –1869.

Friedrich, Caspar David, bedeutendster Maler der deutschen Romantik („Kreuz im Gebirge", „Greifswalder Hafen"), 1774 Greifswald –1840.

Graff, Anton, schweizer Maler, Portraitist (Bildnisse von Herder, Lessing, Schiller), 1736 Winterthur –1813. Grab nicht mehr erhalten.

Ludwig, Otto, Schriftsteller („Zwischen Himmel und Erde", „Der Erbförster") u. Literaturtheoretiker („Shakespeare-Studien"),1813 Eisfeld, Kr. Hildburghausen –1865.

Ompteda, Georg Frhr. v., Schriftsteller („Deutscher Adel um 1900"), 1863 Hannover –1931.

Rietschel, Ernst, Bildhauer (Goethe- u. Schiller-Denkmal in Weimar), 1804 Pulsnitz b. Dresden –1861.

Schröder-Devrient, Wilhelmine, Sopranistin, 1804 Hamburg –1860.

Dresden-Klotzsche

Gjellerup, Karl Adolph, dän. Schriftsteller („Der Pilger Kamᵢ nita"), Nobelpreisträger 1917, 1857 Roholte, Seeland –1919.

Schilling, Johannes, Bildhauer (Niederwald-Denkmal), 1828 Dresden –1910. Grabstelle 1943 neu belegt.

Dresden-Tolkewitz

JOHANNISFRIEDHOF

mit dem 1908/12 von Fritz Schumacher (→ Hamburg, Ohlsdorfer Friedhof) errichteten Krematorium.

Barkhausen, Heinrich, Physiker, Arbeiten über Elektronenröhren, 1881 Bremen –1956. Urnenhain.

Gurlitt, Cornelius, Kunsthistoriker, 1850 Nischwitz b. Wurzen –1938.

Immelmann, Max, Jagdflieger des 1. Weltkrieges, 1890 Dresden –1916.

Eisenach

NEUER FRIEDHOF

Böttcher, Maximilian, Dramatiker u. Erzähler („Krach im Hinterhaus"), 1872 Schönwalde, Mark –1950.

Lienhard, Friedrich, Lyriker, Dramatiker und Erzähler („Wartburg-Trilogie", „Oberlin"), 1865 Rothbach, Elsaß –1929.

Lindau, Paul, Schriftsteller u. Theaterleiter, 1839 Magdeburg –1919.

Reuter, Fritz, Schriftsteller („Ut mine Festungstid", „Ut mine Stromtid", „Dörchläuchting"), 1810 Stavenhagen, Meckl. –1874

Frankenhorst Kr. Schwerin

Franck, Hans, Schriftsteller („Pentagramm der Liebe", „Marianne"), 1879 Wittenburg, Meckl. –1964. Urne beigesetzt im Park des Gutes, dem früheren Wohnsitz von Franck, jetzt „Hans-Franck-Archiv".

Frankfurt, Oder

IM „PARK"
(ehem. Friedhof)

Kleist, Ewald Christian v., Offizier, Dichter der Aufklärung („Der Frühling"), Vorbild für Tellheim in Lessings „Minna v. Barnhelm", 1715 Zeblin, Pomm. –1759. Gestorben infolge der bei Kunersdorf erlittenen Verwundung.

Freiberg

DOM

Moritz, Kurfürst von Sachsen seit 1547. Legte den Grund für die spätere Bedeutung Sachsens und verhinderte eine spanischhabsburgische Herrschaft über Deutschland, 1521 Freiberg –1553. Tödlich verwundet in der Schlacht bei Sievershausen.

Freyburg/Unstrut Kr. Nebra

Jahn, Friedrich Ludwig, Lehrer, Begründer der Turnbewegung in Deutschland („Turnvater Jahn"), 1778 Lanz, Priegnitz –1852.

Gernrode Kr. Quedlinburg

ST. CYRIAKUS (Stiftskirche)

Gero, Markgraf, der Ostmark, kämpfte erfolgreich gegen die Wenden, um 900–965.

Glienicke (Nordbahn) Kr. Oranienburg

EVGL. FRIEDHOF

Bauer, Gustav, soziald. Politiker, MdR (1912

bis 1925), Reichskanzler (1919–20), 1870 Darkehmen, Ostpr. –1944.

Göhren Kr. Rügen

WALDFRIEDHOF

Dreyer, Max, Dramatiker u. Romanschriftsteller („Der Probekandidat", „Das Tal des Lebens"), 1862 Rostock –1946.

Görlitz

ALTER FRIEDHOF AN DER NIKOLAIKIRCHE

Böhme (Boehme), Jacob, Schuhmacher, frühbarocker Mystiker und Theosoph, gen. „Philosophus teutonicus" („Aurora oder Morgenröthe im Aufgang"), 1575 Alt-Seidenberg b. Görlitz –1624.

Herzlieb, Minna, das Vorbild für „Ottilie" in Goethes „Wahlverwandtschaften", 1789 Züllichau –1865.
Die Rückseite der Grabtafel trägt die Inschrift:
„Goethes Liebe verklärte Dir einst die glückliche Jugend,
Goethe-Liebe, sie schmückt Dir das erlösende Grab."

Gotha

HAUPTFRIEDHOF
mit dem ersten deutschen Krematorium (1878).

Suttner, Bertha Freifrau v., geb. Gräfin Kinsky, österr. Schriftstellerin („Die Waffen nieder") und Pazifistin, Gründerin der österr. Friedensgesellschaft 1891, Friedensnobelpreisträgerin 1905, veranlasste Nobel zur Stiftung des Friedenspreises, 1843 Prag–1914. Urne auf einem Sockel im Columbarium aufgestellt.

Gotha-Siebleben

ALTER SIEBLEBENER FRIEDHOF an der Erfurter Landstraße

Freytag, Gustav, Schriftsteller, Vertreter des bürgerlichen Realismus („Die Journalisten",

„Soll und Haben", „Die Ahnen"), 1816 Kreuzburg, Oberschl. –1895.

Großbothen Kr. Grimma

Ostwald, Wilhelm, Chemiker und Philosoph, Vorsitzender des Monistenbundes. Stellte eine Farblehre auf. Nobelpreis für Chemie 1909 „für seine Arbeiten über Katalyse und die Bedingungen des chemischen Gleichgewichtes und die Geschwindigkeiten chemischer Reaktionen", 1853 Riga –1932. Urne beigesetzt in einem Steinbruch auf dem früheren Besitztum von Ostwald.

Gusow Kr. Seelow

DORFKIRCHE

Derfflinger, Georg Frhr. v., Feldherr unter dem Gr. Kurfürsten, besiegte 1675 die Schweden bei Fehrbellin, Reorganisator der preuß. Reiterei, 1606 Neuhofen/Österr. –1695.

Güstrow Bez. Schwerin

STÄDT. FRIEDHOF St. Gertruden

Brinckmann, John, neben Reuter (→ Eisenach) bedeutendster plattdeutscher Lyriker u. Erzähler, 1814 Rostock –1870.

Halberstadt

Gleim, Johann Wilhelm Ludwig, Liederdichter („Preußische Kriegslieder"), auch Verfasser von Fabeln u. Balladen, 1719 Ermsleben, Kr. Aschersleben –1803. Beigesetzt im Garten seines Hauses am Poetenweg vor dem Gröper Tor.

Halle Saale

STADTGOTTESACKER

Francke, August Hermann, evgl. Theologe, Begründer der „Franckeschen Stiftungen" in Halle (Schulen, Waisenhäuser), 1663 Lübeck –1727.

Franz, Robert, eigentl. Knauth, Liederkomponist, 1815 Halle S. – 1892.

Thomasius, Christian, Jurist u. Philosoph der Aufklärung, hielt als erster Universitätslehrer eine Vorlesung in deutscher Sprache, 1655 Leipzig –1728.

Volkmann, Richard v., Mediziner u. Schriftsteller unter dem Pseudonym Leander, („Träumereien an französischen Kaminen"), Begründer der modernen wissenschaftlichen Orthopädie, 1830 Leipzig –1889.

GERTRAUDENFRIEDHOF

Vaihinger, Hans, Philosoph („Die Philosophie des Als-ob"), Kant-Forscher, Begründer der Kant-Gesellschaft (1905), 1852 Nehren b. Tübingen –1933.

FRIEDHOF GIEBICHENSTEIN

Cantor, Georg, Mathematiker, Begründer der Mengenlehre, 1845 St. Petersburg –1918.

Harnekop b. Wriezen Kr. Bad Freienwalde

DORFKIRCHE

Haeseler, Gottfried Graf v., Feldmarschall, 1836 Potsdam –1919.

Herrnhut Kr. Löbau

Dem vom Grafen Zinzendorf angelegten Friedhof der Brüdergemeine kommt insofern für die Entwicklung der Friedhofsform in Deutschland eine besondere Bedeutung zu, als hier wohl zum ersten Mal eine regelmäßige, in gleichgroße Quartiere geteilte Anlage geschaffen worden ist. Die gleichmäßigen Gräberreihen und die Normung der Grabsteine unter Verzicht auf jedwede individuelle Gestaltung der Gräber sollen zugleich dem Gedenken der Gemeinschaft Ausdruck verleihen. Uneingeschränkt festgehalten hat man allerdings an diesem Prinzip nicht. Die Angehörigen der Familie Zinzendorf, darunter auch der Stifter der Brüdergemeine, sind in großen Sarkophagen in der Mitte des Friedhofs beigesetzt. Die Schilderung Goethes von einem Idealfriedhof in den „Wahlverwandtschaften" (II. Teil, 1. Kapitel) dürfte – wenigstens zum Teil – auf den Herrnhuter Friedhof zurückzuführen sein, auf den der Dichter durch Gespräche mit einem der Brüdergemeine angehörenden Frl. v. Klettenberg hingewiesen worden war.

Zinzendorf, Nikolaus Ludwig Graf v., Gründer der „Brüdergemeine" 1722, eines dem Pietismus nahestehenden politisch-kirchlichen Gemeinwesens, 1700 Dresden –1760.

Hohenfinow Kr. Eberswalde

Bethmann-Hollweg, Theobald v., Reichskanzler 1909/17, 1856 Hohenfinow –1921.

Jena

ALTER FRIEDHOF, Johannisfriedhof, Oberer Philosophenweg.

Döbereiner, Joh. Wolfgang, Chemiker, eng befreundet mit Karl August v. Weimar u. Goethe, 1780 Bug b. Hof –1849.

Knebel, Karl Ludwig v., Lyriker u. Übersetzer (Properz, Lukrez), Freund Goethes, 1744 Wallerstein Kr. Nördlingen –1834.

Schopenhauer, Johanna geb. Trosiener, Schriftstellerin („Gabriele"), Mutter von Arthur (→ Frankfurt/M, Hauptfriedhof) und Adele (→ Bonn, Alter Friedhof) Schopenhauer, 1766 Danzig –1838.

Wolzogen, Karoline Freifrau v., geb. v. Lengefeld, Schriftstellerin („Schillers Leben"), Schwägerin von Schiller, 1763 Rudolstadt –1847.

Zeiss, Carl, Optiker u. Feinmechaniker, Begründer der Zeiss-Werke, 1816 Weimar –1888.

NORDFRIEDHOF

Abbe, Ernst, Physiker u. Sozialpolitiker, Begründer der modernen optischen Technik, Leiter der Zeiss-Werke, die er in die Carl Zeiss-Stiftung überführte, 1840 Eisenach –1905.

Diederichs, Eugen, Verleger, 1867 Löbitz b. Naumburg/S. –1930.

Eucken, Rudolf, Philosoph, Begründer des Neuidealismus, Nobelpreis für Literatur 1908

„in Anerkennung seines ernsthaften Suchens nach der Wahrheit, der durchdringenden Kraft der Gedanken, der Weite seines Blickfelds, der Wärme und Eindringlichkeit der Darstellung, womit er in seinen zahlreichen Arbeiten eine idealistische Lebensphilosophie gerechtfertigt und entwickelt hat", Vater des Nationalökonomen Walter Eucken (→ Freiburg-Günterstal), 1846 Aurich –1926. Beigesetzt in der Begräbnisstätte der Familie Passow. Keine eigene Grabinschrift.

Goering, Reinhard, Dramatiker des Expressionismus („Seeschlacht", „Scapa Flow"), 1887 Schloß Bieberstein b. Fulda –1936. Selbstmord.

Rein, Wilhelm, Pädagoge, Anhänger der Lehren Herbarts (→ Göttingen), 1847 Eisenach –1929.

Schott, Friedrich Otto, Chemiker, Begründer der Jenaer Glaswerke 1884. 1851 Witten –1935.

Strauß und Torney, Lulu v., Schriftstellerin, Lyrik u. Balladen, Ehefrau v. E. Diederichs (s. o.), 1873 Bückeburg –1956.

Villa Medusa, einstiger Wohnsitz Haeckels

Haeckel, Ernst, Zoologe und Philosoph („Die Welträtsel"), Anhänger der Abstammungslehre Darwins, 1834 Potsdam –1919. Urne im Garten der Besitzung.

Kleinjena Kr. Naumburg/S.

GARTEN DER KLINGER-GEDÄCHTNISSTÄTTE

Klinger, Max, Maler, Radierer u. Bildhauer, 1857 Leipzig –1920.

Klein-Machnow b. Berlin Kr. Potsdam

STÄDT. WALDFRIEDHOF

Kayssler, Friedrich, Schauspieler u. Schriftsteller, 1874 Neurode, Schles. –1945. Bei Kriegsende vor seinem Haus erschossen.

Kloster auf Hiddensee Kr. Rügen

Hauptmann, Gerhart, Dichter, bedeutendster Dramatiker des Naturalismus („Vor Sonnenaufgang", „Die Weber", „Fuhrmann Henschel", „Rose Bernd"), Nobelpreisträger 1912 „vor allem als Anerkennung für seine fruchtbare und mannigfaltige Wirksamkeit im Bereich der dramatischen Dichtung", Bruder von Carl Hauptmann (→ Schreiberhau, Riesengebirge), 1862 Bad Salzbrunn, Schles. –1946.

Krobnitz Kr. Görlitz

Roon, Albrecht Graf v., Feldmarschall, preuß. Kriegsminister 1859–73, setzte die Heeresreform durch. 1803 Pleushagen, Kr. Köslin –1879.

Krossen Kr. Eisenberg

SCHLOSSKAPELLE

Heyking, Elisabeth Freifrau v., Schriftstellerin („Briefe, die ihn nicht erreichten"), 1861 Karlsruhe –1925.

Leipzig

THOMASKIRCHE

Bach, Johann Sebastian, Komponist u. Organist, Thomaskantor, 1685 Eisenach –1750. Bach war 1750 auf dem Friedhof an der Johanniskirche in Leipzig beigesetzt worden und zwar, wie urkundlich feststeht, in einem Eichensarg. Nach der Überlieferung soll sich sein Grab sechs Schritte von der Südmauer der Kirche entfernt befunden haben. Als 1894 die Johanniskirche erneuert wurde und man für die neue Südmauer die Fundamente errichtete, fand sich an der erwähnten Stelle tatsächlich ein Eichensarg. Der darin befindliche Schädel wurde dem Leipziger Anatomen His und dem Bildhauer Seffner übergeben. His stellte an Hand genauer Untersuchungen an menschlichen Leichnamen die Dicke der Fleischschicht in den einzelnen Gesichtsbezirken fest. Nach diesen Angaben legte Seffner eine Tonmaske über den Schädel, und so entstand eine Büste, die die wesentlichen Eigenschaften der verschiedenen, von Bach erhaltenen Bildnissen in sich vereinigte. Die zur Prüfung eingesetzte Kommission kam daraufhin zu dem Urteil, daß die am 22.10.1894 ausgegrabenen Gebeine höchstwahrscheinlich die von Johann Sebastian Bach seien (vgl. hierzu His, Wilhelm: Johann Sebastian Bach, Forschungen über dessen Grabstätte, Gebeine und Antlitz, Leipzig 1895). Sie wurden anschließend in einer Gruft unter der Kirche in einem Sarkophag aus französischem Kalkstein beigesetzt (Abbildung bei Benndorf, Der Alte Johannisfriedhof in Leipzig, Leipzig 1922).

Im zweiten Weltkrieg ist die Johanniskirche vernichtet worden. Beim Abbruch der Kirche wurde der in dem Sarkophag befindliche Metallsarg mit den Gebeinen Bachs, wenn auch leicht beschädigt, aus den Trümmern gerettet und am 28.7.1949, dem 199. Todestage von Bach, in die Thomaskirche überführt, deren Kantor Bach von 1723 bis zu seinem Tode gewesen war. Die neue Ruhestätte im Chor der Kirche ist 1964 errichtet worden.

ALTER JOHANNISFRIEDHOF

Lit.: Benndorf, Paul, Der Alte Johannisfriedhof in Leipzig, Leipzig 1922.

Breitkopf, Johann Gottlob Immanuel, Typograph u. Verleger, Erfinder des Notendrucks mit beweglichen Typen, 1719 Leipzig –1794. Beigesetzt in der Begräbniskapelle Nr. 169 der 1850 aufgelassenen und nicht mehr vorhandenen I. Abteilung des Friedhofs.

Schönkopf, Kätchen, eigentl. Anna Katharine Schönkopf, später verehelichte Kanne, Jugendliebe Goethes, 1746 Leipzig –1810. Grabstelle aufgelassen.

Wagner, Johanna Rosine, geb. Pätz, Mutter Richard Wagners (→ Bayreuth), 1778 Weißenfels –1848. Grab noch vorhanden.

NEUER JOHANNISFRIEDHOF

Durch Beschluß des Rates der Stadt Leipzig vom 17.6.1970 ist der Friedhof am 31.12. 1970 geschlossen und für jeden öffentlichen Verkehr gesperrt worden. Ein Besuch der Gräber ist nicht mehr möglich.

Beyerlein, Franz Adam, Erzähler u. Dramatiker („Jena oder Sedan", „Zapfenstreich"), 1871 Meißen –1949.

Blüthner, Julius Ferdinand, Klavierbauer, 1824 Falkenhain b. Merseburg –1910.

Brockhaus, Friedrich Arnold, Verleger, Gründer des Verlages F. A. Brockhaus 1814, 1772 Dortmund –1823.

Fechner, Gustav Theodor, Physiker u. Philosoph, Begründer der Psychophysik, 1801 Gr.-Särchen b. Muskau –1887.

Hering, Ewald, Physiologe, Forscher auf dem Gebiet der Nerven- und Muskelphysiologie, 1834 Alt-Gersdorf, Sa. –1918.

Leuckart, Rudolf, Zoologe, einer der Begründer der modernen Parasitenkunde, 1822 Helmstedt –1898.

Moscheles, Ignaz, Pianist und Komponist, 1794 Prag –1870.

Neumann, Carl Gottfried, Mathematiker, Arbeiten zur mathematischen Physik u. zur Funktionentheorie, 1832 Königsberg, Pr. 1925.

Windscheid, Bernhard, Rechtslehrer („Lehrbuch des Pandektenrechts"), maßgebend an der Schaffung des BGB beteiligt, 1817 Düsseldorf –1892.

SÜDFRIEDHOF

Bücher, Karl, Nationalökonom, Hauptvertreter der neueren historischen Schule, begründete die Zeitungswissenschaft an den Universitäten, 1847 Kirberg b. Limburg/L. –1930.

Gellert, Christian Fürchtegott, Dichter der Aufklärung, Verfasser von Fabeln, geistlichen Liedern, Erzählungen u. Komödien, 1715 Hainichen –1769. Gebeine nach dem zweiten

Weltkrieg aus der zerstörten Johanniskirche auf den Südfriedhof überführt.

Korff, Hermann August, Literaturhistoriker („Geist der Goethezeit"), 1882 Bremen –1963

Meyer, Hans, Forschungsreisender u. Verleger, Erstbesteigung des Kilimandscharo und des Chimborasso, Leiter des Bibliographischen Instituts, 1858 Hildburghausen –1929.

Nikisch, Arthur, Dirigent des Leipziger Gewandhausorchesters und des Berliner Philharmonischen Orchesters, 1855 Lebeny-Szent-Miklos, Ung. –1922.

Ramin, Günther, Organist u. Chordirigent, Thomaskantor seit 1939, Bach-Interpret, 1898 Karlsruhe –1956.

Reinecke, Carl, Pianist, Komponist und Dirigent, 1824 Altona –1910.

Riemann, Hugo, Musikhistoriker, Begründer der modernen Musikwissenschaft, 1849 Groß-Mehlra b. Sondershausen –1919.

Sohm, Rudolf, Rechtslehrer, Rechtshistoriker und Kirchenrechtler, 1841 Rostock –1917.

Wundt, Wilhelm, Philosoph u. Psychologe, 1832 Mannheim –1920.

Leuben Kr. Dresden

Neuber, Friederike Caroline, gen. die Neuberin, Schauspielerin und Leiterin einer Theatertruppe, reformierte die deutsche Bühne nach franz. Vorbild, beseitigte die Hanswurstspiele, 1697 Reichenbach, Vogtl. –1760.

Liebenberg Kr. Gransee

Eulenburg, Philipp Fürst zu Eulenburg u. Hertefeld, Diplomat, Vertrauter Wilhelms II. Von Harden (→ Berlin-Charlottenburg) in einen Meineidsprozeß verwickelt und vom Hofe verbannt, 1847 Königsberg, Pr. –1921.

Lübben

PAUL-GERHARDT-KIRCHE

Gerhardt, Paul, evgl. Pfarrer und Kirchenlie-

derdichter („Befiehl Deine Wege", „O Haupt voll Blut und Wunden", „Nun ruhen alle Wälder"), 1607 Gräfenhainichen –1676.

Magdeburg

DOM

Otto I., der Große, deutscher König (seit 936 und Kaiser seit 962, Sohn Heinrichs I. (→ Quedlinburg), 912 Walhausen –973.

Marienthal Kr. Görlitz

MICHAELISKAPELLE des ehem. Zisterzienser-Nonnenklosters

Sontag, Henriette, spätere Gräfin Rossi, Sängerin (Koloratursopran), 1806 Koblenz –1854.

Marxwalde, früher Neuhardenberg, Kr. Seelow.

Hardenberg, Carl August Fürst v., preuß. Staatsmann, Staatskanzler 1810, führte die Reformen Stein's fort (Gewerbefreiheit, Judenemanzipation), vertrat Preußen auf dem Wiener Kongreß, 1750 Essenrode, Kr. Gifhorn –1822.

Meiningen

FRIEDHOF

Bechstein, Ludwig, Schriftsteller, vor allem bedeutend als Sammler und Herausgeber von Märchen und Sagen, 1801 Weimar –1860.

Georg II., Herzog von Sachsen-Meiningen seit 1866, gen. der „Theaterherzog", leitete persönlich sein Hoftheater, das er zu einer mustergültigen Bühne entwickelte, 1826 Meiningen –1914.

Merseburg

DOM

Rudolf v. Schwaben, Gegenkönig gegen Heinrich IV. (→ Speyer) von 1077–1080, †1080. Gefallen bei Hohenmölsen.

Möglin Kr. Bad Freienwalde,
Bez. Frankfurt/Od.

<small>AN DER DORFKIRCHE</small>

Thaer, Albrecht Daniel, Landwirt, Begründer der wissenschaftlichen Landwirtschaft, 1752 Celle –1828.

Niederkrossen Kr. Rudolstadt

Kükelhaus, Heinz, Romanschriftsteller, auch Lyriker u. Dramatiker („Thomas der Perlenfischer"), 1902 Essen –1946.

Obercunewalde Kr. Löbau

<small>NIEDERER FRIEDHOF</small>

Polenz, Wilhelm v., Schriftsteller („Der Büttnerbauer"), 1861 Obercunewalde –1903.

Oranienburg

Runge, Friedlieb Ferdinand, Chemiker, Arbeiten über Teerfarbstoffe, Entdecker des Anilin, 1795 Hamburg –1867.

Ossmannstedt Kr. Apolda

<small>PARK DES GUTSHOFS</small>

Brentano, Sophie, Schwester von Clemens B. (→ Aschaffenburg), 1776 Ehrenbreitstein – 1800.

Wieland, Christoph Martin, neben Lessing bedeutendster Dichter der deutschen Aufklärung („Oberon", „Die Abderiten"), auch Übersetzer (Shakespeare, Horaz), 1733 Oberholzheim b. Biberach/Riß –1813.

Potsdam

Lit.: Frankfurth, Hermann: Berlin und Potsdam in der Sprache ihrer Kirchen und Friedhöfe, Berlin 1924.
Wohlberedt, Willi: Grabstätten bekannter und berühmter Persönlichkeiten in Groß-Berlin und Potsdam mit Umgebung, 4 Teile, Berlin 1932 bis 1952.

<small>FRIEDENSKIRCHE</small>

Friedrich Wilhelm IV., König von Preußen seit 1840, der „Romantiker auf dem Thron", Sohn Friedrich Wilhelms III. (→ Berlin-Charlottenburg, Mausoleum), 1795 Berlin –1861 (seit 1858 geisteskrank; Herz im Mausoleum in Berlin-Charlottenburg).

Elisabeth, Königin von Preußen, geb. Prinzessin von Bayern, Gemahlin Friedrich Wilhelms IV., 1801 München –1871.

<small>MAUSOLEUM NEBEN DER FRIEDENSKIRCHE</small>

Friedrich III., deutscher Kaiser 1888, Sohn Wilhelms I. (→ Berlin-Charlottenburg, Mausoleum), 1831 Potsdam –1888.

Viktoria, deutsche Kaiserin, geb. Prinzessin v. Großbritannien, Gemahlin Friedrichs III., 1840 London –1901.

<small>ANTIKENTEMPEL IM PARK VON SANSSOUCI</small>

Der 1768 von Gontard erbaute Antikentempel diente der Aufstellung antiker Kunstwerke.

Auguste Viktoria, deutsche Kaiserin 1888–1918, geb. Prinzessin von Schleswig-Holstein-Sonderburg-Augustenburg, Gemahlin Wilhelms II. (→ Haus Doorn, Holland), 1858 Dolzig, Kr. Sorau –1921.

Hermine, Prinzessin v. Schönaich-Carolath, 2. Gemahlin Wilhelms II. (→ Doorn, Holland), 1887 Greiz –1947.

<small>ALTER FRIEDHOF, SAARMUNDERSTRASSE</small>

Bergmann. Ernst v., Chirurg, bahnbrechend auf dem Gebiet der antiseptischen Wundbehandlung und der Hirnchirurgie, Vater von Gustav v. Bergmann (→ München-Solln, Waldfriedhof), 1836 Riga –1907.

Miethe, Adolf, Physiker, Pionier auf dem Gebiet ,der Farbfotografie, 1862 Potsdam –1927.

Quantz, Johann Joachim, Flötist und Komponist, Leiter der Konzerte Friedrichs d. Gr., 1697 Oberschelden, Kr. Hann. Münden

–1773. Gebeine und Grabstein 1865 von dem einige Jahre später überbauten Friedhof vor dem Nauener Tor auf den Alten Friedhof überführt.

Schulze-Delitzsch, Hermann, Wirtschafts- und Sozialpolitiker, einer der Begründer des deutschen Genossenschaftswesens, 1808 Delitzsch –1883.

Vogel, Hermann Carl, Astrophysiker, Arbeiten auf dem Gebiet der Sternspektroskopie, 1841 Leipzig –1907.

NEUER FRIEDHOF, SAARMUNDERSTRASSE

Kellermann, Bernhard, Schriftsteller („Der Tunnel", „Der 9. November"), 1879 Fürth –1951).

Presber, Rudolf, Schriftsteller, 1868 Frankfurt/M. –1935.

FRIEDHOF BORNSTEDT

Baußnern, Waldemar Edler v., Komponist, Direktor der Musikschule Weimar, 1866 Berlin –1931.

Falkenhayn, Erich v., General, preuß. Kriegsminister, Chef des Generalstabs 1914–16, 1861 Burg Belchau b. Graudenz –1922.

Lenné, Peter Joseph, Gartenarchitekt, Schöpfer von Gartenanlagen in Berlin (Tiergarten), Potsdam u. a. 1789 Bonn –1866.

Persius, Ludwig, Architekt (Röm. Bad, Friedenskirche in Potsdam), 1803 Potsdam –1845.

FRIEDHOF KLEIN-GLIENICKE

Riehl, Alois, österr. Philosoph, Neukantianer, 1844 Bozen –1924.

Struve, Hermann v., Astronom, Begründer der Sternwarte in Neubabelsberg, Sohn des Astronomen Wilhelm v. Struve (→ Pulkowo) 1854 Pulkowo b. Leningrad –1920.

FRIEDHOF NOWAWES
Goethestraße

Bürgel, Bruno H., Schriftsteller, Verfasser populärwissenschaftlicher Bücher („Aus fernen Welten", „Du und die Welt"), 1875 Berlin –1948.

Dühring, Eugen, Nationalökonom und Philosoph, von Friedrich Engels bekämpft („Anti-Dühring"), 1833 Berlin –1921.

FRIEDHOF REHBRÜCKE

Breysig, Kurt, Historiker, Soziologe und Geschichtsphilosoph, 1866 Posen –1940.

Quedlinburg

STIFTSKIRCHE

Heinrich I., Herzog v. Sachsen, deutscher König seit 919, Sieger über die Ungarn 933. 876–936. Krypta.

Königsmarck, Maria Aurora Gräfin v., Geliebte Augusts des Starken (→ Dresden), später Pröpstin von Quedlinburg, Mutter des Marschalls Moritz v. Sachsen (→ Straßburg), 1662 Stade –1728. Fürstengruft.

Querfurt Bez. Halle

STÄDT. FRIEDHOF

Schlaf, Johannes, Erzähler u. Dramatiker, mit Arno Holz (→ Berlin-Charlottenburg, Friedhof Heerstraße). Begründer des Naturalismus in Deutschland. 1862 Querfurt –1941.

Radebeul Kr. Dresden

FRIEDHOF

May, Karl, Schriftsteller, Verfasser von Abenteuerromanen („Der Schatz im Silbersee", „Winnetou"), 1842 Hohenstein-Ernstthal –1912.

Renthendorf Kr. Stadtroda

Brehm, Alfred, Zoologe u. Schriftsteller („Brehms Tierleben"), Gründer u. Leiter des Berliner Aquariums, 1829 Renthendorf –1884.

Rheinsberg Kr. Neuruppin

Heinrich, Prinz v. Preußen, Bruder Friedrichs d. Gr., Feldherr im siebenjährigen Kriege,

1726 Berlin –1802. Grab in einer Ziegelpyramide im Schloßpark.

Röcken Kr. Weißenfels

Förster-Nietzsche, Elisabeth, Schriftstellerin, Schwester von Friedrich Nietzsche, dessen Nachlaß sie – teilweise ungenau – herausgab. Gründerin des Nietzsche-Archivs in Weimar, 1846 Röcken –1935.

Nietzsche, Friedrich, bedeutendster und einflußreichster Philosoph des ausgehenden 19. Jahrhunderts („Wille zur Macht", „Umwertung aller Werte", „Zarathustra"), 1844 Röcken –1900. Ab 1889 geisteskrank.

Rostock

ALTER FRIEDHOF

Wilbrandt, Adolf v., Dramatiker, Lyriker u. Erzähler, Direktor des Burgtheaters in Wien 1881–87. 1837 Rostock –1911.

NEUER FRIEDHOF

Trojan, Johannes, Erzähler u. Lyriker, 1837 Danzig –1915.

Sachsenhausen b. Oranienburg

Russ. Militärfriedhof

George, Heinrich, eigentlich Georg Heinrich Schulz, Staatsschauspieler und Intendant, 1893 Stettin –1946. In russ. Haft im Lager Sachsenhausen verstorben.

Sauen Kr. Beeskow

Bier, August, Chirurg, berühmter Operateur, führte 1898 erstmalig die Lumbalanästhesie aus, 1861 Helsen, Kr. Waldeck 1949.

Schöneiche b. Berlin Kr. Fürstenwalde

Driesch, Hans, Philosoph u. Biologe, 1867 Bad Kreuznach –1941.

Schulpforta Kr. Naumburg

Lamprecht, Karl, Historiker unter Berücksichtigung der Wirtschafts- und Kulturgeschichte („Deutsches Wirtschaftsleben im Mittelalter"), 1856 Jessen, Elbe –1915.

Schweina Kr. Bad Salzungen

Fröbel, Friedrich, Pädagoge, begründete den ersten deutschen Kindergarten 1837 und schuf den Beruf der Kindergärtnerin, 1782 Oberweißbach, Thür. Wald –1852.

Schwerin

STADTFRIEDHOF

Scharrer, Adam, sozialist. Romanschriftsteller („Maulwürfe", „Dorfgeschichten – einmal anders"), 1889 Kleinschwarzenlohe, Kr. Schwabach –1948.

Sommerschenburg Kr. Oschersleben

Gneisenau, August Graf Neidhardt v., Feldmarschall, mit Scharnhorst (→ Berlin) nach 1806 Reorganisator der preuß. Armee, 1813–1815 Generalstabschef Blüchers, 1760 Schildau, Kr. Torgau –1831.

Stolpe Kr. Angermünde

Buch, Leopold v., Geologe u. Paläontologe, 1774 Stolpe –1853.

Stolpen b. Pirna, Bez. Dresden

SCHLOSSKAPELLE

Cosel, Anna Konstanze Gräfin v., Maitresse Augusts d. Starken v. Sachsen, eine der schönsten u. geistvollsten Frauen ihrer Zeit. Wurde, nachdem sie in Ungnade gefallen war, 49 Jahre bis zu ihrem Tode in Schloß Stolpen gefangengehalten. 1680 Depenau b. Plön –1765.

Stralendorf Kr. Schwerin

Schack, Adolf Friedrich Graf v., Schriftsteller und Übersetzer persischer, spanischer und arabischer Literatur, Kunstmäzen u. Kunstsammler (Schack-Galerie in München), 1815 Brüsewitz, Kr. Schwerin –1894.

Stralsund

ST. JÜRGENKIRCHHOF

Schill, Ferdinand v., preuß. Offizier, Führer eines Freikorps, 1776 Wilmsdorf b. Dresden –1809. Im Straßenkampf in Stralsund gegen niederländische und dänische Truppen gefallen; in Stralsund nur der Körper ohne Kopf beigesetzt (→ Braunschweig).

Torgau

MARIENKIRCHE

Luther, Katharina geb. v. Bora, Ehefrau Martin Luthers (→ Wittenberg), 1499 Lippendorf, Sa. –1552.

Vellahn Kr. Hagenow

Chrysander, Friedrich, Musikwissenschaftler, Händelforscher, 1826 Lübtheen, Mecklenb. –1901.

Waltershausen Kr. Gotha

ORTSTEIL SCHNEPFENTHAL

Guts Muths, Johann Christoph Friedrich, Lehrer, Turnpädagoge, führte erstmalig einen systematischen Turnunterricht durch. Verfasser des ersten Lehrbuchs des Turnens, 1759 Quedlinburg –1839.

Salzmann, Christian Gotthilf, Pädagoge, Vertreter des Philanthropinismus, 1744 Sömmerda –1811.

Weimar

MAUSOLEUM Fürstengruft

1825 nach den Plänen des Oberbaudirektors Coudray in klassizistischem Stil erbaut.

Goethe, Johann Wolfgang v., 1749 Frankfurt/ M. –1832.

Schiller, Friedrich v., 1759 Marbach –1805. Gebeine am 16.12.1827 aus dem Kassengewölbe (→ St. Jacobsfriedhof) überführt.

Karl August, Herzog seit 1775, seit 1815 Großherzog von Sachsen-Weimar, machte Weimar zum geistigen Mittelpunkt Deutschlands, 1757 Weimar –1828.

STADTKIRCHE

Anna Amalia, Herzogin von Sachsen-Weimar, Regentin 1758–75 für ihren Sohn Karl August (→ Fürstengruft), aufgeschlossen für das geistige Leben ihrer Zeit, 1739 Wolfenbüttel –1807.

Bernhard, Herzog v. Sachsen-Weimar, Feldherr im dreißigjährigen Kriege auf protestantischer Seite, entschied die Schlacht bei Lützen, 1604 Weimar –1639.

Johann Friedrich I., „der Großmütige", Kurfürst von Sachsen 1532–47, machte Weimar zu seiner Residenz, 1503 Torgau –1554.

Herder, Johann Gottfried v., Dichter, Philosoph u. Theologe, Hofprediger in Weimar, Anreger Goethes und der Romantiker, 1744 Mohrungen, Ostpr. –1803.

ST. JACOBS-FRIEDHOF

Der St. Jacobs-Friedhof, der 1530 an die Stelle der „Stadtkirchenruhestätte" getreten ist und 1818 bei der Eröffnung des „Friedhofs vor dem Frauentor" geschlossen wurde, war fast 300 Jahre die einzige Begräbnisstätte Weimars. Später wurde er unter Belassung historischer Grabstätten in eine Gartenanlage umgewandelt. An der Südecke des Friedhofs befindet sich das sogen. „Kassengewölbe", in dessen Gruften von 1755 bis 1823 Verstorbene aus den mittleren Schichten des Adels und des Bürgertums beigesetzt wurden, deren Familien keine Erbbegräbnisse besaßen. Bis zu ihrer Überführung in die Fürstengruft im Jahre 1827 ruhten hier auch die Gebeine Schillers.

Cranach, Lucas d. Ä., Maler u. Holzschnittzeichner, 1472 Kronach –1553. Der Originalgrabstein befindet sich seit 1859 im Altarraum der Herderkirche, eine Nachbildung an der Jacobskirche.

Göchhausen, Luise v., Hofdame, eine der Mittelpunkte des geistigen Lebens in Weimar unter Anna Amalia, durch eine von ihr gefertigte und 1886 von Erich Schmidt (→ Berlin-Kreuzberg) entdeckte Abschrift blieb Goethes „Urfaust" der Nachwelt erhalten, 1752 Eisenach –1807.

Goethe, Christiane v., geb. Vulpius, Ehefrau Goethes, 1765 Weimar –1816. Auf der Grabplatte der Vers Goethes:
Du versuchst, o Sonne vergebens
Durch die düstern Wolken zu scheinen.
Der ganze Gewinn meines Lebens
Ist, ihren Verlust zu beweinen.

Musäus, Johann Karl August, Schriftsteller, durch seine „Volksmärchen der Deutschen" ein Vorläufer der Brüder Grimm (→ Berlin, Matthäifriedhof), 1735 Jena –1787.

ALTER FRIEDHOF

Der alte Friedhof – heute auch als „Historischer Friedhof zu Weimar" bezeichnet – wurde 1818 als „Friedhof vor dem Frauentor" angelegt. Auf ihm hat Goethes nahe und ferne Welt ihre letzte Ruhestätte gefunden. In seiner Mitte erhebt sich die Fürstengruft. Südwestlich schließt sich als Erweiterung des alten Friedhofs der neue Friedhof an.

Abendroth, Hermann, Gewandhauskapellmeister in Leipzig 1934–45, seit 1945 in Weimar, 1883 Frankfurt/M. –1956.

Eckermann, Johann Peter, Schriftsteller, Vertrauter u. Sekretär Goethes („Gespräche mit Goethe"), 1792 Winsen, Luhe –1854.

Falk, Johannes Daniel, Schriftsteller und Liederdichter („O du fröhliche"), 1768 Danzig –1826. Grabinschrift:
Unter diesen grünen Linden
ist durch Christus frei von Sünden
Herr Johannes Falk zu finden.

Fürnberg, Louis, Schriftsteller, Lyriker u. Dramatiker, 1909 Iglau, Mähren –1957.

Goethe, Ottilie v., geb. Freiin v. Pogwisch, vermählt mit Goethes Sohn August (→ Rom, Protestant. Friedhof), 1796 Danzig –1872.

Goethe, Walther Frhr. v., Sohn von August v. G., vermachte Goethes Nachlaß der Großherzogin v. Sachsen-Weimar und dem sachs. weimar. Staat; letzter Nachkomme Goethes, 1818 Weimar –1885.

Goethe, Wolfgang Frhr. v., Sohn von August v. Goethe, 1820 Weimar –1883.

Hummel, Joh. Nepomuk, Komponist u. Pianist, Hofkapellmeister in Weimar seit 1819. 1778 Preßburg –1837.

Müller, Friedrich v., Jurist, sachs.-weimar. Kanzler, 1779 Kunreuth Kr. Forchheim –1849.

Seidler, Luise, Portraitmalerin aus dem Kreise Goethes, 1786 Jena –1866.

Stein, Charlotte v., geb. v. Schardt. Freundin Goethes, 1742 Eisenach –1827.

Vulpius, Christian August, Schriftsteller, Verfasser von Ritter- u. Schauerromanen („Rinaldo Rinaldini"), Schwager Goethes, 1762 Weimar –1827.

NEUER FRIEDHOF

Bulcke, Carl, Schriftsteller, 1875 Königsberg, Pr. –1936.

Donndorf, Adolf v., Bildhauer, 1835 Weimar –1916. Ehrengrab.

Scheer, Reinhard, Admiral, kämpfte 1916 in der Skagerrakschlacht, 1863 Oberkirchen, Kr. Grafsch. Schaumburg –1928.

Wildenbruch, Ernst v., Dramatiker („Die Quitzows", „Die Haubenlerche"), Enkel des Prinzen Louis Ferdinand v. Preußen (→ Berlin, Dom), 1845 Beirut –1909.

Weißenfels

ALTER FRIEDHOF jetzt Stadtpark

Novalis, eigentl. Friedrich Leopold Frhr. v. Hardenberg, romantischer Lyriker („Hymnen an die Nacht", Roman „Heinrich v. Ofterdingen"), 1772 Oberwiederstedt, Bez. Halle –1801.

FRIEDHOF III

François, Louise v., Schriftstellerin („Die letzte Reckenburgerin"), 1817 Herzberg, Elster –1893.

Werder Kr. Potsdam

Damaschke, Adolf, Volkswirt und Sozialpolitiker, Führer der Bodenreformer, 1865 Berlin –1935.

Westhausen-Haubinda Kr. Hildburghausen, Bez. Suhl

Lietz, Hermann, Pädagoge, Begründer des ersten dtsch. Landerziehungsheims, 1868 Dumgenevitz, Kr. Rügen –1919. Grab auf dem Gelände seiner ehem. Schule.

Wiepersdorf Kr. Jüterbog

Arnim, Achim v., Dichter der Romantik. Gab mit seinem Schwager Clemens Brentano (→ Aschaffenburg) die Volksliedersammlung „Des Knaben Wunderhorn" heraus, 1781 Berlin –1831.

Arnim, Bettina v., geb. Brentano, Schriftstellerin („Goethes Briefwechsel mit einem Kinde"), Gattin von Achim v. Arnim und Schwester von Clemens Brentano, 1785 Frankfurt/M. –1859.

Windischleuba Kr. Altenburg

Münchhausen, Börries Frhr. v., Dichter, vornehmlich von Balladen, 1874 Hildesheim –1945. Selbstmord.

Wittenberg

SCHLOSSKIRCHE

Friedrich III., der Weise, Kurfürst von Sachsen seit 1486, gewährte Luther auf der Wartburg Asyl, Gründer der Universität Wittenberg, 1463 Torgau –1525. Bronzegrabtafel von Peter Vischer d. J.

Luther, Martin, 1483 Eisleben –1546.

Melanchthon, Philipp, eigentlich Schwarzerd, Humanist u. Reformator, Freund u. Mitarbeiter Luthers, 1497 Bretten –1560.

STADTKIRCHE

Bugenhagen, Johannes, luth. Theologe. Mitarbeiter Luthers bei dessen Bibelübersetzung, Organisator der Reformation in Norddeutschland, 1485 Wollin – 1558.

Wöbbelin Kr. Ludwigslust

Körner, Theodor ,Dichter („Leyer und Schwerdt"), 1791 Dresden –1813. Gefallen bei Gadebusch als Offizier des Lützower Freikorps.

Woltersdorf b. Erkner Kr. Fürstenwalde

Fidus, eigentl. Hugo Höppener, mystischer Zeichner u. Sektierer. 1868 Lübeck –1948.

Wünsdorf Kr. Zossen

Deißmann, Adolf, evgl. Theologe, führender Vertreter der ökumenischen Bewegung, 1866 Langenscheid b. Diez, L. –1937.

Wusseken Kr. Anklam

KIRCHE

Schwerin, Curt Christoph Graf v., Feldmarschall, siegte 1741 über die Österreicher b. Mollwitz, 1684 Löwitz Kr. Anklam –1757. Gefallen bei Prag.

Wustrau Kr. Neuruppin

KIRCHE

Zieten, Hans Joachim v., preuß. Reitergeneral erfolgreicher Heerführer unter Friedrich d. Gr., 1699 Wustrau –1786.

Zeitz

SCHLOSSKIRCHE

Agricola, eigentl. Georg Bauer, Naturforscher, Stadtphysikus und Bürgermeister in Chemnitz, Begründer der Mineralogie, Metallurgie und Hüttenkunde in Deutschland, 1494 Glauchau –1555.

Österreich

Absam Bez. Hall i. Tirol

ALTER FRIEDHOF

Stainer, Jakob, Geigenbauer, 1617 Absam –1683. Grabmal an der Nordseite des Friedhofs noch erhalten.

Alpbach b. Rattenberg Bez. Kufstein

Schrödinger, Erwin, Physiker, entwickelte die Wellenmechanik, Nobelpreis 1933 mit dem Engländer Dirac „für die Entdeckung neuer produktiver Formen der Atomtheorie", 1887 Wien –1961.

Alt-Aussee Bez. Liezen

Forster, Rudolf, Schauspieler, 1884 Gröbming, Stmk. –1968.

Wassermann, Jakob, Romanschriftsteller („Caspar Hauser", „Etzel Andergast", „Christian Wahnschaffe"), 1873 Fürth –1934.

Artstetten Bez. Melk

Erzherzog-Thronfolger Franz Ferdinand ließ als Schloßherr von Artstetten 1909–10 unter der Schloßkapelle eine Gruft errichten, die er für sich und seine Gattin, Herzogin Sophie von Hohenberg, als letzte Ruhestätte bestimmte. Zweck war zu verhindern, daß später zwar er in der Kapuzinergruft in Wien beigesetzt werden würde, nicht aber seine unebenbürtige Gattin.

Franz Ferdinand Erzherzog von Österreich-Este, österr. Thronfolger, Neffe Kaiser Franz Josephs I., 1863 Graz –1914. In Sarajewo durch serbischen Nationalisten ermordet.

Hohenberg, Sophie Herzogin v., geb. Gräfin Chotek, Gattin des Erzherzogs Franz Ferdinand, 1868 Stuttgart –1914. In Sarajewo ermordet.

Bad Aussee Bez. Liezen

Czernin von und zu Chudenitz, Ottokar Graf, österr. Diplomat und Außenminister 1916–1918. 1872 Dimokur b. Podebrad, Böhmen –1932.

Bad Ischl Bez. Gmunden

Lammasch, Heinrich, Rechtslehrer (Straf- u. Völkerrecht) und Politiker, letzter Ministerpräsident der österr. Monarchie (27.10.–11.11.1918), 1853 Seitenstetten, Nied.Öst. –1920.

Lehár, Franz, Operettenkomponist („Die lustige Witwe", „Der Zarewitsch", „Friederike", „Land des Lächelns"), 1870 Komorn –1948.

Richthofen, Wolfram Frhr. v., Feldmarschall, Luftwaffe, 1895 Barzdorf, Kr. Striegau –1945.

Straus, Oscar, Operettenkomponist („Ein Walzertraum"), Musik zum Film „Der Reigen", 1870 Wien –1954.

Auf dem Friedhof befindet sich seit 1971 ein Grabstein für Richard Tauber, doch ist er nicht hier, sondern auf dem Brompton-Cemetery in London (Kensington) beigesetzt. Allerdings sind Bestrebungen im Gange – entsprechend einem letzten Wunsch Taubers – seine sterblichen Überreste nach Bad Ischl zu überführen.

Braunau/Inn

KATH. FRIEDHOF

Palm, Johann Philipp, Buchhändler, als Herausgeber einer antifranzösischen Schrift auf Befehl Napoleons I. standrechtlich erschossen, 1766 Schorndorf –1806.

Eben Bez. Schwaz

PFARRKIRCHE

Notburga, Dienstmagd, Patronin der Dienstmägde und Bauern, Heilige (1862), um 1265 Rattenberg –1313.

Eferding

STADTPFARRKIRCHE ST. HIPPOLYT.

Starhemberg, Ernst Rüdiger Fürst v., Politiker, Führer der österr. Heimwehren, Vizekanzler 1934–36, Gegner der Nationalsozialisten, 1899 Eferding –1956.

Ehrenhausen Bez. Leibnitz

MAUSOLEUM

Kohn, Theodor, Erzbischof v. Olmütz 1892 –1904, mußte 1904 unter dem Druck der Öffentlichkeit resignieren, 1845 Breznice, Mähren –1915.

Ehrwald Bez. Reutte

Krauß, Clemens, Dirigent, Direktor der Wiener und Berliner Staatsoper, Opernintendant in München, 1893 Wien –1954.

Srbik, Heinrich Ritter v., Historiker, Präs. d. Akademie d. Wissenschaften in Wien 1938 –1945, Wegbereiter einer gesamtdeutschen Geschichtsauffassung, 1878 Ehrwald –1951.

Eichberg b. Gloggnitz, Bez. Neunkirchen

Hainisch, Michael, österr. Politiker, Bundespräsident 1920–28, 1858 Aue b. Gloggnitz –1940.

Eisenstadt Burgenland

BERGKIRCHE

Haydn, Franz Joseph, Komponist, 1732 Rohrau, NdÖ –1809. 1821 vom ehemaligen Hundsturmer Friedhof in Wien (heute „Haydn-Park" mit dem alten Grabstein von Haydn) überführt. 1954 auch der bis dahin getrennte Schädel in der Gruft, die 1932 erbaut worden ist, beigesetzt.

Feldkirch, Vorarlberg

KAPUZINERKIRCHE

Fidelis v. Sigmaringen, eigentl. Markus Roy, Kapuziner, Heiliger, 1577 Sigmaringen –1622. Von aufständischen kalvinistischen Bauern erschlagen; in Feldkirch nur das Haupt.

Gmunden/Traunsee

Vischer, Friedrich Theodor, Philosoph und Schriftsteller („Auch einer", „Faust, Der Tragödie dritter Teil" ‚Parodie·), 1807 Ludwigsburg –1887.

Graz

MAUSOLEUM AM DOM

Ferdinand II., deutscher Kaiser 1619–1637, löste durch sein rücksichtsloses Vorgehen im Interesse der Gegenreformation den Dreißigjährigen Krieg aus, 1578 Graz –1637.

PERGOLA AUF DEM SCHLOSSBERG

Bartsch, Rudolf Hans, Schriftsteller („Schwammerl", „Lumpazivagabundus··), 1873 Graz –1952.

ST. LEONHARD-FRIEDHOF

Benedek, Ludwig Ritter v., österr. Feldzeugmeister, erlitt 1866 als Oberbefehlshaber der Nordarmee die Niederlage von Königgrätz, 1804 Ödenburg –1881. Ehrengrab.

Hamerling, Robert, Dichter („Ahasverus in Rom") und Übersetzer, 1830 Kirchberg a. Walde, NdÖ –1889. Ehrengrab.

Krafft-Ebing, Richard Frhr. v., Psychiater, Arbeiten auf dem Gebiet der Sexualpathologie und Kriminalpsychologie, 1840 Mannheim –1902.

Tegetthoff, Wilhelm v., österr. Admiral, siegte 1866 bei Lissa über die ital. Flotte, 1827 Marburg, Slowenien –1871. Ehrengrab.

ST. PETER STADTFRIEDHOF

Hausegger, Friedrich v., Musikschriftsteller, Wagneranhänger, 1837 St. Andrä, Kärnten –1899.

Muck, Carl, Dirigent (Kgl. Oper in Berlin 1892–1912 und Hamburger Philharmonie), dirigierte 1901–30 die Bayreuther Parsifal-Aufführungen, 1859 Darmstadt –1940. Gruft Dr. Portugall.

Rintelen, Anton, Politiker, Landeshauptmann der Steiermark, Unterrichtsminister, in den nat.-soz. Putsch von 1934 verwickelt, 1876 Graz –1946.

ZENTRALFRIEDHOF

Pregl, Fritz, Chemiker, Nobelpreis 1923 „für

die von ihm entwickelte Mikroanalyse orga-
nischer Substanzen", 1869 Laibach –1930.

Ev. FRIEDHOF Petersgasse

Hohlbaum, Robert, Schriftsteller, Verfasser
historischer Romane und Künstler-Novellen,
1886 Jägerndorf, Österr.Schles. –1955.

Gutenstein Bez. Wiener-Neustadt

Raimund, Ferdinand, eigentl. F. Raimann,
Schauspieler und Dramatiker („Der Bauer
als Millionär", „Der Verschwender"), 1790
Wien –1836. Selbstmord aus Furcht vor den
Folgen eines Hundebisses.

Hadersdorf Bez. Wien-Umgebung

Laudon, Gideon Ernst Frhr. v., österr. Feldmarschall, besiegte 1759 Friedrich d. Gr. bei
Kunersdorf, 1717 Tootzen, Livland –1790.

Hallein

An der DEKANATSPFARRKIRCHE

Gruber, Franz Xaver, Organist, Komponist
des von Mohr (→ Wagrain, Salzburg) ge-
dichteten Liedes „Stille Nacht··, 1787 Unter-
weizberg, Innviertel –1863.

Hartkirchen Bez. Eferding

Billinger, Richard, Schriftsteller, Lyriker,
Dramatiker und Erzähler („Der Gigant",
verfilmt als „Die goldene Stadt"), 1890 St.
Marienkirchen b. Schärding –1965. Beigesetzt in der Gruft der Familie Ammerstorfer.

Heiligenkreuz Bez. Baden

Vetsera, Mary Freiin v., Geliebte des Kronprinzen Rudolf (→ Wien, Kapuzinergruft),
schied gemeinsam mit ihm in Mayerling aus
dem Leben, 1871 Wien –1889.

Hinterbrühl Bez. Mödling

Heuberger, Richard, Dirigent, Musikkritiker
und Komponist („Der Opernball"), 1850
Graz –1914.

Innsbruck

HOFKIRCHE

Haspinger, Joachim, gen. Pater Rotbart,
Priester und tiroler Freiheitskämpfer unter
Andreas Hofer, 1776 St. Martin in Gsies,
Pustertal –1858.

Hofer, Andreas, tiroler Freiheitskämpfer gegen die französ.-bayer. Herrschaft (1809),
1767 St. Leonhard, Passeiertal –1810. In
Mantua erschossen.

Speckbacher, Joseph, tiroler Freiheitskämpfer
unter Andreas Hofer, 1767 Gnadenwald b.
Hall, Tirol –1820.

HOFBURG Silberne Kapelle

Ferdinand II., Erzherzog v. Österreich, Re-
gent von Tirol, Begründer der Sammlungen
in Schloß Ambras, 1529 Linz –1595.

Welser, Philippine, Augsburger Patrizierin,
heimliche Gemahlin Erzherzog Ferdinands
1557, 1527 Augsburg –1580.

STADTPFARRKIRCHE ST. JAKOB

Eugen, Erzherzog v. Österreich, österr. Feldmarschall und Armeeführer im ersten Weltkrieg, letzter Hoch- und Deutschmeister,
1863 Groß-Seelowitz, Mähren –1954.

STÄDTISCHER FRIEDHOF Friedhofstraße

Gilm zu Rosenegg, Hermann v., Schriftsteller,
Lyriker („Stell auf den Tisch die duftenden
Reseden"), auch Theaterkritiker, 1812 Inns-
bruck –1864.

Renk, Anton, tiroler Dichter, 1871 Innsbruck –1906.

FRIEDHOF MÜHLAU

Ficker, Ludwig v., Publizist, Gründer der
literarischen Zeitschrift „Der Brenner", 1880
München –1967.

Keyserling, Hermann Graf, Kulturphilosoph,
Begründer der „Schule der Weisheit·· in
Darmstadt, 1880 Könno, Livland –1946.

Trakl, Georg, Dichter des Frühexpressionismus, 1887 Salzburg –1914.

117

FRIEDHOF WILTEN

Dankl v. Krasnik, Viktor Graf, österr. Generaloberst u. Heerführer im ersten Weltkrieg, 1914 Sieg über die Russen bei Krasnik, 1854 Udine –1941.

Pastor, Ludwig, Frhr. v. Campersfelden, Diplomat und Historiker („Geschichte der Päpste"), 1854 Aachen –1928.

Kirchstetten Bez. St. Pölten

Weinheber, Josef, Lyriker („Adel und Untergang", „Kammermusik"), 1892 Wien –1945. Selbstmord beim Einmarsch der Russen.

Kitzbühel

Petzold, Alfons, österr. Arbeiterdichter („Der stählerne Schrei", Roman „Das rauhe Leben"), 1882 Wien –1923.

Klagenfurt

FRIEDHOF ANNABICHL

Perkonig, Josef Friedrich, Schriftsteller, volkstümliche Romane und Erzählungen aus Kärnten, 1890 Ferlach, Kärnten –1959. Ehrengrab.

Klosterneuburg-Weidling
Bez. Wien-Umgebung

Hammer-Purgstall, Joseph Frhr. v., Diplomat, Orientalist und Schriftsteller, Übersetzer orientalischer Dichtungen, 1774 Graz –1856.

Lenau, Nikolaus, eigentl. Nikolaus Franz Niembsch, Edler v. Strehlenau, Lyriker der Spätromantik, 1802 Csatád, Ung. –1850. Zuletzt geistig umnachtet.

Krieglach Bez. Mürzzuschlag

Rosegger, Peter, Volksschriftsteller der Steiermark („Die Schriften des Waldschulmeisters" „Als ich noch der Waldbauernbub war"), 1843 Alpl b. Krieglach –1918.

Kufstein

List, Friedrich, Nationalökonom, Vorkämpfer für eine deutsche Zolleinheit und für ein deutsches Eisenbahnnetz, 1789 Reutlingen –1846. Schied wegen mangelnder Anerkennung seiner Ideen freiwillig aus dem Leben.

Lichtenau Bez. Krems,

GEMEINDEFRIEDHOF

Erhardt, Hermann, Freikorpsführer (Brigade Erhardt) 1919–20, 1881 Diersburg, Baden –1971.

Lienz/Osttirol

Egger-Lienz, Albin, Maler, 1868 Striebach b. Lienz –1926.

Linz

STADTPFARRKIRCHE MARIAE HIMMELFAHRT

Friedrich III., deutscher Kaiser 1440–93. 1415 Innsbruck –1493. Hier nur Herz u. Eingeweide beigesetzt, (→ Wien, St. Stephan).

Prunner, Johann Michael, Barockbaumeister, Landbaumeister von Oberösterreich, 1669 Linz –1739.

KAPUZINERKIRCHE

Montecuccoli, Raimund Graf v., kaiserl. Feldherr, besiegte 1684 die Türken entscheidend bei St. Gotthard a. d. Raab, auch bedeutender Militärschriftsteller, 1609 Montecuccoli b. Modena –1680.

ST. BARBARA-FRIEDHOF

Handel-Mazzetti, Enrica Freiin v., Schriftstellerin von betont kath. Haltung, Verfasserin von Romanwerken aus der österr. Geschichte, 1871 Wien –1955. Ehrengrab.
  „Der Kunst, die Gottes war,
  gibt Gott Unsterblichkeit".

Stifter, Adalbert, Dichter („Der Nachsommer", „Witiko"), 1805 Oberplan, Böhmen –1868. Selbstmord.

Maria Enzersdorf Bez. Mödling

Müller, Adam Heinrich, Ritter v. Nitterdorff, Nationalökonom, bedeutendster Sozialwissenschaftler der Romantik, 1779 Berlin –1829.

Werner, Zacharias, Dramatiker und berühmter Kanzelredner, 1768 Königsberg, Pr. –1823.

Mittersill Bez. Zell a. S.

Webern, Anton v., Komponist, Schüler von Schönberg, Zwölftonmusiker, 1883 Wien –1945. Von russ. Wachtposten erschossen.

Neustift b. Schlaining
Bez. Oberwart, Burgenland

Spann, Othmar, Nationalökonom, Philosoph u. Soziologe, Vertreter eines „Ständestaates", 1878 Wien –1950.

Perg Oberösterr.

Schober, Johannes, österr. Politiker, mehrmals Bundeskanzler u. Außenminister, als Polizeipräsident von Wien 1922–29. Initiator u. erster Präs. v. Interpol, 1874 Perg –1932.

Preßbaum Bez. Wien-Umgebung

Corti, Egon Caesar Conte, Schriftsteller, Verfasser historischer Biographien („Das Haus Rothschild", „Elisabeth, die seltsame Frau"), 1886 Agram –1953.

Reichenau

Schalk, Franz, Dirigent, Leiter der Wiener Staatsoper 1918–29, 1863 Wien –1931.

Salzburg

ST. SEBASTIANSKIRCHE, Linzergasse, Verbindungsgang zwischen Kirche u. Friedhof

Paracelsus, Phillippus Aureolus Theophrastus, eigentl. Th. Bombastus v. Hohenheim, Arzt, Naturforscher und Philosoph, Begründer der modernen naturwissenschaftlichen Medizin, um 1493 Einsiedeln, Schweiz –1541. Gebeine hinter dem Bildnismedaillon des Grabmals.

SEBASTIANSFRIEDHOF

Der St. Sebastiansfriedhof wurde gleichzeitig mit der Kirche angelegt, 1511 geweiht und 1888 aufgelassen. Um 1600 entstanden die den Friedhof auf allen vier Seiten umgebenden Arkaden, für die die italienischen Campi Santi als Vorbild gedient haben dürften. Die Grabdenkmäler geben ein anschauliches Bild von der Entwicklung der Grabmalskunst zwischen 1600 und 1850.

Mozart, Konstanze, geb. v. Weber, später verehel. Nissen, Witwe W. A. Mozarts (→ Wien, St. Marxer Friedhof), 1763–1842.

Mozart, Leopold, Komponist, Vater von W. A. Mozart (→ Wien), 1719 Augsburg –1787.

Weber, Genoveva geb. Brenner, Sängerin, Mutter von Carl Maria v. Weber (→ Dresden), 1764 Marktoberdorf –1798.

GABRIELSKAPELLE auf dem St. Sebastiansfriedhof

Wolf Dietrich v. Raitenau, Erzbischof von Salzburg 1587–1612. Unter ihm Umgestaltung Salzburgs zur Barockstadt (Residenz, Schloß Mirabell), von seinem Nachfolger Markus Sittikus zur Abdankung gezwungen und bis zu seinem Tode auf der Veste Hohensalzburg gefangengehalten, 1559 Lochau, Vorarlberg –1617.

STIFTSKIRCHE ST. PETER

Haydn, Michael, Komponist, Bruder von Franz Joseph Haydn (→ Eisenstadt), 1737 Rohrau, Bez. Bruck a. d. Leitha –1806.

Mozart, Maria Anna (Nannerl), spätere Baronin v. Berchthold zu Sonnenberg, Pianistin, Schwester Mozarts (→ Wien), 1751 Salzburg –1829.

ST. PETERSFRIEDHOF

Der Friedhof ist die älteste christliche Begräbnisstätte Salzburgs und erhielt 1627 durch Errichtung der Arkaden die jetzige Gestaltung.

Biber v. Bibern, Heinrich Ignaz Franz, Geiger

u. Komponist, 1644 Wartenberg, Böhmen
–1704.

Hofhaimer, Paul, Domorganist und Komponist, der beste Orgelspieler seiner Zeit, 1459
Radstadt b. Salzburg –1537. Gedenktafel aus
dem Jahre 1872.

Paumgartner, Bernhard, Dirigent, Komponist u. Musikschriftsteller, Präsident der
Salzburger Festspiele seit 1959, 1887 Wien
–1971.

Thorak, Josef, Bildhauer, 1889 Salzburg
–1952.

KOMMUNALFRIEDHOF

Bahr, Hermann, Dramatiker („Das Kon-
zert"), Dramaturg und Kritiker, 1863 Linz
–1934.

Bahr-Mildenburg, Anna, Sängerin u. Musik-
pädagogin, Gattin von Hermann Bahr, 1872
Wien –1947.

Etrich, Ignaz gen. Igo, Flugzeugkonstrukteur („Etrich-Taube" 1907), 1879 Oberalt-
stadt, b. Trautenau, Böhmen –1967.

Graener, Paul, Komponist (Oper „Friedemann Bach"), Direktor des Salzburger Mo-
zarteums 1910–13, 1872 Berlin –1944.

Greim, Robert Ritter v., Feldmarschall, letzter Oberbefehlshaber der Luftwaffe, 1892
Bayreuth –1945. Selbstmord.

St. Florian Bez. Linz-Land

STIFTSKIRCHE MARIAE HIMMELFAHRT, Gruft
unter der Vorhalle mit der „Bruckner-Orgel"

Bruckner, Anton, Komponist und Organist,
1824 Ansfelden, ObÖ –1896.

St. Georgen a. d. Stiefing Bez. Leibnitz

Ernst, Paul, Romanschriftsteller, Novellist
und Dramatiker der deutschen Neu-Klassik,
1866 Elbingerode, Harz –1933.

St. Pölten, NdÖ

DOM

Prandtauer, Jakob, Baumeister (Stift Melk),

1658 Stanz b. Landeck –1726. Im Kreuzgang
ein erst 1926 aufgestellter Grabstein.

St. Wolfgang a. Wolfgangsee
Bez. Gmunden

Benatzky, Ralph, Operettenkomponist („Im
Weißen Rössl", „Bezauberndes Fräulein",
„Meine Schwester und ich"), 1884 Mährisch-
Budwitz –1957.

Jannings, Emil, Theater- und Filmschauspieler, 1884 Rorschach, Schweiz –1950.

Seewalchen/Attersee Bez. Salzburg

Spahn, Martin, Historiker u. Politiker, 1875
Marienburg, Westpr. –1945.

Steinhaus Bez. Wels

Eiselsberg, Anton Frhr. v., Chirurg. hervor-
ragender Operateur, 1860 Steinhaus –1939.

Taxenbach Bez. Zell a. See

BESITZUNG GROß, Sonnberg 18

Straub, Agnes, Schauspielerin u. Theaterleiterin, 1890 München –1941.

Trins b. Steinach/Brenner
Bez. Innsbruck-Land

Borchardt, Rudolf, Schriftsteller u. Dichter
der Neuromantik, 1877 Königsberg, Pr.
–1945.

Villach

STÄDT. FRIEDHOF, Magdalenenstraße

Kattnigg, Rudolf, Operettenkomponist („Bal-
kanliebe"), 1895 Treffen, Kärnten –1955.

Vorau Bez. Hartberg

FESTENBURG

Kernstock, Ottokar, Schriftsteller, Lyriker,
Pfarrer auf der Festenburg, 1848 Marburg,
Slowenien –1928.

Wagrain Bez. St. Johann i. Pongau

Mohr, Joseph, kath. Pfarrer, Dichter des Liedes „Stille Nacht", komponiert von Gruber (→ Hallein), 1792 Salzburg –1848.

Wernstein Bez. Schärding

Kubin, Alfred, Zeichner und Graphiker, auch Dichter, 1877 Leitmeritz, Böhmen –1959. Ehrengrab des Landes Oberösterreich.

Wetzdorf Bez. Hollabrunn

Um 1830 erwarb der Armeelieferant Josef Pargfrieder einen in Kleinwetzdorf gelegenen Schloßbau, den er im klassizistischen Stil umbaute und dem Feldmarschall Radetzky überließ. Als Äquivalent hierfür erklärte sich dieser bereit, testamentarisch seine Beisetzung auf dem Besitztum von Pargfrieder zu verfügen. In der Folgezeit errichtete Pargfrieder auf einer bewaldeten Anhöhe westlich des Schlosses den sog. „Heldenberg" als „Ruhmesstätte der österreichischen Armee". Beherrscht wird diese von einem Obelisken, unter dem sich die Gruft befindet, in der neben Radetzky der Feldmarschall Max Frhr. v. Wimpffen († 1854) und Pargfrieder selbst († 1863) ruhen. Gegenüber dem Obelisken sind weit über 100 gußeiserne Büsten von österreichischen Heerführern und anderen verdienten Soldaten aufgestellt, „Denkmal einer romantisch bestimmten Heldenverehrung und als umfangreicher Statuenverband eiserner Plastiken wohl einzig dastehend" (Reclams Kunstführer Österreich, Bd. I, Artikel „Kleinwetzdorf").

Radetzky, Joseph Wenzel Graf R. von Radetz, österr. Feldmarschall, Oberbefehlshaber der österr. Truppen in Oberitalien seit 1831. Kämpfte siegreich gegen die Piemontesen (Custozza, Novara), 1766 Trebnitz, Böhmen –1858.

Wiener Neustadt

Militärakademie

Maximilian I., gen. „Der letzte Ritter", deutscher Kaiser 1493–1519, Sohn Friedrichs III. (→ Wien, St. Stephan), 1459 Wiener Neustadt –1519. Das in der Hofkirche in Innsbruck befindliche Grabmal, „das großartigste Kaisermonument der deutschen Geschichte", konnte aus technischen Gründen in Wiener Neustadt nicht aufgestellt werden.

Wien

Kirchen

AUGUSTINERKIRCHE

Daun, Leopold Graf v., österr. Feldmarschall, Reorganisator der österr. Armee, besiegte im Siebenjährigen Krieg Friedrich II. bei Köln u. Hochkirch, 1705 Wien –1766.

In der Kirche befindet sich die 1634 errichtete „Herzgruft" der Habsburger.

KAPUZINERKIRCHE ZUR HL. MARIA VON DEN ENGELN mit der Kapuzinergruft

Lit.: Tietze-Conrat: Die Kapuzinergruft in Wien, Wien, o. J.
Österreichische Kunstbücher, Bd. 30.
Ginhart, Karl: Die Kaisergruft bei den P. P. Kapuzinern in Wien, Wien 1925.

Die Kapuzinergruft geht auf eine Stiftung von Kaiser Matthias und der Kaiserin Anna zurück und ist zusammen mit der 1622 begonnenen Kirche errichtet worden. 1633 erfolgte die Weihe und erste Beisetzung durch Überführung der Särge von Kaiser Matthias und seiner Gemahlin Anna. Die Gruft wurde im Laufe der Jahrhunderte mehrfach erweitert, zuletzt 1908–09. In ihr sind etwa 140 Angehörige des Hauses Habsburg beigesetzt, als einzige Nichthabsburgerin Karoline Gräfin v. Fuchs, die Erzieherin Maria Theresias.

Matthias, deutscher Kaiser 1612–1619, Sohn Kaiser Maximilians II. (→ Prag), 1557 Wien –1619.

Ferdinand III., deutscher Kaiser 1637–1657, Sohn Kaiser Ferdinands II. (→ Graz), 1608 Graz –1657.

Leopold I., deutscher Kaiser 1658–1705, Sohn Ferdinands III., 1640 Wien –1705.

Joseph I., deutscher Kaiser 1705–1711, Sohn Leopolds I., 1678 Wien –1711.

Karl VI., deutscher Kaiser 1711–1740, erließ 1724 die Pragmatische Sanktion, durch die in Österreich für die Erbfolge auch die weibliche Linie zugelassen wurde, Sohn Leopolds I., 1685 Wien –1740.

Franz I. Stephan, Herzog von Lothringen 1729–36, deutscher Kaiser 1745–1765, 1736 vermählt mit Maria Theresia, Begründer des Hauses Habsburg-Lothringen, 1708 Nancy –1765.

Joseph II., deutscher Kaiser 1765–1790, Reformer im Sinne eines aufgeklärten Absolutismus (Josephinismus), Sohn von Franz I. und Maria Theresia, 1741 Wien –1790.

Leopold II., deutscher Kaiser 1790–1792, Bruder Josephs II., 1747 Wien –1792.

Franz II., deutscher Kaiser 1792–1806, ab 1804 als Franz I. Kaiser v. Österreich, legte 1806 die deutsche Kaiserkrone nieder, Sohn Leopolds II., 1768 Florenz –1835.

Maria Theresia, Erzherzogin von Österreich und Königin von Ungarn und Böhmen 1740 –1780, als Gemahlin von Franz I. Kaiserin, Tochter Karls VI., 1717 Wien –1780.

Carl, Erzherzog v. Österreich, österr. Feldherr, besiegte 1809 Napoleon bei Aspern, Sohn Leopolds II., 1771 Florenz –1847.

Marie Louise, Erzherzogin v. Österreich, als 2. Gemahlin Napoleons I. Kaiserin von Frankreich, Tochter von Franz II., 1791 Wien –1847.

Ferdinand Maximilian, Erzherzog v. Österreich, als Maximilian I. Kaiser v. Mexiko 1864–67, Bruder Franz Josephs I., 1832 Wien –1867. In Queretaro standrechtlich erschossen.

Franz Joseph I., Kaiser von Österreich 1848–1916, 1830 Wien –1916.

Elisabeth, Kaiserin v. Österreich. Gemahlin Franz Josephs I., 1837 München –1898. In Genf von einem Anarchisten ermordet.

Rudolf, Kronprinz v. Österreich, Sohn von Franz Joseph I., 1858 Wien –1889. Selbstmord mit seiner Geliebten Baronesse Vetsera. (→ Heiligenkreuz, NdÖ).

MARIA AM GESTADE

Hofbauer, Klemens Maria, Redemptorist, wirkte in Warschau und Wien, Gegner der Aufklärung, Heiliger 1909, 1751 Taßwitz b. Znaim –1820.

MICHAELERKIRCHE

Metastasio, Pietro, Opernlibrettist, kais. Hofpoet, 1698 Rom –1782. Ein Denkmal für Metastasio befindet sich in der Minoritenkirche.

SCHOTTENKIRCHE

Abtei- und Pfarrkirche U. L. Frau bei den Schotten

Starhemberg, Ernst Rüdiger Graf v., österr. Feldmarschall, Verteidiger Wiens gegen die Türken 1683, 1638 Graz–1701.

STEPHANSDOM

Dom- u. Metropolitankirche St. Stephan

Friedrich III., deutscher König seit 1440 und Kaiser seit 1452, 1415 Insbruck –1493.

Eugen, Prinz v. Savoyen, „Prinz Eugen", österr. Feldmarschall u. Staatsmann, Siege über die Türken, Erbauer von Schloß Belvedere in Wien, 1663 Paris –1736.

Fischer v. Erlach, Johann Bernhard, österr. Barockbaumeister (Karlskirche u. Hofbibliothek in Wien), 1656 Graz –1723. Lage des Grabes unbekannt.

Innitzer, Theodor, Erzbischof von Wien seit 1932, Kardinal. 1875 Weipert, Böhmen –1955.

WIEN-MARIABRUNN (XIV. Bez.)

Kirche des 1783 aufgehobenen Klosters

Hildebrandt, Johann Lucas v., Baumeister (Oberes u. Unteres Belvedere in Wien, Umbau von Schloß Mirabell in Salzburg), 1668 Genua –1745.

Friedhöfe

Lit.: Markl, Hans: Alt-Wiener Friedhöfe, Wien 1948;
Rechnitz, Stefan: Grabstätten berühmter Männer und Frauen, Wien 1948.

III. Bezirk (Landstraße)

ST. MARXER FRIEDHOF, Leberstraße 6–8

Der Friedhof wurde 1784 errichtet und bis 1874 belegt. Er ist der einzige Wiener Friedhof der Biedermeierzeit, der nicht in eine Parkanlage umgewandelt worden ist und steht unter Denkmalschutz.

Albrechtsberger, Johann Georg, Organist, Komponist und Musiktheoretiker, Lehrer Beethovens, 1736 Klosterneuburg –1809.

Diabelli, Anton, Komponist u. Verleger Schuberts, 1781 Mattsee –1858.

Donner, Georg Raphael, Bildhauer (Brunnen auf dem neuen Markt in Wien, Pietà im Dom zu Gurk), 1693 Wien –1741. Überführt vom ehem. Nicolai-Friedhof auf der Landstraße. Grabstelle auf dem St. Marxer Friedhof nicht mehr feststellbar.

Madersperger, Joseph, Schneidermeister, Konstrukteur der ersten Nähmaschine, 1768 Kufstein –1850. Ehrengrab.

Mozart, Wolfgang Amadeus, Komponist, 1756 Salzburg –1791.
Mozart wurde am 6.12.1791 aus Ersparnisgründen in einem Schachtgrab auf dem St. Marxer Friedhof ohne Teilnahme von Angehörigen beigesetzt. Da er auch keinen Grabstein erhielt und seine Witwe (→ Salzburg, Sebastiansfriedhof) erst 17 Jahre nach seinem Tode zum ersten Mal den Friedhof aufsuchte, ohne das Grab zu finden, war die genaue Stelle, wo seine Gebeine ruhten, lange Zeit unbekannt. Erst 1855 wurden eingehende Ermittlungen angestellt, die dazu führten, daß das Grab, in dem Mozart seinerzeit bestattet worden war, mit ziemlicher Sicherheit festgestellt werden konnte (vgl. hierzu Cloeter: Die Grabstätte Mozarts, Wien 1941). Es war zwar in der Zwischenzeit zweimal neu belegt

worden, doch sollen die darin befindlichen Gebeine hierbei nicht entfernt worden sein. 1859 errichtete die Stadt Wien dort ein Denkmal, das 1891 auf den Zentralfriedhof verbracht worden ist. Das nunmehr auf dem St. Marxer Friedhof befindliche Grabmal ist das Werk eines Friedhofswärters, der es aus einzelnen Stücken verfallener Grabsteine zusammengesetzt hat.

X. Bezirk (Favoriten)

EHEM. KATHOLISCHER FRIEDHOF MATZLEINSDORF

Der Friedhof wurde 1785 eingeweiht und 1879 für Neubelegungen geschlossen. 1924 wurde er in einen Park umgewandelt und trägt nunmehr den Namen „Waldmüller-Park". Hier ruhte der Komponist Willibald Gluck vom Jahre 1787 bis zur Überführung auf dem Zentralfriedhof im November 1890.

Waldmüller, Ferdinand Georg, Maler des Wiener Biedermeiers, 1793 Wien –1865.

MATZLEINSDORFER EVGL. FRIEDHOF
Triesterstraße

Beust, Friedrich Ferd. Graf v., sächs. u. österr. Staatsmann, Gegner Preußens, sächs. Ministerpräsident 1858–66 u. österr. Außenminister 1867–71, 1809 Dresden –1886.

Bruck, Karl Frhr. v., österr. Staatsmann, Handels- u. Finanzminister, einer der fähigsten österr. Wirtschaftspolitiker, 1798 Elberfeld –1860. Freitod wegen unberechtigter Diskriminierung.

Büdinger, Max, Historiker, 1828 Kassel –1902.

Hebbel, Christian Friedrich, Dramatiker („Maria Magdalena", „Agnes Bernauer", „Gyges und sein Ring"), 1813 Wesselburen, Holstein –1863. Ehrengrab.

Laube, Heinrich, Schriftsteller, Direktor des Burgtheaters 1849–67, 1806 Sprottau –1884.

Sandrock, Adele, Schauspielerin, 1864 Rotterdam –1937.

Saphir, Moritz Gottlieb, Journalist und

Schriftsteller, 1795 Lovasberény b. Stuhl-
weissenburg –1858. Grab von Nationalsozialisten zerstört.

Stein, Lorenz v., Staatsrechtslehrer u. Nationalökonom, einer der Begründer der modernen Soziologie, 1815 Borby bei Eckernförde
–1890.

Weininger, Otto, Philosoph („Geschlecht u.
Charakter"), 1880 Wien –1903. Selbstmord.

XI. Bezirk (Simmering)

ZENTRALFRIEDHOF, Simmeringer Hauptstraße 234 s. S. 127

XIII. Bezirk (Hietzing)

FRIEDHOF HIETZING, Maxingstraße 15

Auer v. Welsbach, Carl Frhr. ,Chemiker, Erfinder des Gasglühlichts, 1858 Wien –1929.

Auffenberg v. Komarów, Moritz Frhr., österr.
General und Kriegsminister, 1914 Sieg über
die Russen bei Komarów, 1852 Troppau
–1928.

Beck, Max Wladimir Frhr. v., österr. Staatsmann, Ministerpräsident 1906–08, setzte das
allgemeine und gleiche Wahlrecht in Österreich durch, 1854 Wien –1943.

Berg, Alban, Komponist (Opern „Wozzeck"
und „Lulu"), einer der bedeutendsten Vertreter der Zwölftonmusik, 1885 Wien –1935.
Ehrengrab.

Conrad v. Hötzendorf, Franz Graf, Feldmarschall, österr. Generalstabschef 1906–11 und
1912–17, 1852 Wien –1925.

Dollfuß, Engelbert, österr. Bundeskanzler
1932–34, 1892 Texing b. Melk –1934. Von
Nationalsozialisten ermordet.

Elßler, Fanny, Tänzerin, begründete den Ruf
des Wiener Balletts, 1810 Wien –1884. Ehrengrab.

Granichstaedten, Bruno, Operettenkomponist
(„Der Orlow", „Auf Befehl der Kaiserin"),
1879 Wien –1944.

Grillparzer, Franz, Dichter („Die Ahnfrau",

„Sappho", „Des Meeres und der Liebe Wellen", „Libussa"), 1791 Wien –1872. Ehrengrab.

Hellmesberger, Joseph d. Ä., Violinvirtuose,
Direktor des Wiener Konservatoriums, 1828
Wien –1893.

Hellmesberger, Joseph d. J., Hofkapellmeister
u. Operettenkomponist („Das Veilchenmäd-
chen"), 1855 Wien –1907.

Klimt, Gustav, Maler des Wiener Jugendstils, 1862 Wien –1918.

Plener, Ernst Frhr. v., österr. liberaler Politiker, 1841 Eger –1923.

Přihoda, Vása, Violinvirtuose, 1900 Wodňan,
Böhmen –1960.

Schmerling, Anton Ritter v., österr. Staatsmann, 1805 Wien –1893.

Schratt, Maria Katharina, verehel. Kiss v.
Ittebe, Burgschauspielerin, Vertraute Kaiser
Franz Josephs, 1855 Baden b. Wien –1940.

Vaugoin, Karl, österr. christl.-sozialer Politiker, Bundesminister für Heerwesen 1921–33,
Schöpfer d. österr. Bundesheeres, 1873 Wien
–1949.

Wagner, Otto, Architekt, Wegbereiter des
neuen Bauens in Österreich, 1841 Wien –1918.

Zsolnay, Paul, Verleger, 1895 Budapest –1961.

FRIEDHOF OBER-ST. VEIT

Schiele, Egon, Maler des Jugendstils, später
Expressionist, 1890 Tulln, NdÖ. –1918.

Slatin, Rudolf Karl Frhr. v., gen. Slatin-
Pascha, General in anglo-ägypt. Diensten,
im Mahdi-Aufstand 1884–95 Gefangener des
Mahdi, später 1900–14 Generalinspekteur
des Sudans, 1857 Wien –1932.

XIV. Bezirk (Penzing)

FRIEDHOF HÜTTELDORF
Samtwandnergasse 6

Haus, Anton, Großadmiral, Befehlshaber der
österr. Flotte im 1. Weltkrieg, 1851 Tolmein,
Slowenien –1917.

Petznek, Elisabeth, geb. Erzherzogin v. Österreich, Tochter des Kronprinzen Rudolf (→ Kapuzinergruft), 1883 Wien –1963. Im Erbbegräbnis Windisch-Graetz.

XVII. Bezirk (Hernals)

FRIEDHOF DORNBACH

Hauer, Josef Matthias, Komponist u. Musiktheoretiker, entwickelte unabhängig von Schönberg ein Zwölftonsystem, 1883 Wiener Neustadt –1959.

Wieser, Friedrich Frhr. v., Nationalökonom und Soziologe, Vertreter der Grenznutzenlehre, 1851 Wien –1926.

HERNALSER FRIEDHOF

Rokitansky, Carl Frhr. v., Mediziner, Begründer der pathologischen Anatomie, auch Hochschulorganisator, 1804 Königgrätz –1878.

Schrammel, Johann, Musiker, Begründer der „Schramml-Musik", 1850 Wien –1893, Ehrengrab.

XVIII. Bezirk (Währing)

PÖTZLEINSDORFER FRIEDHOF

Bleibtreu-Paulsen, Hedwig, Schauspielerin, Ehrenmitglied des Burgtheaters, 1868 Linz –1958.

EHEM. WÄHRINGER ALLGEMEINER FRIEDHOF

Der Friedhof wurde 1783 angelegt und 1874 geschlossen. 1923 wurde er in eine Parkanlage umgewandelt, die zunächst den Namen „Robert-Blum-Park" führte und später in „Währinger Park" umbenannt wurde.

Blum, Robert, Politiker und Schriftsteller, liberaler Abgeordneter in der Frankfurter Nationalversammlung 1848, beteiligte sich am Wiener Oktoberaufstand und wurde standrechtlich erschossen, 1807 Köln –1848. In einem nicht feststellbaren Massengrab beigesetzt.

Cobenzl, Ludwig Graf v., österr. Staatsmann, 1753 Brüssel –1809.

Gentz, Friedrich v., Publizist und Politiker,

Vertrauter Metternichs, Freund der Tänzerin Fanny Elßler (→ Wien, Hietzing), 1764 Breslau –1832.

Hellmesberger, Georg, Violinvirtuose, Dirigent an der Hofoper, Vater von Joseph Hellmesberger d. Ä. (→ Hietzing), 1800 Wien –1873.

Schikaneder, Emanuel, Bühnendichter und Theaterdirektor, Verfasser des Textbuchs zu Mozarts „Zauberflöte", 1751 Straubing –1812. Grabstelle unbekannt.

Swieten, Gottfried Baron van, Direktor der Hofbibliothek in Wien, Musikmäzen, 1734 Leiden –1823. Grab eingeebnet.

EHEM. WÄHRINGER ORTSFRIEDHOF

Der Friedhof wurde 1769 geweiht, 1873 aufgelassen und 1924–25 in eine Parkanlage unter dem Namen „Schubertpark" umgewandelt. Bis zu ihrer Überführung auf den Zentralfriedhof ruhten hier Beethoven, Nestroy und Schubert, der Arzt Dr. Frank, sowie Grillparzer, der 1879 auf den Hietzinger Friedhof umgebettet worden ist. Die früheren Grabdenkmäler von Beethoven und Schubert sind im Schubertpark noch erhalten.

XIX. Bezirk (Döbling)

DÖBLINGER FRIEDHOF

Lit.: Pommer u. Lackner: Der Döblinger Friedhof, Wien 1947.

Benedikt, Moritz, Journalist u. volkswirtschaftlicher Schriftsteller, Leiter der „Neuen Freien Presse", 1849 Kwassitz, Mähren –1920.

Bettelheim, Anton, Literaturhistoriker, Herausgeber führender biographischer Sammelwerke, 1851 Wien –1930.

Cebotari, Maria, Sopranistin, 1910 Kischinew, Bessarabien –1949.

Grünhut, Karl, Jurist, Handels- und Wechselrechtler, Begründer des österr. Handelsrechts, 1844 St. Georgen, Ung. –1929.

Jodl, Friedrich, Philosoph, 1849 München –1914.

Kainz, Joseph, Burgschauspieler, 1858 Wieselburg b. Ung.-Altenburg –1910. Ehrengrab.

Lieben, Robert v., Physiker, entwickelte die nach ihm benannte Verstärkerröhre, 1878 Wien –1913.

Miklas, Wilhelm, christl.-sozial. Politiker, Bundespräsident 1928–38, lehnte den Anschluß Österreichs ab und trat am 13.3.1938 zurück, 1872 Krems, Donau–1956.

Philippovich v. Philippsberg, Eugen Frhr., Nationalökonom, Vertreter der Grenznutzenlehre, 1858 Wien –1917.

Redlich, Oswald, Historiker, Präsident der österr. Akademie der Wissenschaften, 1858 Innsbruck –1944.

Saar, Ferdinand v., Erzähler und Lyriker („Novellen aus Österreich", „Wiener Elegien"), 1833 Wien –1906. Selbstmord, Ehrengrab.

Schlegel, Julius, Oberst, Grabinschrift:
Ihm dankt die Welt die Rettung
der Kunstschätze von Monte Cassino
1895 Wien –1958.

Schmutzer, Ferdinand, Radierer und Maler, 1870 Wien –1928.

Schönthan, Franz, Edler v. Pernwald, Bühnenautor („Der Raub der Sabinerinnen"), 1849 Wien –1913.

Sonnenthal, Adolf Ritter v., Burgschauspieler, 1834 Budapest –1909.

Tschermak, Erich, Edler v. Seysenegg, Botaniker, Wiederentdecker der Mendelschen Vererbungsregeln, 1871 Wien –1962. Mohammed. Abt.

FRIEDHOF GRINZING

Ambros, August Wilhelm, Musikwissenschaftler („Geschichte der Musik"), 1816 Mauth, Böhmen –1876.

Doderer, Heimito v., Schriftsteller („Die Dämonen", „Die Merowinger"), 1896 Weidlingau b. Wien –1966.

Fellner, Ferdinand, Architekt, Theaterbaumeister, arbeitete gemeinsam mit Helmer (→ Zentralfriedhof), 1847 Wien –1916.

Ferstel, Johann Heinrich Frhr. v., Architekt (Votivkirche und Universität in Wien), 1828 Wien –1883.

Führich, Josef Ritter v., Maler, Zeichner u. Radierer, bedeutendster österr. Vertreter der Nazarener u. Neubegründer der christl.-religiösen Kunst in Österreich, 1800 Kratzau, Böhmen –1876.

Kupelwieser, Leopold, Maler, vor allem von Altarbildern und religiösen Fresken, 1796 Piesting, NdÖ. –1862.

Mahler, Gustav, Komponist und Dirigent, Direktor der Wiener Hofoper bis 1907. 1860 Kalischt, Mähren –1911. Ehrengrab.

Nadler, Josef, Literaturhistoriker, 1884 Neudörfl, Böhmen –1963.

Wiesner, Julius Ritter v., Botaniker, Arbeiten über Pflanzenphysiologie, 1838 Tschechen b. Brünn –1916.

FRIEDHOF HEILIGENSTADT

Exner v. Ewarten, Felix Ritter, Meteorologe, Arbeiten über kosmische Physik, 1876 Wien –1930.

Hann, Julius Edler v., Meteorologe, Arbeiten über Klimatologie, 1839 Haus b. Linz –1921.

SIEVERINGER FRIEDHOF

Dopsch, Alfons, Historiker, Forscher auf dem Gebiet der mittelalterlichen Wirtschaftsgeschichte, 1868 Lobositz, Böhmen –1953.

Exner, Franz, Physiker, 1849 Wien –1926.

Jelusich, Mirko, Schriftsteller, erfolgreich mit seinen biographisch-historischen Romanen („Caesar", „Cromwell", „Talleyrand"), 1886 Podmoklitz, Böhmen –1969.

Thimig, Hugo, Schauspieler, Direktor des Burgtheaters 1912–17, 1854 Dresden –1944.

XXIII. Bezirk (Liesing)

KALKSBURGER FRIEDHOF, Josef Weberstraße

Hofmannsthal, Hugo v., Dichter, einer der bedeutendsten Lyriker und Dramatiker seiner Zeit („Elektra", „Jedermann", „Das Salzburger große Welttheater"), 1874 Wien –1929. Ehrengrab.

„Und mein Teil ist mehr
als dieses Lebens
schlanke Flamme
oder schmale Leier."

XI. Bezirk (Simmering)

ZENTRALFRIEDHOF, Simmeringer Hauptstr.

Lit.: Markl, Hans: Berühmte Ruhestätten auf Wiener Friedhöfen, Bd. I, Zentralfriedhof u. Krematorium, Wien 1961.

Der Zentralfriedhof ist am 1.11.1874 eröffnet worden und gehört mit etwa 350 000 Grabstellen zu den größten Friedhöfen Europas. Der beherrschende Mittelpunkt des Friedhofs ist die 1907–10 errichtete Karl-Lueger-Kirche, in der der berühmte Wiener Bürgermeister aus der Zeit vor dem ersten Weltkrieg beigesetzt ist. Vor der Kirche befindet sich die Präsidentengruft, in der die Bundespräsidenten Renner, Körner und Schärff ihre letzte Ruhestätte gefunden haben.

Gegenüber dem Zentralfriedhof, auf der östlichen Seite der Simmeringer Hauptstraße, liegt das 1923 erbaute Krematorium, umgeben von einem Urnenhain, in dem rund 50 000 Urnen aufgestellt sind. In Richtung Schwechat schließt sich an den Zentralfriedhof der neue israelitische Friedhof an (V.Tor vom Zentralfriedhof). Bis zu seiner Eröffnung wurden die Verstorbenen jüdischen Glaubens in der jüdischen Abteilung des Zentralfriedhofs (I.Tor) beigesetzt.

Fast allen verdienten Persönlichkeiten, die in Wien bestattet sind, hat die Stadt Wien seit 1881 Ehrengräber gewidmet. Ihre Zahl beträgt weit über 200. Soweit diese Persönlichkeiten auf den alten, nach Eröffnung des Zentralfriedhofs aufgelassenen Friedhöfen beigesetzt waren, sind ihre Gebeine exhumiert und auf den Zentralfriedhof überführt worden (Beethoven, Gluck, Lanner, Schubert, Strauß [Vater] u.a.). Daher ruhen – im Gegensatz zu anderen Großstädten – auf den übrigen Wiener Friedhöfen (ausgenommen Hietzing) nur wenige bekannte Persönlichkeiten.

Bei den meisten der nachstehend aufgeführten Grabstätten handelt es sich um Ehrengräber. Diese finden sich fast ausschließlich an der Mauer links vom Haupttor (II.Tor) und rechts und links vom Hauptgang, der von diesem Tor zur Karl-Lueger-Kirche führt. Sie sind in der folgenden Zusammenstellung nicht besonders gekennzeichnet. Hingegen ist bei den Gräbern, die nicht zu den Ehrengräbern gehören, die Grablage in Klammern angegeben.

Adler, Friedrich, österr. Linkssozialist, erschoß 1916 den Ministerpräsidenten Graf Stürgkh. Sohn von Viktor Adler, 1879 Wien –1960.

Adler, Viktor, österr. Politiker, Begründer u. Führer der österr. soziald. Partei, 1852 Prag –1918.

Alt, Rudolf Ritter v., Maler des österr. Biedermeiers, genannt der „Canaletto von Wien" 1812 Wien –1905.

Altenberg, Peter, eigentl. Richard Engländer, Schriftsteller des österr. Impressionismus, 1859 Wien –1919.

Amerling, Friedrich v., Maler, Porträtist der Biedermeierzeit, 1803 Wien –1887.

Anzengruber, Ludwig, Dramatiker u. Erzähler („Der Meineidbauer", „Die Kreuzelschreiber"), 1839 Wien –1889.

Arneth, Alfred Ritter v., Historiker („Geschichte Maria Theresias"), Präs. d. österr. Akademie der Wissenschaften, 1819 Wien –1897.

Bauer, Otto, österr. sozialist. Politiker, 1881 Wien –1938.

Bauernfeld, Eduard v., Lustspieldichter des österr. Biedermeier 1802, Wien –1890.

Beck-Rzikowsky, Friedrich Graf v., österr. General und Chef der Generalstabs 1881–1906, Vertrauter Kaiser Franz Josephs, 1830 Freiburg, Br. –1920. (Gruppe 47 A)

Beethoven, Ludwig van, 1770 Bonn –1827.

Berger, Alfred Frhr. v., Schriftsteller und Leiter des Hofburgtheaters 1910, 1853 Wien –1912.

Berté, Heinrich, Komponist, bearbeitete nach Schubertschen Melodien „Das Dreimäderlhaus", 1858 Galgocz, Ung. –1924. (Gruppe 59 A)

Billroth, Theodor, Chirurg, baute die Eingeweidechirurgie aus, führend auch auf dem Gebiet der Kriegschirurgie, 1829 Bergen, Rügen –1894.

Bittner, Julius, Komponist („Das Höllisch Gold", „Der liebe Augustin"), 1874 Wien –1939.

Böhm-Bawerk, Eugen Ritter v., Nationalökonom, Vertreter der Grenznutzenschule, 1851 Brünn –1914.

Boltzmann, Ludwig, Physiker, einer der Begründer der kinethischen Gastheorie, 1844 Wien –1906. Selbstmord.

Borojević von Bojna, Svetozar, Feldmarschall, Heerführer im 1. Weltkrieg, besiegte die Russen bei Limanova, 1856 Umetić, Kroatien –1920. Neue Arkadengruft.

Brahms, Johannes, Komponist, 1833 Hamburg –1897.

Coch, Georg, Nationalökonom, Begründer der österr. Postsparkasse, dem Vorbild des deutschen Postsparkassenwesens, 1842 Hesserode, Bez. Kassel –1890.

Csokor, Franz Theodor, Schriftsteller, Dramatiker des Expressionismus in Österreich („Die Weibermühle", „3. November 1918"), 1885 Wien –1969.

Czerny, Karl, Komponist, Pianist u. Klavierpädagoge, 1791 Wien –1857.

Danhauser, Joseph, österr. Maler der Biedermeierzeit, 1805 Wien –1845. (Gruppe 31 B)

David, Jakob Julius, Schriftsteller, Verfasser von sozialkritischen Romanen u. Dramen 1859 Mährisch-Weißkirchen –1906.

Dingelstedt, Franz Frhr. v., Schriftsteller („Lieder eines kosmopolitischen Nachtwächters") u. Theaterleiter, Generaldirektor des Wiener Hofburgtheaters, 1814 Halsdorf, Bez. Kassel –1881. (Gruppe 5 a)

Eisenmenger, August, Historienmaler, Schöpfer großer dekorativer Wandgemälde (Rathaus, Parlament u. a.), 1830 Wien –1907.

Eysler, Edmund, Operettenkomponist („Bruder Straubinger", „Die goldne Meisterin··), 1874 Wien –1949.

Fall, Leo, Operettenkomponist („Dollarprinzessin", „Der fidele Bauer··, „Der liebe Augustin", „Rose von Stambul"), 1873 Olmütz –1925. Neuer israelit. Friedhof.

Fernkorn, Anton Dominik Ritter v., Bildhauer u. Erzgießer (Denkmal Prinz Eugens in Wien), 1813 Erfurt –1878.

Feuchtersleben, Ernst Frhr. v., Arzt (Psychiater) u. Lyriker („Es ist bestimmt in Gottes Rat··), 1806 Wien –1849.

Fey, Emil, Politiker, Heimwehrführer, Vizekanzler unter Dollfuß, 1886 Wien –16.3.1938. Selbstmord mit Frau und Sohn. (Gruppe 17 C)

Figl, Leopold, Politiker, Gründer der österr. Volkspartei, Bundeskanzler 1945–53 und Außenminister 1953–59, verdient um das Zustandekommen des österr. Staatsvertrages, 1902 Rust, NdÖ. –1965.

Frank, Johann Peter, Mediziner, Begründer der wissenschaftl. Hygiene und der „Medizinalpolizei", 1745 Rodalben, Kr. Pirmasens –1821.

Fried, Alfred Hermann, Schriftsteller u. Pazifist, Gründer der „Deutschen Friedensgesellschaft", Friedensnobelpreisträger 1911, 1864 Wien –1921. Urnenhain.

Friedell, Egon, eigentl. Friedmann, Theaterkritiker u. Schriftsteller („Kulturgeschichte der Neuzeit"), 1878 Wien –1938. Selbstmord beim Einmarsch der Deutschen in Österreich. (Evgl. Friedhof, Gruppe 9)

Ghega, Karl Ritter v., Ingenieur, erbaute als erste Gebirgsbahn die Semmeringbahn, 1802 Venedig –1860.

Ginzkey, Franz Karl, Schriftsteller, Neuromantiker, 1871 Pola –1963.

Girardi, Alexander, Schauspieler, 1850 Graz –1918.

Gluck, Christoph Willibald Ritter v., Komponist („Orpheus u. Eurydike", „Alceste", „Iphigenie auf Tauris"), 1714 Erasbach, Kr. Beilngries –1787.

Goldmark, Karl, Opernkomponist („Die Königin von Saba··), 1830 Keszthely, Ung. –1915. Israelit. Abteilung (Gruppe 52 A)

Halm, Friedrich, eigentl. Eligius Franz Joseph Frhr. v. Münch-Bellinghausen, Verfasser bühnenwirksamer Theaterstücke („Griseldis"), Generalintendant der Hoftheater 1867–70. 1806 Krakau –1871.

Hansen, Theophil Edvard Frhr. v., dän. Architekt, Bauten in neuklassizistischem Stil (Parlament in Wien, Bibliothek in Athen), 1813 Kopenhagen –1891.

Hanslick, Eduard, Musikschriftsteller u. Kritiker, Förderer von Brahms, erbitterter Gegner von Wagner. Vorbild für den „Beckmesser" in den Meistersingern, 1825 Prag –1904. (Gruppe 18)

Hasenauer, Karl Frhr. v., Architekt (Neue Hofburg u. Burgtheater), 1833 Wien –1894.

Helmer, Hermann, Theaterbaumeister (Warasdin, Odessa, deeutsches Theater in Prag, Wiesbaden), arbeitete zusammen mit Fellner (→ Grinzing), 1849 Harburg, Bay. –1919.

Hochstetter, Ferdinand v., Geologe und Forschungsreisender, 1829 Esslingen, Neckar –1884.

Hoffmann, Josef, Architekt und Kunstgewerbler des Wiener Jugendstils, Begründer der „Wiener Werkstätten", 1870 Pirnitz, Mähren –1956.

Hofmann, Eduard Ritter v., Gerichtsmediziner, einer der Begründer der modernen forensischen Medizin, 1837 Prag –1897.

Holzknecht, Guido, Röntgenologe, 1872 Wien –1931. An den Folgen von Röntgenschäden verstorben; Urnenhain.

Jurek, Wilhelm August, Komponist

(Deutschmeister-Regimentsmarsch), 1870 Wien –1934. (Gruppe 31 B)

Kálmán, Emmerich, Operettenkomponist („Czardasfürstin", „Gräfin Mariza"), 1882 Siofok, Ung. –1953. (Gruppe 31 B)

Kienzl, Wilhelm, Komponist („Der Evangelimann"), 1857 Waizenkirchen,ObÖ.–1941.

Klein, Franz, Jurist, Schöpfer der modernen österr. Verfahrensgesetze, Justizminister 1906–08 und 1916, 1854 Wien –1926.

Köchel, Ludwig Ritter v., Musikforscher, schuf einen Katalog der Werke Mozarts (*Köchel-Verzeichnis*), 1800 Krems, Donau –1877. (Gruppe 16 A)

Koerber, Ernest v., Staatsmann, österr. Ministerpräsident 1900–04 und 1916, bemüht um einen Ausgleich im Nationalitätenstreit, 1850 Trient –1919.

Körner, Theodor, Edler v. Siegringen, General und Politiker (SPÖ), österr. Bundespräsident 1951–57, 1873 Komorn –1957. Präsidenten-Gruft.

Kralik, Richard, Ritter v. Meyrswalden, Dramatiker, Erzähler u. Lyriker, auch kath. Kulturphilosoph, 1852 Eleonorenhain, Böhmen –1934.

Kraus, Karl, Schriftsteller und Literaturkritiker, Begründer u. Herausgeber der „Fakkel", 1874 Jitschin, Böhmen 1936. (Gruppe 5 A).

Krauss, Werner, Schauspieler, 1884 Gestungshausen, Kr. Coburg –1959.

Lanner, Joseph, Walzerkomponist, 1801 Wien –1843.

Loos, Adolf, Architekt, Bahnbrecher der modernen Architektur („Haus Steiner" in Wien) 1870 Brünn –1933.

Loschmidt, Joseph, Physiker, bestimmte die Anzahl der Moleküle in einem Mol einer Substanz („Lohschmidtsche Zahl"), 1821 Putschirn b. Karlsbad –1895. (Gruppe 56)

Lueger, Karl, Politiker, Führer der christl.-

soz. Partei, Bürgermeister von Wien seit 1897
1844 Wien –1910. Lueger-Kirche.

Makart, Hans, Maler, Repräsentant der Gründerzeit, 1840 Salzburg –1884.

Marcus, Siegfried, Mechaniker, stellte 1875 das erste benzinbetriebene Auto her, 1831 Malchin, Mecklenb. –1898.

Mell, Max, Schriftsteller, Dramatiker, Lyriker und Erzähler („Das Donauweibchen"), Verfasser von christl. Legendenspielen („Das Apostelspiel"), 1882 Marburg, Slowenien –1971.

Menger, Karl, Nationalökonom, einer der Begründer der Grenznutzenlehre, 1840 Neusandez –1921.

Millöcker, Karl, Operettenkomponist („Der Bettelstudent", „Gasparone"), 1842 Wien –1899.

Moser, Hans (eigentl. Jean Juliet), Schauspieler, 1889 Wien –1967.

Müller-Guttenbrunn, Adam, Romanschriftsteller (Lenau-Triologie) und Erzählungen aus dem Banat („Der kleine Schwab"), 1852 Guttenbrunn, Banat –1923.

Negrelli, Alois, Ritter v. Moldelbe, Ingenieur, schuf die Pläne für den Suezkanal, 1799 Primiero, Südtirol –1858.

Nestroy, Johann Nepomuk, Lustspieldichter des Wiener Biedermeier („Lumpazivagabundus", „Einen Jux will er sich machen"), auch Schauspieler und Darsteller seiner eigenen Rollen, 1801 Wien –1862.

Nüll, Eduard van der, Architekt (Wiener Oper mit Siccardsburg), 1812 Wien –1868. Selbstmord.

Pallenberg, Max, Schauspieler, 1877 Wien –1934. Flugzeugabsturz. Urnenhain.

Payer, Julius Ritter v., Polarforscher, 1842 Teplitz-Schönau –1915.

Pernerstorfer, Engelbert, Politiker, einer der Führer der österr. Sozialdemokraten, 1850 Wien –1918.

Pettenkofen, August Ritter v., Maler des Biedermeiers, 1822 Wien –1889.

Pfitzner, Hans, Komponist, Schöpfer von Opern („Palestrina"), Chorwerken und Liedern, 1869 Moskau –1949.

Pirquet, Clemens Frhr. v., Mediziner, Begründer der Allergie-Lehre, 1874 Wien –1929

Popper-Lynkeus, Josef, Schriftsteller u. Sozialreformer („Die allgemeine Nährpflicht als Lösung der sozialen Frage"), 1838 Kolin, Böhmen –1921. (Gruppe 52 A)

Raab, Julius, Politiker, österr. Bundeskanzler 1953–61, schloß den österr. Staatsvertrag ab 1955. 1891 St. Pölten, NdÖ. –1964.

Rahl, Karl, Maler (Fresken, Historienbilder u. Portraits), 1812 Wien –1865.

Renner, Karl, Politiker, Bundespräsident 1945 –1950, 1870 Untertannowitz, Mähren –1950. Präsidentengruft.

Romako, Anton, Portraitmaler, 1834 Wien –1889. Selbstmord (Gruppe 41 F)

Schärf, Adolf, Politiker, Bundespräsident 1957–1965, 1890 Nikolsburg, Mähren –1965. Präsidentengruft.

Schindler, Emil Jakob, Landschaftsmaler, 1842 Wien –1892.

Schmidt, Franz, Komponist (Oper „Notre-Dame"), 1874 Preßburg –1939.

Schmidt, Friedrich Frhr. v., Architekt (Rathaus in Wien), Dombaumeister, 1825 Frikkenhofen, Württ. –1891.

Schnitzler, Arthur, Arzt u. Dichter, („Reigen. „Leutnant Gustl", „Fräulein Else"), 1862 Wien –1931. Israelitische Abteilung. (Gruppe 5 B).

Schönherr, Karl, Arzt u. Schriftsteller, Dramatiker („Der Judas von Tirol", „Der Weibsteufel", „Frau Suitner"), 1867 Axams b. Innsbruck –1943.

Schreyvogel, Joseph, Dramatiker („Das Leben ein Traum"), Erzähler und Übersetzer, Dramaturg des Burgtheaters, 1768 Wien –1832.

Schubert, Franz, 1797 Wien –1828.

Schwarz, David, Konstrukteur des ersten starren Luftschiffs. Seine Witwe verkaufte 1898 die Patente an den Grafen Zeppelin, 1850 Keszthely, Plattensee –1897. (Gruppe 50, Grabstein durch Bomben zerstört)

Seipel, Ignaz, Prälat u. christl.-soz. Politiker, Bundeskanzler 1922–24 u. 1926–29, 1876 Wien –1932.

Seitz, Karl, Politiker, Bürgermeister von Wien 1923–34, 1869 Wien –1950.

Sitte, Camillo, Architekt, Städteplaner. Einer der Begründer des modernen Städtebaus, 1843 Wien –1903.

Skoda, Albin, Schauspieler am Burgtheater, 1909 Wien –1961.

Strauß, Eduard, Dirigent u. Komponist, Sohn von Johann Strauß Vater, 1835 Wien –1916.

Strauß, Johann (Vater), Hofballmusikdirektor und Komponist (Walzer, „Radetzky-Marsch"), 1804 Wien –1849.

Strauß, Johann (Sohn), Hofballmusikdirektor und Komponist von Operetten („Fledermaus", „Eine Nacht in Venedig", Zigeunerbaron") und Walzern („An der schönen blauen Donau", „G'schichten aus dem Wiener Wald", „Wein, Weib und Gesang"), Sohn von Johann Strauß Vater, 1825 Wien –1899.

Strauß, Joseph, Dirigent u. Komponist („Dorfschwalben aus Österreich", „Delirienwalzer"), Sohn von Johann Strauß Vater, 1827 Wien –1870.

Suppé, Franz v., Operettenkomponist („Dichter und Bauer", „Leichte Kavallerie", „Die schöne Galathee", „Fatinitza", „Boccaccio"), 1819 Spalato –1895.

Wagner v. Jauregg, Julius, Psychiater, Forschungen über die Anwendung von Heilfieber, Nobelpreis 1927 (Medizin) „für die Entdeckung der therapeutischen Bedeutung der Malaria-Impfung bei der Behandlung von progressiver Paralyse", 1857 Wels, ObÖ. –1940.

Wettstein, Richard v., Botaniker, 1863 Wien –1931.

Wildgans, Anton, Lyriker u. Dramatiker („In Ewigkeit Amen", „Dies irae", „Kirbisch"), 1881 Wien –1932.

Wolf, Hugo, Komponist, vornehmlich von Liedern, 1860 Windischgraz, heute Slovenien. –1903. Seit 1897 geisteskrank.

Wolter, Charlotte, verehel. Gräfin O'Sullivan, Tragödin am Burgtheater, 1834 Köln –1897. Beigesetzt im Kostüm der Iphigenie.

Zeller, Carl, Ministerialbeamter u. Operettenkomponist („Der Vogelhändler", „Der Obersteiger"), 1842 St. Peter in der Au, NdÖ. –1898 (Abt. 47B).

Ziehrer, Carl Michael, Hofballmusikdirektor, Komponist von Walzern („Weaner Madeln"), und Operetten („Die Landstreicher"), 1843 Wien –1922.

Zumbusch, Kaspar v., Bildhauer (Maria Theresia-Denkmal in Wien), Vater des Malers Ludwig v. Zumbusch (→ München, Nordfriedhof), 1830 Herzebrock, Kr. Wiedenbrück –1915.

Zell a. See

Porsche, Ferdinand, Ingenieur, Konstrukteur des Volkswagens, 1875 Maffersdorf, Böhmen –1951. Urne beigesetzt auf dem Schütthof, der Besitzung von Porsche.

Schweiz

Ascona Kt. Tessin

Ludwig, Emil, eigentl. Cohn, deutscher Schriftsteller, Verfasser biographischer Romane („Goethe", „Napoleon", „Wilhelm II.", „Der Menschensohn"), 1881 Breslau –1948.

Avegno Kt. Tessin

Plievier, Theodor, deutscher Schriftsteller („Des Kaisers Kulis", „Stalingrad"), 1892 Berlin –1955.

Bad Ragaz Kt. St. Gallen

Schelling, Friedrich Wilh. Joseph v., deutscher Philosoph der Romantik, einer der Hauptvertreter des deutschen Idealismus, verheiratet mit Karoline geschied. v. Schlegel (→ Maulbronn), 1775 Leonberg b. Stuttg. –1854. Grabmal von König Maximilian II. v. Bayern gestiftet.

Basel-Stadt

Münster

Das Münster selbst weist noch heute 100 alte Grabdenkmäler auf, der Kreuzgang weitere 200. Der im nördlichen Chorumgang befindliche Sarkophag für die Königin Anna († 1281), der Gemahlin Rudolfs I. v. Habsburg (→ Speyer), enthält nicht mehr ihre Gebeine. Sie wurden im 18. Jahrhundert nach St. Paul im Lavanttal (Kärnten) in die dortige Stiftspfarrkirche überführt, wo auch noch weitere Habsburger des 13. und 14. Jahrhunderts ruhen, die 1809 die Mönche aus St. Blasien mitgebracht hatten.

1861 wurde der Münsterkreuzgang als letzter alter Begräbnisplatz Basels geschlossen.

Bernoulli, Jacob, schweiz. Mathematiker, Mitbegründer der Wahrscheinlichkeitsrechnung, 1654 Basel –1705. Gebeine 1843 aus der Barfüßerkirche überführt.

Erasmus von Rotterdam, Desiderius, niederl. Humanist und Theologe, Gelehrter von universaler Bildung, 1469 Rotterdam –1536. Bestattet in der Schalerkapelle.

Wettstein, Johann Rudolf, schweiz. Staatsmann, Bürgermeister von Basel, bewirkte bei den Verhandlungen zum Westfälischen Frieden 1648 die Trennung der Schweiz vom Deutschen Reich, 1594 Basel –1666. 1843 aus der Barfüßerkirche überführt.

Hörnlifriedhof

Barth, Karl, schweiz. reform. Theologe, einer der Wortführer der „Dialektischen Theologie", 1886 Basel –1968.

Burckhardt, Jacob, schweiz. Kultur- und Kunsthistoriker („Cicerone", „Die Kultur der Renaissance in Italien"), 1818 Basel –1897.

Haber, Fritz, deutscher Chemiker, Nobelpreis 1918 „für die Synthese von Ammoniak aus seinen Elementen Stickstoff und Wasserstoff". Mußte 1933 emigrieren, 1868 Breslau –1934.

Herzfeld, Ernst Emil, deutscher Archäologe, Ausgrabungen am Euphrat und Tigris, 1879 Celle –1948.

Heusler, Andreas, schweiz. Germanist, 1865 Basel –1940.

Jaspers, Karl, deutscher Philosoph, mit Heidegger Begründer der deutschen Existenzphilosophie, 1883 Oldenburg i. O. –1969.

Loos, Cécile Ines, schweiz. Erzählerin, 1883 Basel –1959.

Müller-Rueggsegger, Paul, schweiz. Chemiker, Nobelpreis für Medizin 1948 „für die Entdeckung der starken Wirkung von DDT als Kontaktgift gegen mehrere Arthropoden", 1899 Olten –1965.

Stickelberger, Emanuel, schweiz. Erzähler, Verfasser geschichtlicher Romane („Zwingli", „Holbein-Trilogie"), 1884 Basel –1962.

Wolfgottesacker

Bachofen, Johann Jakob, schweiz. Rechts- u. Kulturhistoriker, („Das Mutterrecht"), 1815 Basel –1887.

Wölfflin, Heinrich, schweiz. Kunsthistoriker

("Renaissance und Barock", "Kunstge-
schichtliche Grundbegriffe"), 1864 Winterthur –1945.

Bern

BREMGARTENFRIEDHOF

Huber, Eugen, schweiz. Jurist, Schöpfer des
schweiz. Zivilgesetzbuchs, 1849 Stammheim
Kt. Zürich –1923.

Kocher, Theodor, schweiz. Chirurg. Begründer der modernen Kropfchirurgie, Nobelpreis 1909 „für seine Arbeiten über Physio-
logie, Pathologie und Chirurgie der Schild-
drüse", 1841 Bern –1917.

Motta, Giuseppe, schweiz. Politiker, Präsident des Völkerbundes 1925, mehrfach Bundespräsident, 1871 Airolo, Tessin –1940.

SCHOSSHALDENFRIEDHOF

Klee, Paul, Maler und Graphiker, 1879 Mün-
chenbuchsee b. Bern –1940.
Inschrift der Grabplatte:
Diesseitig bin ich gar nicht faßbar. Denn
ich wohne grad so gut bei den Toten wie
den Geborenen. Etwas näher dem Herzen
der Schöpfung als üblich und noch lange
nicht nahe genug.

Tavel, Rudolf v., schweiz. Dramatiker u. Erzähler, 1866 Bern –1934.

Binningen Kt. Basel Land

Krueger, Felix, deutscher Psychologe, Begründer der Ganzheitspsychologie, 1874 Posen –1948.

Birr b. Brugg, Kt. Aargau

Pestalozzi, Joh. Heinrich, schweiz. Pädagoge
und Sozialreformer ,Anreger der modernen
Pädagogik, 1746 Zürich –1827.

Chêne-Bourg Kt. Genf

Lipatti, Dinu, rum. Pianist, 1917 Bukarest
–1950.

Chiésaz, La Kt. Waad

Hindemith, Paul, deutscher Komponist („Ma-
this der Maler··), Bahnbrecher der modernen
Musik, 1895 Hanau, Main –1963.

Chur Kt. Graubünden

KATHEDRALE ST. MARIAE HIMMELFAHRT

Jenatsch, Georg (Jürg), schweiz. Staatsmann,
kämpfte für die Befreiung Graubündens,
1596 Samaden –1639. Ermordet.

FRIEDHOF

Calonder, Felix, schweiz. Staatsmann, Vorsitzender der Völkerbundkommission für
Oberschlesien 1922–37. 1863 Schuls, Graubünden –1952.

Cologny Kt. Genf

Röpke, Wilhelm, deutscher Nationalökono-
nom, Vertreter des Neo-Liberalismus, 1899
Schwarmstedt, Bez. Hannover –1966.

Coppet Kt. Waadt

MAUSOLEUM

Necker, Jacques, Baron von Coppet. Französischer Staats- und Finanzmann. Sohn eines
deutschen Lehrers, 1732, Genf –1804. Beigesetzt im Mausoleum zu Coppet mit seiner
Frau Susanne, geb. Curchod in einem Mar-
morbecken, gefüllt mit Alkohol.

Stael, Germaine Baronin v. Staël-Holstein,
Tochter des J. Necker, franz. Schriftstellerin
schweiz. Abstammung („Corinna", „De l'Al-
lemagne"), Gegnerin Napoleons I., 1766 Paris –1817. Beigesetzt im Mausoleum zu Coppet zu Füßen ihrer Eltern.

Davos Kt. Graubünden

WALDFRIEDHOF WILDBODEN

Kirchner, Ernst Ludwig, deutscher Maler u.
Graphiker, Mitbegründer der „Brücke",
einer der bedeutendsten Vertreter des deutschen Expressionismus, 1880 Aschaffenburg
–1938. Selbstmord.

Dornach Kr. Solothurn

In dem 1927 erbauten Goetheaneum, dem Zentrum der anthroposophischen Bewegung, sind tausende von Behältern mit der Asche verstorbener Anthroposophen aufgestellt.

Morgenstern, Christian, deutscher Dichter („Palmström", „Galgenlieder"), 1871 München –1914.

Steiner, Rudolf, österr. Anthroposoph, Gründer des Goetheaneums, 1861 Kraljević, Kroatien – 1925.

Einsiedeln Kt. Schwyz

Lienert, Meinrad, schweiz. Lyriker und Erzähler, Schilderer der bäuerlichen Welt, 1865 Einsiedeln –1933.

Freiburg

JESUITENKIRCHE ST. MICHAEL

Canisius, Petrus, eigentl. Pieter de Hondt, Kirchenlehrer, erster deutscher Jesuit 1543, baute die oberdeutsche Ordensprovinz aus, Heiliger 1925, 1521 Nymwegen, Holland –1597.

Gachnang Kt. Thurgau

EV. FRIEDHOF

Huggenberger, Alfred, schweiz. Bauerndichter („Die Frauen von Siebenacker"), 1867 Bewangen b. Frauenfeld –1960.

Genf

MONUMENT BRUNSWICK Jardin des Alpes

Das Monument Brunswick ist in den siebziger Jahren des vorigen Jahrhunderts von der Stadt Genf aufgrund einer letztwilligen Verfügung des Herzogs Karl von Braunschweig, der auch hier beigesetzt ist, errichtet worden. Karl v. Braunschweig – „der verächtlichste der deutschen Fürsten" (Treitschke) – hatte 1831 nach seiner Flucht aus Braunschweig seine Thronrechte verloren. Er wohnte zuletzt in Genf und vermachte aus Haß gegen Braunschweig und seine Familie sein aus fragwürdigen Quellen stammendes Millionenvermögen, darunter die damals wertvollste Diamantensammlung der Welt, der Stadt Genf. Geknüpft war die Erbschaft an die Verpflichtung, dem Herzog nach dem Vorbild der Skaliger-Gräber in Verona ein Mausoleum aus Marmor zu errichten, gekrönt von seinem Reiterstandbild in Bronze. Um der wertvollen Erbschaft nicht verlustig zu gehen, ist die Stadt Genf durch Errichtung des Monument Brunswick der Auflage nachgekommen.

Karl, Herzog von Braunschweig 1815–1831, gen. „Der Diamantenherzog", Sohn des Herzogs Friedrich Wilhelm v. Braunschweig (→ Braunschweig, Dom), 1804 Braunschweig –1873.

CIMETIÈRE ST. GEORGES

Hodler, Ferdinand, schweiz. Maler („Die Nacht", „Der Holzfäller", „Auszug der Jenaer Studenten 1813"), 1853 Bern –1918.

CIMETIÈRE DE PLEINPALAIS

Ansermet, Ernest, schweiz. Dirigent, auch Musikschriftsteller, Interpret moderner Musik, 1883 Vevey –1969.

Barblan, Otto, Komponist, Organist u. Chorleiter, 1860 Scanfs, Engadin –1943.

Calvin, Johann, eigentl. Jean Cauvin, franz.-schweiz. Reformator, Herausgeber des Genfer Katechismus, 1509 Noyon, Oise –1564. Kein Grabstein.

Jaques-Dalcroze, Emile, Komponist und Musikpädagoge, Begründer der „rhythmischen Gymnastik", 1865 Wien –1950.

Kreutzer, Rodolphe, Violinvirtuose u. Komponist, 1766 Versailles –1831. Grab eingeebnet.

CIMETIÈRE PETIT SACONNEX

Quidde, Ludwig, deutscher Politiker u. Historiker, Pazifist, Vorsitzender der Deutschen Friedensgesellschaft 1914–29, Friedensnobelpreisträger 1927 mit Buisson, 1933 emigriert, 1858 Bremen –1941.

Gerra Piano Kt. Tessin

Weisenborn, Günther, deutscher Dramatiker u. Erzähler („Das Mädchen von Fanö", „Memorial", „Ballade vom Eulenspiegel, vom Federle und der dicken Pompanne"), 1902 Velbert, Rheinl. –1969.

Goldern Kt. Bern

Geheeb, Paul, deutscher Pädagoge, Gründer der Odenwaldschule und – nach Emigration – der Ecole d'Humanité in Goldern, 1870 Geisa, Kr. Bad Salzungen –1961.

Göschenen Kt. Uri

Favre, Louis, schweiz. Ingenieur, Erbauer des Gotthard-Tunnels, 1826 Chêne-Bourg b. Genf –1879. Im Tunnel vor dessen Vollendung einem Herzschlag erlegen.

Gravesano Kt. Tessin

Scherchen, Hermann, deutscher Dirigent (Königsberg, Winterthur) und Musikschriftsteller, Förderer elektronischer Musik, 1891 Berlin –1966. Beigesetzt im Garten seiner Besitzung.

Gstaad Kt. Bern

Coudenhove-Kalergi, Richard Reichsgraf v., Präsident der Pan-Europa-Union, 1894 Tokio –1972.

Herisau Kt. Appenzell-Ausserrhoden

Walser, Robert, schweiz. Lyriker u. Erzähler („Jakob v. Gunten"), 1878 Biel –1956. Zuletzt geisteskrank.

Kilchberg Kt. Zürich

Foerster, Friedrich Wilhelm, deutscher Philosoph und Pädagoge, Pazifist, Gegner des deutschen Nationalismus, 1869 Berlin –1966.

Klages, Ludwig, deutscher Philosoph, Psychologe und Graphologe („Handschrift und Charakter"), Vertreter der Lebensphilosophie, 1872 Hannover –1956.

Mann, Thomas, deutscher Schriftsteller, Nobelpreis 1929 „hauptsächlich für seinen großen Roman ‚Buddenbrooks', der im Laufe der Jahre allgemeine Anerkennung als ein klassisches Werk der zeitgenössischen Literatur gefunden hat" ‚Bruder von Heinrich Mann (→ Berlin-Ost, Dorotheenst. Friedhof), 1875 Lübeck –1955.

Meyer, Conrad Ferdinand, schweiz. Schriftsteller, neben Gotthelf (→ Lützelflüh, Kanton Bern) und Keller (→ Zürich) der bedeutendste schweiz. Erzähler und Lyriker des 19. Jahrhunderts („Jürg Jenatsch", „Der Schuß von der Kanzel"), 1825 Zürich –1898. Zuletzt geistig umnachtet.

Klosters Kt. Graubünden

Kröger, Theodor, deutscher Schriftsteller („Das vergessene Dorf", „Heimat am Don"), 1897 St. Petersburg –1958. Urne bei seinem Wohnhaus auf der „Mutta" beigesetzt.

Kreuzlingen Kt. Thurgau

EV. FRIEDHOF

Binswanger, Ludwig, schweiz. Psychiater, Begründer der auf Heidegger basierenden Daseinsanalyse, 1881 Kreuzlingen –1966.

Küsnacht Kt. Zürich

Jung, Carl Gustav, schweiz. Psychologe und Psychiater, schuf eine Typenpsychologie, 1875 Kesswil b. Romanshorn –1961.

Liestal Kt. Basel-Land

Herwegh, Georg, politisch-revolut. Lyriker („Gedichte eines Lebendigen"), Wegbereiter der Revolution von 1848, auch Übersetzer, 1817 Stuttgart –1875.

Locarno Kt. Tessin

CIMITERO DI LOCARNO

Arp, Hans, deutsch-franz. Bildhauer, Maler und Dichter, Mitbegründer des Dadaismus und Surrealismus, 1887 Straßburg, Els.–1966.

LOCARNO-MINUSIO

George, Stefan, deutscher Dichter, Lyriker („Das Jahr der Seele“, „Maximin“, „Der siebente Ring“), 1868 Bingen –1933.

LOCARNO-MURALTO

Willstätter, Richard, deutscher Chemiker, Nobelpreis 1915 für seine Forschungen über Farbstoffe im Pflanzenbereich, besonders über Chlorophyll, 1872 Karlsruhe –1942.

Lugano-Castagnola Kt. Tessin

Caracciola, Rudolf, deutscher Automobilrennfahrer mit 115 Siegen, 1901 Remagen –1959.

Lützelflüh b. Burgdorf, Kt. Bern

Gotthelf, Jeremias, eigentl. Albert Bitzius, schweiz. Pfarrer u. Erzähler, Bahnbrecher u. Klassiker des Bauernromans („Uli der Knecht“), 1797 Murten, Kt. Freiburg –1854.

Luzern

FRIEDHOF FRIEDENTAL

Fischer, Edwin, schweiz. Dirigent und Pianist, Interpret von Bach u. Beethoven, 1886 Basel –1960. Urnenfriedhof.

Mengelberg, Willem, niederl. Dirigent, Leiter des Concertgebouw-Orchesters in Amsterdam 1895–1945. 1871 Utrecht –1951.

Spitteler, Carl. schweiz. Epiker, Lyriker und Erzähler, Nobelpreis 1919 „in Würdigung besonders seines machtvollen Epos ‚Olympischer Frühling‘“, 1845 Liestal, Kt. Basel-Land –1924.

KREMATORIUMSFRIEDHOF

Flesch, Carl, ungarischer Violinvirtuose, 1873 Wieselburg, Ungarn –1944.

Maienfeld b. Ragaz Kt. Graubünden

Knittel, John, eigentl. Hermann Knittel, schweiz. Romanschriftsteller („Therese Eti-

enne“, „Via Mala“, „El Hakim“), 1891 Dharwar, Indien –1970.

Maloja Kt. Graubünden

Segantini, Giovanni, schweiz. Maler ital. Herkunft, Maler von Hochgebirgslandschaften, 1858 Arco, Südtirol –1899.

Meilen Kt. Zürich

Wille, Ulrich, schweiz. General u. Prof. an der TH Zürich, Oberbefehlshaber des schweiz. Heeres während des 1. Weltkrieges, 1848 Hamburg –1925.

Morcote Kt. Tessin

d'Albert, Eugen, deutscher Komponist u. Pianist („Tiefland“, „Die toten Augen“), 1864 Glasgow –1932.

Baklanoff, George, russ. Sänger (Bariton), 1882 St. Petersburg –1938.

Kaiser, Georg, deutscher Dramatiker des Expressionismus („Die Bürger von Calais“, „Gas“, „Der Gärtner von Toulouse“), 1878 Magdeburg –1945.

Moissi, Alexander, österr. Schauspieler, 1880 Triest –1935.

Neggio b. Lugano, Kt. Tessin

Picard, Max, schweiz. Kulturphilosoph u. Schriftsteller, 1888 Schopfheim b. Lörrach –1965.

Niedererlinsbach Kt. Solothurn

Arx, Caesar v., schweizer Dramatiker („Land ohne Himmel“, „Brüder in Christo“), 1895 Basel –1949.

Oschwand b. Riedtwil, Kt. Bern

Amiet, Cuno, Maler u. Graphiker, 1868 Solothurn –1961.

Pully Kt. Waadt

Guisan, Henri, schweiz. General, Oberbefehlshaber des schweiz. Heeres während des

2. Weltkrieges, 1874 Mézières, Kt. Waadt –1960.

Ramuz, Charles Ferdinand, franz.-schweiz. Schriftsteller ("Aline", "Der Bergsturz"), 1878 Cully b. Lausanne –1947.

Raron Kt. Wallis

Rilke, Rainer (René) Maria, österr. Dichter ("Das Stunden-Buch", "Die Weise von Liebe und Tod des Cornets Christoph Rilke", "Duineser Elegien"), 1875 Prag –1926.
Inschrift auf dem Grabstein:
Rose, oh reiner Widerspruch, Lust, niemandes Schlaf zu sein unter soviel Lidern.

Ronco sopra Ascona Kt. Tessin

Remarque, Erich Maria, eigentl. Erich Paul Remark, deutscher Schriftsteller ("Im Westen nichts Neues", "Arc de Triomphe", "Die Nacht von Lissabon"), 1938 ausgebürgert, 1898 Osnabrück –1970.

Rüschlikon Kt. Zürich

Bührle, Emil, Industrieller. Gründer der Maschinenfabriken Oerlikon. Kunstsammler. 1890 Pforzheim –1956.

Duttweiler, Gottlieb, schweiz. Großkaufmann und Sozialpolitiker, Gründer der "Migros"-Vertriebe, 1888 Zürich –1962.

Ruvigliana
b. Lugano-Castagnola Kt. Tessin

Villa Aldebaran, Via della Vigne Nr. 7

Klose, Friedrich, deutscher Komponist (Oper "Ilsebill"), 1862 Karlsruhe –1942.

Sachseln Kt. Obwalden

Pfarrkirche

Nikolaus von der Flüe (Bruder Klaus), Einsiedler und Mystiker, Heiliger 1947, 1417 Flüeli ob Sachseln –1487.

S. Abbondio b. Lugano, Kt. Tessin

Hesse, Hermann, deutscher Lyriker u. Erzähler ("Unterm Rad", "Demian", "Das Glasperlenspiel"), Nobelpreis 1946 "für sein inspiriertes dichterisches Schaffen", 1877 Calw –1962.

Walter, Bruno, eigentl. Schlesinger, deutscher Dirigent in München, Berlin und Wien, 1876 Berlin –1962.

St. Gallen

Friedhof St. Georgen

Nawiasky, Hans, österr. Staatsrechtler, Schöpfer der bayer. Verfassung von 1946, 1880 Graz –1961.

St. Moritz Kt. Graubünden

Alsberg, Max, deutscher Jurist, Rechtsanwalt, einer der bedeutendsten Strafverteidiger, 1877 Bonn –1933. Selbstmord.

Siders (Sierre) Kt. Wallis

Kassner, Rudolf, österr. Kulturphilosoph und Schriftsteller, 1873 Groß-Pawlowitz, Südmähren –1959.

Solothurn-St. Niklaus Kt. Solothurn

Sealsfield, Charles, eigentl. Karl Anton Postl, österr. Schriftsteller, Erzähler, Schilderer von Land und Leuten Nordamerikas ("Das Kajütenbuch"), 1793 Poppitz b. Znaim –1864.

Stäfa Kt. Zürich

Wiechert, Ernst, deutscher Schriftsteller ("Das einfache Leben", "Die Jerominkinder", "Der Totenwald"), 1887 Kleinort, Ostpr. –1950.

Stampa Kt. Graubünden

Friedhof St. Giorgio

Giacometti, Alberto, Bildhauer, 1901 Stampa –1966.

Vechingen Kt. Bern

Kreutzberg, Harald, österr. Tänzer, Vertreter des Ausdrucks-Tanzes, 1902 Reichenberg, Böhmen –1968.

Ufenau Insel (Züricher See) Kt. St. Gallen

Hutten, Ulrich v., deutscher Humanist und Reichsritter, Anhänger der Reformation, 1488 Burg Steckelberg b. Fulda –1523.

Winterthur Kt. Zürich

FRIEDHOF ROSENBERG

Reinhart, Oskar, Kaufmann und bedeutender Kunstsammler, schenkte 1951 seine Sammlung deutscher und schweizer Gemälde des 18. u. 19. Jh. der Stadt Winterthur („Stiftung Oskar Reinhart"), 1885 Winterthur –1965.

Weingartner, Felix v., österr. Dirigent und Komponist, 1863 Zara, Dalmatien –1942.

AUF DEM BRÜHLKOPF

Heer, Jakob Christoph, schweiz. Erzähler („An heiligen Wassern", „Der König der Bernina", „Der Wetterwart"), 1859 Töß b. Winterthur –1925. Urne beigesetzt am Denkmal von Heer.

Yvorne b. Aigle Kt. Waadt

Forel, Auguste, schweiz. Psychiater und Ameisenforscher („Die soziale Welt der Ameisen"), Vorkämpfer der Abstinenzbewegung, 1848 Morges, Kt. Waadt –1931.

Zürich

GROSSMÜNSTER

Gesner, Conrad, schweiz. Naturforscher und Polyhistor, Begründer der wissenschaftlichen Botanik u. Zoologie, 1516 Zürich –1565.

ST. PETER

Lavater, Johann Kaspar, schweiz. prot. Theologe und Philosoph („Physiognomische Fragmente"), 1741 Zürich –1801.

RIGIBLICK

Büchner, Georg, deutscher Dichter u. Dramatiker („Dantons Tod", „Woyzeck"), 1813 Goddelau b. Darmstadt –1837. 1876 vom Krautgarten-Friedhof überführt.

NÄGELI-GEDENKSTÄTTE, Hohe Promenade

Nägeli, Hans Georg, Chordirigent u. Musikverleger, 1773 Wetzikon b. Zürich –1836.

FRIEDHOF SIHLFELD

Bebel, August, deutscher Politiker, Mitbegründer 1869 und Führer der sozialdemokr. Partei, 1840 Köln –1913.

Bircher-Benner, Maximilian, schweiz. Arzt, Ernährungsreformer („Bircher-Müsli"), 1867 Aarau –1939. Urnenhain.

Dunant, Henri, schweiz. Kaufmann, Schriftsteller u. Philanthrop, „Vater" des Roten Kreuzes und Urheber der Genfer Konvention, erster Friedensnobelpreisträger 1901 mit Passy, 1828 Genf –1910.

Keller, Gottfried, schweiz. Schriftsteller („Der grüne Heinrich", „Die Leute von Seldwyla") 1819 Zürich –1890.

Kinkel, Johann Gottfried, deutscher Schriftsteller, Lyriker u. Dramatiker, 1815 Oberkassel, Siegkr. –1882.

Oken, Lorenz, eigentl. Ockenfuß, deutscher Zoologe und Philosoph, 1779 Bohlsbach, Kr. Offenburg –1851.

Polgar, Alfred, österr. Schriftsteller u. Kritiker, bedeutender Feuilletonist, 1873 Wien –1955.

Spyri, Johanna geb. Heußer, schweiz. Schriftstellerin, Verfasserin von Jugendschriften („Heidi"), 1829 Hirzel b. Zürich –1901.

Weyl, Hermann, deutscher Mathematiker und Physiker, Arbeiten zur Relativitäts- u. Quantentheorie, 1885 Elmshorn, Holst. –1955.

FRIEDHOF ENZENBÜHL

Filchner, Wilhelm, deutscher Forschungsreisender (Pamir, Zentralasien, Südpol), 1877 München –1957.

Huber, Max, schweiz. Staats-, Völker- u. Kirchenrechtler, Präsident des Intern. Gerichtshofs in Den Haag 1925–28 und des Intern. Komitees vom Roten Kreuz in Genf 1928–44, 1874 Zürich –1960.

Werner, Alfred, schweiz. Chemiker, Nobelpreis 1913 „auf Grund seiner Arbeiten über die Bindungsverhältnisse der Atome im Molekül, wodurch er ältere Forschungsgebiete geklärt und neue erschlossen hat, besonders im Bereich der anorganischen Chemie", 1866 Mühlhausen, Els. –1919. Grab aufgelassen.

Zahn, Ernst, schweiz. Volksschriftsteller, Schilderer der schweiz. Berg- und Bauernwelt („Frau Sixta"), Bahnhofswirt in Göschenen 1900–17, 1867 Zürich –1952.

„Wenig ist irdisch, das bliebe
Für mehr Zeit als Rosen rot sind.
Nur unsere Taten der Liebe
Leben noch, wenn wir tot sind."

FRIEDHOF FLUNTERN

Abderhalden, Emil, schweiz. Physiologe, Entdecker der Abwehrfermente, 1877 Oberuzwil Kt. St. Gallen –1950.

Joyce, James, irischer Schriftsteller, Lyriker und Romancier („Ulysses"), 1882 Dublin –1941.

Karrer, Paul, schweiz. Biochemiker, Mitarbeiter von Ehrlich (→ Frankfurt/M.), Nobelpreis 1937 mit Haworth „für seine Forschungen über die Caratinoide und Flavine sowie über die Vitamine A und B_2", 1889 Moskau –1971.

Wartburg, Walther v., schweiz. Romanist, 1888 Riedholz, Kt. Solothurn –1971.

JÜDISCHER FRIEDHOF, Unterer Friesenberg

Salten, Felix, eigentl. Siegmund Salzmann, österr. Schriftsteller, Verfasser von Tiergeschichten („Bambi"), 1869 Budapest –1945.

Schmidt, Joseph, lyrischer Tenor, Konzert- u. Operettensänger („Ein Lied geht um die Welt"), 1904 Bawideni, Rumänien –1942. Verstorben im Internierungslager Gyrenbad/Schweiz

FRIEDHOF NORDHEIM

Burkhard, Willy, schweiz. Komponist, Opern („Die schwarze Spinne") und Oratorien („Das Gesicht Jesajas", „Das Jahr"), 1900 Leubringen b. Biel –1955.

Zollinger, Albin, Lyriker u. Erzähler, 1895 Zürich –1941. Ehrengrab.

Zürich-Höngg

Kleiber, Erich, österr. Dirigent, Generalmusikdirektor der Berliner Staatsoper 1923–35, später in Südamerika, 1890 Wien –1956.

Zürich-Manegg

Andreae, Volkmar, Dirigent, 1879 Bern –1962.

Schoeck, Othmar, schweiz. Komponist u. Dirigent, Opern, Chorwerke und Lieder, 1886 Brunnen, Kant. Schwyz –1957. Ehrengrab.

Zürich-Rehalp

Brunner, Emil, schweiz. reform. Theologe, Mitbegründer der dialektischen Theologie, 1889 Winterthur –1966.

Goetz, Hermann, deutscher Komponist (Oper „Der Widerspenstigen Zähmung··), 1840 Königsberg, Pr. –1876.

Meyer-Amden, Otto, Maler u. Grphiker, 1885 Bern –1933.

Schaan Fstt. Liechtenstein

FRIEDHOF DES KLOSTERS ST. ELISABETH

Goetz, Curt, Bühnenschriftsteller und Romanautor („Das Haus in Montevideo", „Die Tote von Beverly Hills"), 1888 Mainz –1960.

Übriges Ausland
Europa

Amsterdam

FRIEDHOF BUITENVELDERT

Campendonk, Heinrich, Maler u. Graphiker aus dem Kreis der Künstlergemeinschaft „Der blaue Reiter", 1889 Krefeld –1957.

Brüssel

FRIEDHOF IXELLES

Sternheim, Carl, Schriftsteller, sozialkritischer Dramatiker und Erzähler („Die Hose", „Bürger Schippel"), 1878 Leipzig –1942.

Delft

NIEUWE KERK

Wilhelm I. von Oranien-Nassau, gen. „Der Schweiger··, Statthalter der Niederlande, Begründer der niederländischen Unabhängigkeit, 1533 Dillenburg –1584. Ermordet.

Moritz, Prinz v. Oranien, Graf v. Nassau-Dillenburg, Statthalter der Niederlande, berühmter Feldherr seiner Zeit, Sohn Wilhelms I., 1567 Dillenburg –1625.

Doorn Prov. Utrecht

Wilhelm II., deutscher Kaiser u. König v. Preußen, 1888–1918, 1859 Potsdam –1941.

Driehuizen-Westerveld b. Haarlem

Kautsky, Karl, österr. Sozialist, Privatsekre-

tär von Engels, Mitverfasser des Erfurter Programms, 1854 Prag –1938.

Luxemburg

CIMETIÈRE DE NOTRE DAME

Voigt, Wilhelm, Schuhmacher, der „Hauptmann von Köpenick", 1850 Tilsit –1922.

Middelburg Insel Walcheren

NIEUWE KERK frühere Abteikirche

Wilhelm v. Holland, deutscher König 1247–1256, um 1227 Leiden –1256. Gefallen bei Hoogwoude nordw. Alkmaar im Kampf gegen die Friesen. Leiche erst 26 Jahre später von seinem Sohn entdeckt und nach Middelburg überführt.

Zwolle

ST. MICHAELSKIRCHE

Thomas von Kempen, eigentl. Th. Hemerken, deutscher Mystiker, 1379 Kempen, Niederrh. –1471.

Prag

METROPOLITANKIRCHE ZU ST. VEIT – DOM

Karl IV., deutscher König seit 1346 u. Kaiser seit 1355, 1316 Prag –1378.

Wenzel, deutscher König 1378–1400, als Wenzel IV. König v. Böhmen 1378–1419, als deutscher König 1400 abgesetzt, Sohn Karls IV., 1361 Nürnberg –1419.

Ferdinand I., deutscher Kaiser seit 1556, Bru-

der Karls V. (→ Escorial, Spanien), 1503 Alcalá de Henares, Kastilien –1564.

Maximilian II., deutscher Kaiser seit 1564, Sohn Ferdinands I., 1527 Wien –1576.

Rudolf II., deutscher Kaiser seit 1576, Sohn Maximilians II., 1552 Wien –1612.

Parler, Peter, Baumeister und Bildhauer (Dom zu Prag), 1330 Schw.Gmünd –1399.

Mariae Himmelfahrtskirche

Pappenheim, Gottfried Heinrich Graf zu, kaiserl. Reitergeneral im 30jährigen Kriege, 1594 Treuchtlingen –1632. Gefallen in der Schlacht bei Lützen.

Kafka, Franz, einer der bedeutendsten Dichter des 20. Jahrhunderts („Der Prozeß", „Das Schloß"), 1883 Prag –1924.

Orlik, Emil, Maler u. Graphiker, 1870 Prag –1932.

Austerlitz Slavkow, Mähren

Kaunitz, Wenzel Anton Fürst v., österr. Staatskanzler 1753–92, bestimmte unter Maria Theresia weitgehend die österr. Außenpolitik, 1711 Wien –1794.

Brünn (Brno)

Jobst v. Mähren, deutscher König 1410–11, um 1350–1411.

Trenck, Franz Frhr. von der, österr. Oberst, Führer der Panduren im 1. u. 2. Schlesischen Krieg, wegen Greueltaten seiner Untergebenen zum Tode verurteilt, später zu lebenslänglicher Haft begnadigt, 1711 Reggio di Calabria –1749.

Mendel, Gregor Johann, Abt des Altbrünner Augustinerkonvents, Begründer der modernen Vererbungslehre, 1822 Heinzendorf b. Troppau –1884.

Buchlau (Buchlov) b. Ungar. Hradisch (Uh Hradište), Mähren

Berchtold, Leopold Graf v., österr. Außenminister 1912–15, verantwortlich für das Ultimatum an Serbien Juli 1914, 1863 Wien –1942.

Deschna (Destna) Bez. Tabor
Dittersdorf, Karl Ditter v., Dirigent und Komponist („Doktor und Apotheker"), 1789 Wien –1799. Grabstätte noch erhalten.

Münchengrätz (Mnichowo Haradiste)
Wallenstein, eigentlich Waldstein, Albrecht Wenzel Eusebius v., Herzog von Friedland, kaiserl. Generalissimus, 1583 Hermanitz b. Königgrätz –1634. In Eger von seinen Offizieren ermordet. Wallenstein wurde zunächst in der Minoritenkirche in Mies b. Eger beigesetzt, 1636 in die Kartause Waldiz bei Gitschin überführt und fand erst 1785 in der Schloßkapelle St. Anna zu Münchengrätz seine endgültige Ruhestätte.

Plaß (Plasy)
Metternich, Clemens Lothar Fürst v. Metternich-Winneburg, österr. Staatsmann, Außenminister 1809 u. Staatskanzler 1821–48. 1773 Koblenz –1859.

Tachau

Windischgrätz, Alfred Fürst zu, österr. Feldmarschall, schlug 1848 den Wiener Oktoberaufstand nieder und kämpfte 1849 gegen die aufständischen Ungarn, 1787 Brüssel –1862.

Teplitz-Schönau (Teplice-Šanov)
Seume, Johann Gottfried, Schriftsteller, Verfasser von Reiseschilderungen unter Berück-

sichtigung der sozialen und kulturellen Verhältnisse („Spaziergang nach Syrakus"), 1763 Poserna b. Weißenfels –1810.

Wittingau Bez. Budweis

Schwarzenberg, Felix Fürst zu, österr. Staatsmann, Ministerpräsident 1848–52. 1800 Krumau –1852.

Worlik (Moldau)

Schwarzenberg, Karl Philipp Fürst zu, österr.

Feldmarschall, Oberbefehlshaber der Verbündeten in den Kriegen 1813–15. 1771 Wien –1820.

Zdislawitz (Zdislavic) bei Kremsier (Kromeriz) Mähren

Ebner-Eschenbach, Marie Freifrau v., geb. Gräfin Dubsky, österr. Erzählerin, 1830 Zdislawitz –1916.

Paris

Frankreich

INVALIDEN DOM

Reichstadt, Napoléon Herzog v., Sohn Napoleons I. und der Kaiserin Marie Louise (→ Wien, Kapuzinergruft), 1811 Paris –1832. Auf Anordnung von Adolf Hitler aus der Kapuzinergruft Wien überführt.

ST. EUSTACHE

Mozart, Anna Maria, geb. Pertl, Mozarts Mutter, 1720 St. Gilgen –1778.

ST. DENIS-BASILIKA

Marie Antoinette, Königin von Frankreich, geb. Erzherzogin von Österreich, Gemahlin Ludwigs XVI., Tochter Maria Theresias (→ Wien, Kapuzinergruft), 1755 Wien –1793. Hingerichtet; ihre Gebeine wurden 1817 auf Veranlassung Ludwigs XVIII. vom Friedhof Madeleine nach St. Denis überführt.

PÈRE LACHAISE

Lit.: Moiroux, Le cimetière Père Lachaise, Paris 1909.

Der Friedhof Père Lachaise »Cimetière de l'Est« ist 1804 auf einem Gelände angelegt worden, auf dem sich früher ein Landhaus des Jesuitenpaters

François d'Aix de La Chaise, 1624–1709, des Beichtvaters von Ludwig XIV. befunden hatte. Er gehört zu den berühmtesten Friedhöfen der Welt.

Agoult, Marie Comtesse d', geb. de Flavigny, Schriftstellerin („Nélida"), Gefährtin von Franz Liszt (→ Bayreuth) und Mutter Cosima Wagners (→ Bayreuth), 1805 Frankfurt/M. –1876.

Börne, Ludwig, eigentl. Loeb Baruch, Schriftsteller und Kritiker („Briefe aus Paris"), 1786 Frankfurt/M. –1837.

Goll, Yvan, deutsch-franz. Lyriker des Expressionismus, später des Surrealismus, 1891 Saint-Dié –1950.

Hahnemann, Samuel Friedrich, Arzt, Begründer der Homöopathie, 1755 Meißen –1843.

Keßler, Harry Graf, deutscher Diplomat u. Schriftsteller, 1868 Paris –1937.

MONTMARTRE-FRIEDHOF

Heine, Heinrich, bedeutender deutscher Ly-

riker. 1797 Düsseldorf –1856. Auf dem Grabstein Heines Vers:
Wo wird einst des Wandermüden
letzte Ruhestätte sein?

Hittorf, Jakob Ignaz, Architekt (St. Vincent-de-Paul und Gare du Nord in Paris, Entwürfe für die Place de la Concorde), 1792 Köln –1867.

Offenbach, Jaques, Opern- u. Operettenkomponist („Hoffmanns Erzählungen", „Orpheus in der Unterwelt", „Die schöne Helena"), 1819 Köln –1880.

Tulla, Johann Gottfried, Oberst u. Ingenieur, verdient um die Regulierung des Oberrheins, Begründer einer Ingenieurschule in Karlsruhe 1807, aus der später die dortige TH hervorgegangen ist, 1770 Karlsruhe –1828.

CIMETIÈRE ST. VINCENT

Honegger, Arthur, schweiz. Komponist („König David", „Johanna auf dem Scheiterhaufen"), 1892 Le Havre –1955.

FRIEDHOF THIAIS

Celan, Paul, eigentl. Antschel, österr. Lyriker („Sand aus den Urnen"), 1920 Czernowitz –1970. Selbstmord.

Roth, Joseph, österr. Schriftsteller („Radetzky-Marsch", „Kapuzinergruft"), 1894 Schwabendorf b. Brody, Galizien –1939.

FRIEDHOF CHATENAY-MALABRY

Wels, Otto, soziald. Politiker, Vorsitzender der SPD 1931–33, wandte sich am 23.3.1933 im Reichstag als einziger Redner gegen das Ermächtigungsgesetz Hitlers, 1873 Berlin –1939.

Übriges Frankreich

Breuschurbach Fouday, Dept. Bas Rhin

Oberlin, Johann Friedrich, evgl. Theologe u. Pädagoge, Philanthrop, 1740 Straßburg –1826.

Housseras Dept. Vosges

Döblin, Alfred, Arzt u. Schriftsteller, Erzähler, Dramatiker u. Essayist („Berlin Alexanderplatz"), 1878 Stettin –1957.

Krautergersheim b. Straßburg

Schönemann, Lilli, verehel. von Türckheim, Frankfurter Bankierstochter, Verlobte Goethes 1775, 1758 Frankfurt/M. –1817.

Roquebrune b. Mentone
Dept. Alpes-Maritimes

Le Corbusier, eigentl. Charles Édouard Jeanneret, schweiz. Architekt (Wallfahrtskirche Ronchamp, Corbusierhaus in Berlin), 1887 La-Chaux-de-Fonds, Kt. Neuenburg –1965. Ertrunken.

St. Ouen b. Paris, Dept. Val d'Oise

Horvath, Ödön v., österr. Schriftsteller („Geschichten aus dem Wiener Wald"), 1801 Fiume –1938. Auf den Champs Elysées in Paris von einem abgebrochenen Ast erschlagen.

Straßburg

MÜNSTER, Leichhöfel

Erwin v. Steinbach, Baumeister der Gotik, Leiter der Straßburger Münsterbauhütte, um 1244–1318.

ÉGLISE ST. THOMAS

Moritz, Graf v. Sachsen, gen. Maréchal de Saxe, Feldherr in franz. Diensten, natürlicher Sohn von August d. Starken und der Gräfin Aurora v. Königsmarck (→ Quedlinburg, DDR), 1696 Goslar –1750. Grabdenkmal von Pigalle.

Villars-les-Dombes Saône-et-Loire

Cortot, Alfred, franz.-schweiz. Pianist u. Dirigent, 1877 Nyon –1962.

Kolonos-Hügel

Müller, Karl Otfried, Archäologe und Altphilologe, 1797 Brieg –1840.

Erster Friedhof

Furtwängler, Adolf, Archäologe, Ausgrabungen in Olympia u. Ägina, Vater des Dirigenten Wilhelm Furtwängler (→ Heidelberg), 1853 Freiburg, Br. –1907.

Schliemann, Heinrich, Archäologe, ursprünglich Kaufmann, Ausgrabungen in Troja u. Mykene, 1822 Neubukow, Mecklenb. –1890.

Nidri Insel Leukas

Dörpfeld, Wilhelm, Archäologe, Direktor des deutschen archäologischen Instituts in Athen, Ausgrabungen in Olympia u. Troja, 1853 Barmen –1940.

Aberdeen   **Großbritannien**

Adler, Alfred, österr. Psychologe, Begründer der Individualpsychologie, 1870 Penzing b. Wien –1937.

Hayles Cornwall

Zisterzienserkloster

Richard v. Cornwall, deutscher König 1257–72, 1209 Winchester –1272.

London

Westminster Abtei

Händel, Georg Friedrich, Komponist und Organist, neben Opern vor allem Schöpfer von Oratorien („Saul", „Israel in Ägypten"), 1685 Halle, S. –1759.

St. Pauls-Kathedrale

Füßli, Johann Heinrich, schweiz. Maler, Graphiker u.Kunstschriftsteller, Direktor der Londoner Akademie, Shakespeare-Illustrator, 1741 Zürich –1825. Beigesetzt an der Seite von Reynolds.

Krematorium Golders Green

Freud, Sigmund, österr. Psychiater und Neurologe, Begründer der Psychoanalyse, 1856 Freiberg, Mähren –1939.

Brompton-Cemetery, London-Kensington

Tauber, Richard, eigentl. Ernst Seiffert, österr. Sänger (Tenor), 1892 Linz ObÖ –1948. Überführung nach Bad Ischl geplant, wo sich auf dem Friedhof – in der Nähe der letzten Ruhestätte von Lehár – bereits ein Grabstein für Tauber befindet.

North Land Cemetery, London-Highgate

Marx, Karl, Theoretiker des Sozialismus, Begründer des dialektischen Materialismus, 1818 Trier –1883.

Upton b. Slough

Kirche

Herschel, Wilhelm, Astronom, Entdecker des Uranus und der Eigenbewegung des Sonnensystems, Bruder der Astronomin Lucretia

Caroline Herschel (→ Hannover, Garten-friedhof), 1738 Hannover –1822.

Windsor

ALBERT MEMORIAL CHAPEL

Albert, Prinz v. Sachen-Coburg-Gotha, Prinzgemahl der Königin Victoria von Eng-land, Vater der deutschen Kaiserin Viktoria (→ Potsdam), 1819 Schloß Rosenau b. Co-burg –1861.

ST. GEORGS KAPELLE

Georg V., letzter König von Hannover 1851–1866, 1866 entthront, 1819 Berlin –1878.

Italien

Rom

S. PIETRO IN VATICANO

Otto II., deutscher Kaiser 973–83, Sohn Ottos I. (→ Magdeburg), 955–983.

Leo IX, Bruno Graf v. Egisheim-Dagsburg, Papst 1049–54, als einziger deutscher Papst heiliggesprochen, 1002 Egisheim –1054.

Kaas, Ludwig, kath. Theologe und Politiker, Vorsitzender der Zentrumspartei 1928–33, später Leiter der Ausgrabungen von St. Peter, 1881 Trier –1952.

S. ANDREA DELLA FRATTE

Kauffmann, Angelika, schweiz. Malerin, 1741 Chur –1807.

Müller, Friedrich, gen. „Maler Müller", Schriftsteller des Sturm und Drang („Das Nußkernen") und Maler, 1749 Bad Kreuz-nach –1825.

Schadow, Rudolf, klassizistischer Bildhauer, Sohn des Bildhauers Gottfried Schadow (→ Berlin-Ost) und Bruder des Malers Wilhelm v. Schadow (→ Düsseldorf), 1786 Rom –1822.

SAN BERNARDO

Overbeck, Johann Friedrich, Maler, Führer der Nazarener, 1789 Lübeck –1869.

SAN LORENZO IN LUCINA

Elsheimer, Adam, Landschaftsmaler, 1578 Frankfurt/M. –1610.

STA. MARIA DELL'ANIMA

Holstenius, Lucas, Inspektor der Vatikani-schen Bibliothek („Das Orakel der Gelehr-samkeit"), 1596 Hamburg –1661. (Epitaph).

S. MICHELE IN SASSIA

Mengs, Anton Raffael, österr. Maler (Fresken u. Portraits). 1728 Aussig, Böhmen –1779.

SAN PIETRO IN VINCOLI

Nikolaus v. Kues (Nicolaus Cusanus), eigentl. Krebs, Theologe und letzter großer Philo-soph des Mittelalters, Frühhumanist, 1401 Kues, Mosel –1464 (Herz → Kues/Mosel).

CAMPOSANTO TEUTONICO

Der Camposanto teutonico, der deutsche katholi-sche Friedhof in Rom, befindet sich in unmittelbarer Nähe von St. Peter auf einem Gebiet, das einst zum Zirkus des Kaisers Nero gehörte. Karl d. Gr. er-warb das Gelände vom Papst Leo III. und gründete die „schola Francorum". Aus ihr ist später die deutsche Nationalstiftung von Sta. Maria in Cam-posanto hervorgegangen, zu der ein Priesterkolle-gium gehört, das sich mit Studien auf dem Gebiet der christlichen Archäologie und der Kirchenge-schichte befaßt. Um 1430 ließ ein „nobilis peregri-nus Fridericus Teutonicus" den Friedhof instand-setzen und 1447 wurde eine Armenseelenbrüder-schaft gegründet, die heutige Erzbruderschaft des Camposanto, um den in Rom verstorbenen Deut-schen ein würdiges Begräbnis zu sichern.

Andres, Stefan, Romanschriftsteller u. Novellist („El Greco malt den Großinquisitor", „Die Sintflut"), 1906 Dhrönchen b. Leiwen, Mosel –1970.

Curtius, Ludwig, Archäologe, Direktor des Deutschen Archäologischen Instituts in Rom, 1874 Augsburg –1954.

Koch, Joseph Anton, österr. Maler u. Radierer, Meister der „heroischen Landschaft", 1768 Obergiblen, Bez. Reutte –1839.

Wagner, Martin v., Bildhauer (Fries für die Walhalla bei Regensburg) und Kunstsammler, Kunstberater Ludwigs I. v. Bayern, 1777 Würzburg –1858.

Cimitero degli stranieri acattolici
(Protestantischer Friedhof)

Lit.: Beck-Friis, Johan, Der protestantische Friedhof in Rom, Malmö 1956.

*In der Mitte des 18. Jahrhunderts stellten die päpstlichen Behörden zur Beisetzung der in Rom verstorbenen Nichtkatholiken ein Stück Land auf den „Prati del popolo romano" (Wiesen des römischen Volkes) zur Verfügung. Es schloß sich unmittelbar an die Cestius-Pyramide an, einem 16 v. Chr. für den Praetor Cestius Epulo erbauten Mausoleum, das später in die Aurelianische Stadtmauer einbezogen worden war. Als erster dürfte im Jahre 1738 ein englischer Student aus Oxford auf dem Gelände bestattet worden sein. Die erste dokumentarische Erwähnung der Begräbnisstätte findet sich auf einem Stadtplan von 1748, der den jetzigen alten Teil des Friedhofs (Parte antica) als „Ort ,wo man die Protestanten beerdigt" ausweist. Auf ihm finden sich nur noch wenige Gräber, so die von Carstens, Fohr und des englischen Dichters Keats. Das Kernstück des heutigen Friedhofs ist die „Zona vecchia", um die die Begräbnisstätte zuerst 1821 nach Westen hin erweitert worden ist und die sich an einem Hang mit Pinien, Zypressen und Lorbeer hinzieht.
Verwaltet wird der Friedhof durch ein Generalkomitee, dem die diplomatischen Vertreter derjenigen Staaten angehören, die wegen ihrer evangelischen Bevölkerung an dem Friedhof interessiert sind*

(BRD, Dänemark, England, Schweden). 1918 wurde der Friedhof zur „Zona monumentale di interesse nazionale" (Nationaldenkmal) erklärt.

Carstens, Jacob Asmus, Maler des Klassizismus, 1754 Schleswig –1798.

Fohr, Carl Philipp, einer der ersten Maler der romantischen Schule, 1795 Heidelberg –1818. Im Tiber ertrunken.

Goethe, August v., Sohn Goethes, 1789 Weimar –1830. (Portraitmedaillon von Thorwaldsen).

„Goethe filius, patri antevertens"

Hertz, Henrietta, Kunstmäzenatin, Stifterin der „Biblioteca Hertziana" in Rom. Deutsches kunsthistorisches Institut, 1846–1913.

Marées, Hans v., Maler, Portraits, Landschaften u. Fresken (Zoologische Station in Neapel), 1837 Elberfeld –1887.

Meysenbug, Malvida Freiin v., Schriftstellerin („Memoiren einer Idealistin"), befreundet mit Wagner u. Nietzsche, 1816 Kassel –1903.

Reinhart, Johann Christian, Maler u. Radierer (Ansichten Roms von der Villa Malta), 1761 Hof –1847.

Semper, Gottfried, Architekt (Dresdner Oper, Kunsthistorisches und Naturhistorisches Museum, Burgtheater und Neue Hofburg in Wien, TH in Zürich), 1803 Hamburg 1879.

Waiblinger, Wilhelm Friedrich, Lyriker und Dramatiker des Klassizismus, Freund Hölderlins (→ Tübingen), 1804 Heilbronn –1830.

Übriges Italien

Capri Insel

Fremdenfriedhof

Uexküll, Jakob Johann Baron, Biologe, Begründer der Umweltforschung, 1864 Keblas, Estland –1944.

Florenz

Cimitero degli Allori

Böcklin, Arnold, schweiz. Maler, Schöpfer

von heroischen Landschaften mit mythologischen Gestalten („Gefilde der Seligen", „Toteninsel"), 1827 Basel –1901.

Stauffer-Bern, Karl, schweiz. Maler und Radierer, Porträtist, auch Schriftsteller, 1857 Trubschachen, Kt. Bern –1891.

Neustift b. Brixen, Südtirol

Oswald v. Wolkenstein, Minnesänger, einer der letzten „fahrenden Ritter", 1377 (?) Schloß Schöneck, Pustertal –1445. Beim Umbau der Kirche ist der Grabstein verlorengegangen. Auf dem alten Friedhof zwischen Pfarrkirche und Dom zu Brixen befindet sich an der Nordseite der Domsakristei ein Gedenkstein für Oswald.

Palermo

Dom

Heinrich VI., deutscher König seit 1190 und Kaiser seit 1191, Sohn Friedrichs I. Barbarossa, 1165 Nimwegen –1197.

Friedrich II., deutscher König seit 1212 und Kaiser seit 1220, einer der bedeutendsten Herrscherpersönlichkeiten des Mittelalters, Sohn Heinrichs VI., 1194 Jesi b. Ancona –1250.

Parma

Kirche Madonna della Steccata

Neipperg, Adam Adalbert Graf v., österr. General u. Diplomat, morg. vermählt 1821 mit Marie Louise, Herzogin von Parma, ehem. Kaiserin v. Frankreich (→ Wien, Kapuzinergruft), 1775 Wien –1829. Grabmal von Bertolini.

Pisa

Dom

Heinrich VII., Graf v. Luxemburg, deutscher König seit 1308 und Kaiser seit 1312. Um 1275 Valenciennes (?) –1313.

Schenna b. Meran

Johann, Erzherzog v. Österreich, Reichsverweser 1848–49, Förderer der Steiermark, Sohn Kaiser Leopolds II. (→ Wien, Kapuzinergruft), vermählt mit der Ausseer Postmeisterstochter Anna Plochl, spätere Gräfin v. Meran, 1782 Florenz –1859.

Syrakus (Sizilien)

Garten der Villa Landolina

Platen, August Graf v., Lyriker der Nachromantik, Balladendichter („Das Grab im Busento"), 1796 Ansbach –1835.

Venedig

Kirche San Marcuola

Hasse, Johann Adolf, Komponist, 1699 Bergedorf b. Hamburg –1783.

Friedhof auf St. Michele

Doppler, Christian, österr. Physiker u. Mathematiker, Entdecker des z.B. für Geschwindigkeitsmessungen und bei der Luftfahrtnavigation wichtigen „Dopplereffekts", 1803 Salzburg –1853. Grab nicht mehr nachweisbar.

Wolf-Ferrari, Ermanno, deutsch-ital. Komponist („Der Schmuck der Madonna", „Die vier Grobiane"), 1876 Venedig –1948. Ehrengrab der Stadt Venedig.

Arsenal

Schulenburg, Johann Matthias Graf v. d., Feldmarschall der Republik Venedig, Verteidiger Korfus gegen die Türken, 1661 Emden b. Magdeburg –1747.

Thurn am Hart (Sraiberske) b. Gurkfeld (Krsko)

Grün, Anastasius, eigentl. Anton Alexander Graf Auersperg, österr. Dichter, polit. Lyriker des Vormärz („Spaziergänge eines Wiener Poeten"), 1806 Laibach –1876.

Breslau (Wroclaw)

GYMNASIALKIRCHE, ehem. Stiftskirche des Matthiasstiftes.

Angelus Silesius, eigentl. Johann Scheffler, bedeutendster religiöser Dichter der deutschen Barockmystik („Cherubinischer Wandersmann"), 1624 Breslau –1677. Bei Ausbau der Gruft, 1705, ging die Kenntnis der Grabstelle verloren.

JÜDISCHER FRIEDHOF, Steinstraße

Graetz, Heinrich, Historiker des Judentums („Geschichte der Juden von den ältesten Zeiten bis zur Gegenwart", 11 Bde.), 1817 Xions b. Schrimm –1891.

Lasalle, Ferdinand, sozialistischer Politiker, Gründer des „Allgemeinen Deutschen Arbeitervereins", des Vorläufers der SPD, 1825 Breslau –1864. Im Duell gefallen. Das nach 1933 beseitigte Grabdenkmal ist wieder aufgestellt.

MAGDALENENFRIEDHOF, alter, Steinstraße

Dahn, Felix, Rechtslehrer und Schriftsteller („Ein Kampf um Rom"), 1834 Hamburg –1912.

ST. LAURENTIUS-FRIEDHOF an der Alten Oder

Keller, Paul, Schriftsteller („Waldwinter", „Ferien vom Ich"), 1873 Arnsdorf b. Schweidnitz –1932.

Danzig (Gdansk)

OBERPFARRKIRCHE VON ST. MARIEN

Opitz, Martin, Dichter des Barock („Buch

von der deutschen Poeterey··), 1597 Bunzlau –1639.

Frauenburg (Frombork)

DOM

Kopernikus, Nikolaus, Domherr, Astronom, Schöpfer des kopernikanischen Weltsystems (heliozentrisches Weltbild), 1473 Thorn –1543.

Habelschwerdt (Bystrzyca Klodzka)

Stehr, Hermann, Schriftsteller, Erzähler, beeinflußt von Mystik und Sagenwelt Schlesiens, auch Lyriker und Dramatiker („Drei Nächte", „Der Heiligenhof··), 1864 Habelschwerdt –1940.

Klein Öls Kr. Ohlau (Olawa)

Yorck v. Wartenburg, Johann David Ludwig Graf, Feldmarschall, schloß 1812 mit den Russen die Konvention von Tauroggen, siegte 1813 über Napoleon bei Wartenburg, 1759 Potsdam –1830.

Kolberg (Kolobrzeg)

MÜNDERFRIEDHOF

Nettelbeck, Joachim, Seemann, Branntwein-brenner u. Bürgerrepräsentant, verteidigte 1806–07 mit Gneisenau (→ Sommerschen-burg, Bez. Magdeburg) und Schill (→ Stral-sund) Kolberg gegen die Franzosen, 1738 Kolberg –1824.

Krakau

SCHLOSS-(DOM-)KIRCHE

August der Starke, Kurfürst v. Sachsen u. Kö-nig v. Polen, 1670 Dresden –1733. (Herz → Dresden).

Krieblowitz (Blüchersruh) b. Kanth

Blücher, Gebhard Leberecht Fürst Blücher v. Wahlstatt, gen. „Marschall Vorwärts", Feld-herr in den Kriegen 1813–15 (Katzbach, Leipzig, Belle-Alliance), 1742 Rostock –1819

Krossen (Krosno Oderzanski)

Klabund, eigentl. Alfred Hentschke, Lyriker, Dramatiker und Erzähler („Borgia"), Nach-dichter fernöstlichen Schrifttums („Der Krei-de-Kreis"), 1890 Krossen –1928.

Markowize Kr. Strelno

Wilamowitz-Moellendorff, Ulrich v., klassischer Philologe („Homerische Untersuchungen", „Der Glaube der Hellenen", „Platon"), 1848 Markowitz –1931.

Minkowsky Kr. Namslau (Namyslów)

Seydlitz, Friedrich Wilhelm Frhr. v., Reiter-general unter Friedrich d. Gr., entschied die Schlachten von Roßbach und Zorndorf, 1721 Kalkar b. Kleve –1773.

Neidenburg (Nidzika)

Gregorovius, Ferdinand, Schriftsteller u. Kul-turhistoriker, Ehrenbürger von Rom für sei-ne „Geschichte der Stadt Rom im Mittelal-ter", 1821 Neidenburg –1891. Urne in dem von der Stadt Neidenburg seinem Vater ge-setzten Denkmal.

Neiße (Nysa)

JERUSALEMER FRIEDHOF

Eichendorff, Joseph Frhr. v., bedeutendster Dichter der deutschen Hochromantik, Lyri-ker u. Erzähler („Aus dem Leben eines Tau-genichts"), 1788 Lubowitz b. Ratibor –1857. Grab erhalten und gepflegt.

Schreiberhau (Szklarska Poreba)

FRIEDHOF NIEDERSCHREIBERHAU

Hauptmann, Carl, Dramatiker, Erzähler u. Ly-riker („Einhart der Lächler", „Rübezahl-buch"). Bruder von Gerhart Hauptmann (→ Kloster Hiddensee, DDR), 1858 Bad Salzbrunn, Schles. –1921.

Skyren b. Crossen a. d. Oder (Krosno Odrzanki)

Caprivi, Georg Leo Graf v., General und Staatsmann, Nachfolger Bismarcks als Reichskanzler 1890–1894. 1831 Berlin –1899. Erbbegräbnis v. Schierstädt.

Stettin (Szczecin)

PARK HINTER DER EHEMALIGEN GARNISON-KIRCHE

Wrangel, Friedrich Heinrich Ernst Graf v., gen. „Papa Wrangel", Feldmarschall, volks-tümliche Gestalt wegen seines derben Hu-mors, 1784 Stettin –1877.

STETTIN-HOCKENDORF

Dohrn, Anton, Zoologe, Begründer und Lei-ter der weltbekannten zoologischen Station in Neapel zur Erforschung der Meeresfauna, 1840 Stettin –1909.

Trebnitz (Trzebnica)

KLOSTERKIRCHE
Hedwigskapelle, erhalten

Hedwig, Tochter Ludwigs des Großen v. Un-garn und Polen, vermählt mit Herzog Hein-rich I. von Schlesien, Heilige 1267, Schutz-patronin Schlesiens, 1174 Andechs, Bayern –1243.

Curtea de Argesch

Carmen Sylva, eigentl. Elisabeth Königin v. Rumänien, geb. Prinzessin v. Wied, neuromantisch-impressionistische Dichterin, 1843 Neuwied, Rhein −1916.

Oradea Großwardein

Sigismund, deutscher König seit 1410 und

Rumänien

Kaiser seit 1433, Sohn Karls IV. (→ Prag), 1368 Nürnberg −1437.

Stockholm

Jüdischer Friedhof

Sachs, Nelly, Lyrikerin, Nobelpreis 1966 mit Agnon „für ihre hervorragenden lyrischen und dramatischen Werke, die das Schicksal Israels mit ergreifender Stärke interpretieren", 1891 Berlin −1970.

Marifred b. Hindàs, Göteborg

Tucholsky, Kurt, Schriftsteller, Kritiker der Weimarer Republik und Bekämpfer des Nationalsozialismus („Rheinsberg", „Schloß Gripsholm"), 1890 Berlin −1935. Selbstmord.

Schweden

Insel Stensholmen b. Göteborg

Fock, Gorch, eigentl. Hans Kinau, Dichter der „Waterkant", Dramatiker Lyriker u. Erzähler („Hein Godenwind", „Seefahrt ist not"), 1880 Hamburg −1916. In der Skagerrakschlacht mit der „Wiesbaden" untergegangen.

Escorial b. Madrid

Karl V., deutscher Kaiser 1519−1556, dankte zwei Jahre vor seinem Tode ab, Enkelsohn Maximilians I. (→ Wiener Neustadt), 1500 Gent −1558.

Juan d'Austria, Feldherr in spanischen Diensten, Statthalter der Niederlande, Sieger über die türkische Flotte bei Lepanto 1571, natürlicher Sohn Karls V. und der Regensburger Kaufmannstochter Barbara Blomberg, 1547 Regensburg −1578.

Funchal Madeira

Wallfahrtskirche Nossa Senhora de Monte

Karl I., letzter Kaiser v. Österreich 1916−18,

Spanien und Portugal

Großneffe Franz Josephs I. (→ Wien, Kapuzinergruft, 1887 Persenbeug, NdÖ. −1922.

Port Bou

Kath. Friedhof

Benjamin, Walter, Schriftsteller und Literaturhistoriker, 1892 Berlin −1940. Selbstmord.

Sevilla

Santa Maria

Alfons X., „der Weise", deutscher König 1257−82 und König von Kastilien 1252−84, 1221 Toledo −1284.

Ungarn

Stuhlweißenburg (Székesfehérvár)

Albrecht II., deutscher König 1438–39, als Albrecht V. Herzog von Österreich, König von Böhmen u. Ungarn 1437–39. 1397–1439. Beigesetzt in der Gruft der ungarischen Könige.

UdSSR

Dorpat-Tartu, Estland

RAADI-FRIEDHOF, Alter Johannis-Friedhof

Baer, Karl Ernst v., Naturforscher, Anatom u. Zoologe, Begründer der modernen Entwicklungsgeschichte der Tiere, 1792 Piep b. Jerwen, Estland –1876. Grab erhalten.

Keila (Kegel), bei Reval, Estland

Stackelberg, Otto Magnus Frhr. v., Entdecker der griechischen Landschaft („Die Gräber der Griechen‥), 1787 Faehna b. Reval –1837.

Königsberg i. Pr. (Kaliningrad)

DOM, äußere Nordseite

Kant, Immanuel, Philosoph, einer der bedeutendsten deutschen Denker, 1724 Königsberg, Pr. –1804. Die ursprüngliche, 1809 errichtete Kapelle wurde 1924 durch eine offene Halle (Stoa Cantiana) ersetzt, die heute noch erhalten ist.

FRIEDHOF AN DER STERNWARTE

Bessel, Friedrich Wilhelm, Astronom u. Mathematiker, dem die erste genaue Ortsbebestimmung von 75 000 Sternen gelang, 1784 Minden –1846.

Leningrad

PETER PAULS KATHEDRALE

Katharina II., „die Große‥, Zarin v. Rußland 1762–96, geb. Prinzessin von Anhalt-Zerbst, Vertreterin des aufgeklärten Absolutismus, trug wesentlich dazu bei, die Stellung Rußlands als Großmacht zu begründen, 1729 Stettin –1796.

ALTER ST. LAZARUS-FRIEDHOF am Alexander-Newsky-Kloster

Euler, Leonhard, schweiz. Mathematiker u. Physiker, einer der bedeutendsten Wissenschaftler seiner Zeit, 1707 Basel –1783.

Peude Insel Ösel, Estland

Flex, Walter, Lyriker u. Erzähler („Der Wanderer zwischen beiden Welten"), 1887 Eisenach –1917. Gefallen. Flex soll nach 1933 auf den Garnisonfriedhof in Königsberg/Pr. überführt worden sein, doch konnte Genaues hierüber bisher nicht in Erfahrung gebracht werden. Auf dem Neuen Friedhof in Eisenach befindet sich lediglich eine Gedenktafel am Grabstein seiner Eltern.

Pulkowo b. Leningrad

ASTRONOMENFRIEDHOF

Struve, Wilhelm v., namhafter deutscher Astronom, Erforscher der Doppelsterne, Begründer der Observatorien in Dorpat und Pulkowo. 1793 Hamburg –1864.

Übriges Ausland
Außereuropa

Außereuropa

Die Orte der Grabstätten sind im folgenden Abschnitt halbfett gesetzt.

Agassiz, Louis, schweiz. Naturforscher, 1807 Môtier (Schweiz) –1873. **Cambridge, Mass.** auf dem Mount Auburn Cemetary. Als Grabstein ein Felsblock von dem Aaregletscher.

Broch, Hermann, österr. Dichter und Kulturphilosoph („Tod des Vergil"), 1886 Wien –1951. **Killingworth (Connecticut).**

Brod, Max, österr. Dichter. („Trycho Brahes Weg zu Gott"). Freund von Kafka (→ Prag) und Herausgeber seines Nachlasses. 1884 Prag –1968. **Tel Aviv.**

Buber, Martin, österr. Religionsphilosoph, einer der geistigen Führer des Zionismus, mit Rosenzweig (→ Frankfurt/M.) Übersetzer des AltenTestaments. 1878 Wien –1965. **Jerusalem**, Friedhof am Givath-Schaul.

Franck, James, Atomwissenschaftler. Nobelpreis 1925 zusammen mit Gustav Hertz „für die Entdeckung der Stoßgesetze zwischen Elektronen und Atomen". 1882 Hamburg –1964. Während eines Deutschlandaufenthaltes in Göttingen verstorben und dort eingeäschert. Urne in **Durham (North Carolina).**

Herzl, Theodor, Begründer des Zionismus. 1860 Budapest –1904. Vom Neuen Doblinger Friedhof in Wien nach **Jerusalem**, Herzlberg, überführt.

Humann, Karl, Archäologe; grub den in Berlin befindlichen Pergamon-Altar aus. 1839 Essen-Steele –1896. **Izmir** (Smyrna)/Türkei.

Lasker-Schüler, Else, Lyrikerin und Dramatikerin. 1869 Elberfeld –1945. **Jerusalem**, Ölbergfriedhof. Die Front des israelisch-arabischen Krieges ging im Jahre 1967 quer durch den Friedhof. Das Grab ist daher nicht mehr feststellbar. Der Grabstein wurde später aufgefunden und 1969 zum 100.Geburtstag der Dichterin neu aufgestellt.

Mies van der Rohe, Ludwig, Architekt. Leiter des staatlichen Bauhauses in Dessau 1929–1933, seit 1938 in den USA. 1886 Aachen –1969. **Chicago**, Graceland-Friedhof.

Nachtigal, Gustav, Forschungsreisender. Er stellte Togo und Kamerun unter deutsche Hoheit. 1834 Eichstedt, Altmark –1885. **Duala (Kamerun).**

Reinhardt, Max, eigentlich Goldmann, Regisseur und Theaterleiter. 1873 Baden b. Wien –1943. **New York**, Friedhof Long Island. Es ist geplant, die sterblichen Überreste anläßlich des 100.Geburtstages nach Tel Aviv zu überführen.

Schönberg, Arnold, österr. Komponist („Moses und Aron"), 1874 Wien –1951. Die Urne 1973 in **Los Angeles** im Hause des Sohnes. Nach Fertigstellung des Schönberg-Archivs in Mödling b. Wien soll sie nach dort überführt werden.

Schurz, Carl, deutsch-amerikanischer Staatsmann, 1848 aus Deutschland geflohen. General der Nordstaaten und Innenminister. 1829 Liblar b. Köln –1906. **New York – Tarrytown**, Sleepy-Hollow-Friedhof.

Schweitzer, Albert, deutsch-elsäß. evgl. Theologe, Arzt und Philosoph, Gründer des Tropenkrankenhauses in Lambarene. Friedensnobelpreis 1952. 1875 Kaysersberg/Elsaß –1965. **Lambarene, Republik Gabun.**

Steuben, Friedrich Wilh. v., preußischer Offizier, Generalinspektor der Armee Washingtons, einer der Mitbegründer der amerikanischen Unabhängigkeit. 1730 Magdeburg –1794. Beigesetzt auf seiner Ranch Steubenville in **Oneida County** bei New York.

Wolfskehl, Karl, Lyriker aus dem Kreis um Stefan George (→ Locarno). 1869 Darmstadt –1948. **Bayswater-Auckland** (Neuseeland).

Zweig, Stefan, Dichter („Sternstunden der Menschheit"), 1881 Wien –1942. (Selbstmord). **Petropolis b. Rio de Janeiro.**

Verschollene oder
unauffindbare Grabstätten

Albrecht, Herzog v. Preußen, letzter Hochmeister des Deutschen Ordens, Gründer der Universität Königsberg, 1490 Ansbach – 1568. Beigesetzt in Königsberg im Chor des 1945 fast völlig zerstörten Domes.

Altdorfer, Albrecht, Maler und Graphiker, Hauptmeister der Donauschule, um 148c Regensburg? –1538. Beigesetzt in Regensburg in der ehemaligen Augustinerkirche. Grab nicht mehr nachweisbar.

Appia, Adolphe, schweiz. Bühnenbildner u. Regisseur, 1862 Genf –1928. In Prangins b. Nyon verstorben u. eingeäschert. Asche auf seinen Wunsch verstreut.

Asam, Cosmas Damian, Maler u. Baumeister des Spätbarock. 1686 Benediktbeuren –1739. Asam soll auf dem ehem. Friedhof an der Münchener Frauenkirche beigesetzt worden sein, doch erscheint dies fraglich.

Asam, Egid Quirin, Baumeister u. Bildhauer, 1692 Tegernsee –1750. Beigesetzt in Mannheim auf dem früheren kath. Friedhof, der sich in den heutigen Quadraten K 2 und K 3 befand und später auf die sog. „Sandäcker" (heutiger Hauptfriedhof) verlegt worden ist. Grab seitdem verschollen.

Baldung, Hans, gen. Grien, Maler (Hochaltar des Freiburger Münsters), 1484–85 Schwäbisch-Gmünd –1545. Beigesetzt in Straßburg auf dem protest. Friedhof von St. Helena vor dem Steintor. Grab nicht mehr nachweisbar.

Beck, Ludwig, Generaloberst, einer der führenden Köpfe der Widerstandsbewegung gegen Hitler, 1880 Wiesbaden –1944. Freitod am 20.7.1944 nach Scheitern des Attentats auf Hitler. Die Leichen Becks und anderer in der Bendlerstraße, Berlin erschossenen Widerstandskämpfer, darunter auch die des Grafen Stauffenberg, wurden im Laufe des 20.7.1944 auf dem Matthäifriedhof in Berlin-Schöneberg bestattet, kurz darauf aber von Unbekannten exhumiert; seitdem nicht mehr nachweisbar.

Beckmann, Max, Maler, einer der bedeutendsten Expressionisten, 1884 Leipzig –1950. In New York eingeäschert. Unter Hinweis auf einen ausdrücklichen Wunsch des Verstorbenen wurden Angaben über den Verbleib der Urne abgelehnt.

Beer, Michael, österr. Baumeister (Wallfahrtskirche Rankweil, Kloster Inzigkofen b. Sigmaringen), vor 1611 Au, Breg.-Wald –1666. In Au (Bregenzer Wald) in der Ach ertrunken. Das Totenbuch von Au enthält nur den Vermerk „ertrunken", aber keinen Hinweis über die Beerdigung oder Grabstätte. Hiernach ist denkbar, daß die Leiche nicht geborgen worden ist.

Bodmer, Johann Jacob, schweiz. Literaturkritiker, 1698 Greifensee b. Zürich –1783. Beigesetzt in Zürich auf dem später aufgelassenen Predigerfriedhof. Grab und Grabstein nicht mehr vorhanden.

Böhm, Georg, Organist und Komponist, 1661 Hohenkirchen, Thür. –1733. Böhm war bis zu seinem Tode Organist an der Johanniskirche in Lüneburg. Angenommen wird, daß er auch dort verstorben ist, doch läßt sich nicht einmal dies mit hinreichender Sicherheit feststellen.

Böttger, Johann Friedrich, Alchemist, Erfinder des Porzellans, 1682 Schleiz –1719. Am 13.3.1719 in Dresden aus der Haft verstorben. Erst 10 Tage später wurde seine Leiche „in der Stille und im Finstern" begraben, unbekannt wo.

Braun, Otto, soziald. Politiker, preuß. Ministerpräsident 1922–33, 1872 Königsberg, Pr. –1955. Asche bei Locarno in den Lago Maggiore gestreut.

Buchner, Eduard, Chemiker, Nobelpreis 1907 „für seine biochemischen Forschungen und seine Entdeckung der zellfreien Gärung", 1860 München –1917. Buchner ist 1917 im Feldlazarett Focsani (Rumänien) an seinen Kriegsverletzungen verstorben und auf dem dortigen deutschen Soldatenfriedhof beigesetzt worden. Der Friedhof wurde nach dem 2. Weltkrieg beseitigt.

Burgkmair, Hans, Maler und Holzschneider, 1473 Augsburg –1531. Die Beisetzungsstätte von Burgkmair, der in Augsburg verstorben ist, kann nicht mehr festgestellt werden. Daniel Prasch führt in seinem 1624 in Augsburg erschienenen Buch „Epitaphia Augustana Vindelica" keinen Grabstein von ihm auf, so daß angenommen werden muß, daß bereits zu diesem Zeitpunkt das Grab verschollen war.

Canaris, Wilhelm, Admiral, Leiter der Abwehr 1935–44, am 20.7.1944 beteiligt, 1887 Dortmund –1945. Am 9.4.1945 im KZ Flossenburg ohne gerichtliches Verfahren gehängt und die Leiche anschließend verbrannt. Gedenktafel an der Ruine des früheren KZ.

Cannabich, Christian, Dirigent u. Komponist, 1731 Mannheim –1798. Beigesetzt in Frankfurt/M. auf dem nicht mehr erhaltenen Domkirchhof.

Cuvilliés, François de, Baumeister, einer der großen Architekten des deutschen Rokoko (Residenztheater in München), 1695 Soignies, Hennegau –1768. Beigesetzt in München auf dem 1789 aufgelassenen und geräumten Friedhof an der Salvatorkirche. Gebeine vermutlich in ein Massengrab auf dem Südlichen Friedhof überführt.

Dientzenhofer, Christoph v., Baumeister (St. Nikolaus auf der Kleinseite in Prag, Kloster Tepl), 1655 St. Margarethen b. Rosenheim –1722.

Dientzenhofer, Kilian Ignaz v., Baumeister des böhm. Spätbarocks (Kirchen u. Paläste in Prag, Mähren u. Schlesien), Sohn von Christoph v. Dientzenhofer, 1689 Prag –1751. Die Familie Dientzenhofer besaß in der Kirche St. Nikolaus auf der Kleinseite in Prag ein Erbbegräbnis, in dem Christoph und Kilian Ignaz v. Dientzenhofer beigesetzt worden sind. Ende des 18. Jahrhunderts wurde das Erbbegräbnis im Zuge der Säkularisation beseitigt. Die Gebeine wurden auf einem ehem. Friedhof ohne Grabmal verscharrt.

Dientzenhofer, Johann, Barockbaumeister (Klosterkirche Banz, Dom zu Fulda, Concordienhaus in Bamberg), Bruder von Christoph v. Dientzenhofer (→ Prag), 1665 St. Margarethen b. Rosenheim –1726. Seinerzeit beigesetzt in dem Familiengrab der Dientzenhofer in der Stadtpfarrkirche Alt-St. Martin zu Bamberg, die auf dem heutigen Maximiliansplatz gestanden hat und 1804 im Zuge der Säkularisation abgerissen worden ist.

Diesel, Rudolf, Ingenieur, Erfinder des Dieselmotors, 1858 Paris –1913. Im Kanal zwischen Harwich und Antwerpen ertrunken. Leiche nicht geborgen.

Effner, Joseph, Baumeister (Schlösser Nymphenburg u. Schleißheim) 1687 Dachau –1745. Beigesetzt in München auf dem 1789 aufgelassenen Friedhof der Franziskaner am heutigen Max-Joseph-Platz.

Egell, Paul, Bildhauer, 1691 Mannheim –1752. Für ihn gilt das gleiche wie für → Egid Quirin Asam.

Einstein, Albert, Physiker, Schöpfer der Relativitätstheorie, Nobelpreis 1921 „für seine verdienstvollen mathematisch-physikalischen Untersuchungen, insbesondere für die Entdeckung des Gesetzes des photoelektrischen Effektes", 1879 Ulm –1955. Eingeäschert im Krematorium Trenton (New Jersey), USA. Urne auf Wunsch des Verstorbenen in einen nahegelegenen Fluß versenkt.

Elisabeth Charlotte (Lieselotte) v. d. Pfalz, spätere Herzogin v. Orléans, 1652 Heidelberg –1722. Beigesetzt in der Kathedrale von St. Denis. Im Oktober 1793 wurden die dort befindlichen Gräber geöffnet, die Gebeine der Toten herausgerissen und in eine Grube geworfen. 1817 ließ sie Ludwig XVIII. in einer Wandvertiefung der Krypta beisetzen.

Emin-Pascha, Mehmed, eigentlich Eduard Schnitzer, Forschungsreisender, Gouverneur der ägyptischen Äquatorialprovinz, 1840 Oppeln –1892. In Kinena (Kongo) von Eingeborenen ermordet. Leichnam vermutlich verspeist.

Engels, Friedrich, Politiker und Theoretiker des Sozialismus, Mitarbeiter von Karl Marx (→ London), 1820 Barmen –1895. Asche 5 Meilen von Beachy Head b. Eastburne (England) ins Meer gestreut.

Finck, Heinrich, Komponist, Hofkapellmeister Kaiser Ferdinands I., um 1445 Bamberg –1527. In Wien im Schottenkloster verstorben und vermutlich auf dem benachbarten „Schottenfreithof" beigesetzt, der bereits im 18. Jahrhundert beseitigt worden ist.

Fischer, Johann Michael, bedeutender bayer. Barockbaumeister (Zwiefalten, Ottobeuren, Rott a. Inn), 1692 Burglengenfeld –1766. Beigesetzt in München auf dem 1789 aufgelassenen Friedhof an der Frauenkirche. Gebeine der dort ruhenden Toten 1789 in ein Massengrab auf den Südl. Friedhof überführt. Epitaph für Fischer an der Frauenkirche.

Forster, Georg, Naturwissenschaftler u. Reiseschriftsteller, Begründer der künstlerischen Reisebeschreibung, 1754 Nassenhuben b. Danzig –1794. In Paris verstorben, doch ist sein Grab nicht mehr feststellbar.

Friedrich I., „Barbarossa", deutscher König seit 1152 u. Kaiser seit 1155. um 1122 Waiblingen –1190. Auf einem Kreuzzug im Flusse Saleph in Kleinasien ertrunken. Die Eingeweide wurden in Tarsus beigesetzt, der Verbleib der Gebeine ist nicht bekannt.

Fux, Johann Joseph, Komponist, Kapellmeister und Musiktheoretiker („Gradus ad Parnassum"), 1660 Hirtenfeld, Steiermark –1741. Beigesetzt in Wien auf dem nicht mehr erhaltenen Friedhof bei St. Stephan.

Goerdeler, Carl Friedrich, Oberbürgermeister von Leipzig 1930–37, Widerstandskämpfer, 1884 Schneidemühl –1945. Am 2.2.1945 in Plötzensee hingerichtet. Urne mit seinen sterblichen Überresten von den damaligen Machthabern vernichtet. Gedenkstein auf dem Bergfriedhof in Heidelberg neben dem Grab seiner Ehefrau.

Gottsched, Johann Christoph, Literaturtheore-

tiker u. Kritiker, Professor der Poesie, 1700 Juditten, Ostpr. –1766. Beigesetzt am 15.12. 1766 in der Pauliner,(Universitäts-)Kirche in Leipzig, die 1968 abgerissen worden ist, um Platz für den Universitätsneubau zu schaffen.

Graun, Carl Heinrich, Hofkapellmeister Friedr. d. Gr., Komponist („Cesare e Cleopatra"), 1704 Wahrenbrück b. Liebenwerda –1759. Beigesetzt in Berlin in der früheren, 1809 abgebrannten Petrikirche. Grab beim Brand vernichtet.

Gropius, Walter, Architekt, Mitbegründer des „Staatlichen Bauhauses" in Weimar, später Dessau, 1883 Berlin –1969. In Boston (USA) verstorben und eingeäschert. Asche an einem unbekannten Ort verstreut.

Guericke, Otto v., Physiker, Begründer der Vakuumlehre, Erfinder der Luftpumpe und eines Barometers, 1602 Magdeburg –1686. Vermutlich in der Kapelle des Nikolai-Stiftes in Magdeburg beigesetzt. Anläßlich der Einrichtung eines Lazaretts im Stift wurden 1806 die Gräber geleert und die Gebeine auf einen Anger vor der Stadt geworfen.

Günther, Ignaz, Bildhauer, Meister des süddeutschen Rokokos (Hochaltar von Rott a. Inn, Pieta und Verkündigung in Weyarn), 1725 Altmannstein, Kr. Riedenburg –1775. Beigesetzt in München auf dem 1789 aufgelassenen und geräumten Friedhof an der Allerheiligenkirche am Kreuz. Gebeine jetzt vermutlich in einem Massengrab auf dem Südlichen Friedhof.

Gutenberg, Johannes, eigentlich Johann Gensfleisch, Erfinder der Buchdruckerkunst. Zwischen 1394 u 1399 Mainz –1468. Beigesetzt in der ehemaligen Franziskanerkirche in Mainz, die 1742 abgerissen worden ist. Seitdem ist das Grab verschollen.

Hackert, Philipp, Landschaftsmaler u. Radierer des Klassizismus, 1737 Prenzlau –1807. Hackert, der in Careggi b. Florenz verstorben ist, wurde vermutlich auf dem protestantischen Friedhof der Deutschen und Niederländer in Livorno beigesetzt, der zwischen 1832 und 1846 aufgehoben worden ist.

Hagedorn, Friedrich v., Lyriker und Fabeldichter, 1708 Hamburg –1754. Beigesetzt in dem 1812 abgerissenen Hamburger Dom in der Grabstelle seines Schwiegervaters Nathanael Buttler. Nach Ablauf der Ruhefrist 1796 Grab geräumt und die Gebeine entfernt.

Hansen, Peter Andreas, Astronom, Direktor der für ihn errichteten Sternwarte in Gotha seit 1859. Grundlegende Arbeiten auf dem Gebiet der Astronomie, 1795 Tondern –1874. Grab auf dem früheren Friedhof II in Gotha eingeebnet. Der Grabstein ist erhalten und befindet sich nunmehr auf dem Hauptfriedhof.

Haßler, Hans Leo, Komponist u. Organist, 1564 Nürnberg –1612. Auf einer Reise in Frankfurt/M. verstorben und dort vermutlich auf dem Petersfriedhof beigesetzt. Grab nicht mehr nachweisbar. Gedenktafel im Dom.

Hermann, Georg, eigentlich Borchardt, Schriftsteller, Schilderer des jüdischen Familienlebens in Berlin („Jettchen Gebert", „Henriette Jacoby"), 1871 Berlin –1943. Umgekommen im KZ Birkenau.

Holbein, Hans d.Ä., Maler und Zeichner, Vater von Hans Holbein d. J., um 1465 Augsburg –1524. Genau bekannt ist nicht einmal sein Sterbeort (Isenheim?). Doch ist wahrscheinlich, daß Holbein d.Ä. seine letzten Lebensjahre gar nicht in Isenheim, sondern bei seinem Sohn in Basel verbracht hat und evtl. dort verstorben ist.

Holbein, Hans d.J., Maler, 1497 Augsburg –1543. Holbein ist in London von der Pest dahingerafft worden und wird unter dem 29.11.1543 als in der Pfarrei St. Andrew verstorben aufgeführt. Die angebliche Beisetzung in der Kirche St. Catharine Cree ist nicht belegt und im Hinblick auf die Todesursache sehr zweifelhaft.

Keiser, Reinhard, Opernkomponist, 1674

Teuchern b. Weißenfels –1739. In Hamburg am 15.9.1739 im Grab Nr. 150 der Klosterkirche St. Maria Magdalena beigesetzt, die 1837–38 dem Neubau der Börse weichen mußte. Seitdem ist das Grab verschollen.

Kepler, Johannes, Astronom, entdeckte die „Keplerschen Gesetze", die die Planetenbahnen beschreiben, 1571 Weil der Stadt –1630. Beigesetzt auf dem später bei der Belagerung von Regensburg zerstörten St. Peter-Friedhof in der Nähe des heutigen Kepler-Tempels.

Konrad IV., deutscher König 1250–54, der letzte Herrscher aus dem Hause Hohenstaufen, Sohn Friedrichs II. (→ Palermo), 1228 Andria, Prov. Bari –1254. Konrad ist 1254 bei Lavello (Prov. Potenza) verstorben. Er sollte vermutlich im Dom von Palermo an der Seite seines Vaters beigesetzt werden. Auf dem Wege nach dort wurde die Leiche vorübergehend im Dom von Messina aufgebahrt. Während dieser Zeit vernichtete eine Feuersbrunst den Dom, wobei auch die Leiche Konrads ein Opfer der Flammen wurde.

Konradin v. Hohenstaufen, letzter Staufer, Sohn Konrads IV., 1252 Wolfstein b. Landshut –1268. Konradin wurde am 29.10.1268 in Neapel hingerichtet und vermutlich in der Nähe eines Judenfriedhofs an der Küste beigesetzt. 1847 ließ der spätere König Maximilian von Bayern in der nahe der Hinrichtungsstätte gelegenen Kirche Santa Maria del Carmine nach dem Entwurf von Thorvaldsen ein Denkmal für Konradin errichten.

Kraft, Adam, Bildhauer (Sakramentshaus in St. Lorenz zu Nürnberg), um 1460 Nürnberg? –1508–09. Über den genauen Beisetzungsort von Kraft, dessen Todesjahr nicht einmal einwandfrei feststeht, ist nichts überliefert.

Langhans, Carl Gotthard, Baumeister (Brandenburger Tor in Berlin), 1732 Landeshut, Schles. –1808. Das Grab von Langhans, der in Grüneiche bei Breslau verstorben ist, kann nicht mehr ermittelt werden.

Lasso, Orlando di, niederl. Komponist, Leiter der Hofkapelle in München, 1532 Mons, Hennegau –1594. Beigesetzt in München auf dem 1789 aufgelassenen Friedhof der Franziskaner am heutigen Max-Joseph-Platz.

Leber, Julius, soziald. Politiker, Widerstandskämpfer, 1891 Biesheim, Elsaß –1945. Am 5.1.1945 in Plötzensee hingerichtet. Urne mit den sterblichen Überresten von den damaligen Machthabern vernichtet. Gedenkstein auf dem Ehrenfriedhof in Lübeck.

Ledebour, Georg, linksradikaler Politiker, Mitbegründer und späterer Vorsitzender der USPD, 1850 Hannover –1947. In Bern eingeäschert, Urne seinen Angehörigen überlassen.

Lenz, Jakob Michael Reinhold, Dramatiker des deutschen Sturm u. Drang, 1751 Sesswegen, Livland –1792. Das Grab des in Moskau im Elend verstorbenen Dichters ist unbekannt.

Leuschner, Wilhelm, soziald. Politiker, hess. Innenminister 1928–32, Widerstandskämpfer, 1890 Bayreuth –1944. Am 29.9.1944 in Plötzensee hingerichtet. Urne mit den sterblichen Überresten von den damaligen Machthabern vernichtet. Gedenkinschrift auf dem Grabstein von Mierendorf in Darmstadt, Waldfriedhof.

Lüderitz, Franz Adolf, Kaufmann, erwarb 1883 in SW-Afrika den Hafen Angra Pequana und schuf damit den Kern des späteren deutschen Kolonialbesitzes in SW-Afrika, 1834 Bremen –1886. Im Oktober 1886 bei einer Expedition im Oranjefluß ertrunken. Leiche nicht geborgen.

Ludwig der Fromme, deutscher Kaiser seit 814, Sohn Karls d. Gr. (→ Aachen), wird als Heiliger verehrt, 778 Chasseneuil –840. Beigesetzt in der 1552 verlegten Benediktinerabtei St. Arnulf in Metz.

Ludwig der Deutsche, deutscher König seit 843, Sohn Ludwigs des Frommen, um 806 –876. Beigesetzt in der heute nicht mehr vorhandenen Hauptkirche der ehemaligen Benediktinerabtei Lorsch, Hessen.

Ludwig III., der Jüngere, deutscher König seit 876, Sohn Ludwigs d. Deutschen, um 830–882. Wie sein Vater in Lorsch beigesetzt.

Macke, August, Maler aus dem Kreis der „Blauen Reiter", 1887 Meschede –1914. Macke ist am 26.9.1914 bei Perthes-les-Hurlus (Champagne) gefallen. Sein Grab läßt sich nicht mehr ermitteln.

Mälzel, Joh. Nepomuk, Instrumentenbauer, Konstrukteur eines Metronoms, 1772 Regensburg –1838. Auf einer Seereise verstorben.

Marggraf, Andreas Sigismund, Chemiker, entdeckte als erster Zucker in den Runkelrüben und wurde damit zum Vater der Zuckerindustrie, 1709 Berlin –1782. Am 11.8. 1782 in Berlin auf dem nicht mehr vorhandenen Friedhof an der Dorotheenstädtischen Kirche beigesetzt.

Meier-Graefe, Julius, Kunsthistoriker u. Kritiker, 1867 Reschitza, Banat –1935. Am 5.6. 1935 in Vevey verstorben und in Lausanne eingeäschert. Der Verbleib der Urne, die der Familie überlassen wurde, ist nicht mehr feststellbar.

Merian, Maria Sibylla, verh. Graff, Malerin, Kupferstecherin u. Naturforscherin, Tochter von Matthäus Merian d. Ä. (→ Frankfurt/Petersfriedhof), 1647 Frankfurt/M. –1717. In Amsterdam verstorben und dort auch beerdigt. Grab unbekannt.

Moltke, Helmuth Gf. v., Feldmarschall, Chef des Generalstabs 1858–88, auch bedeutender Militärschriftsteller, 1800 Parchim, Mecklenb. –1891. Moltke wurde auf seinem Gut Kreisau, Kr. Schweidnitz in der Gruft auf dem Kapellenberg beigesetzt. 1945 wurde vor der Besetzung der Sarg aus der Gruft entfernt und an einem heute nicht mehr feststellbaren Ort vergraben.

Moosbrugger, Kaspar, österr.-schweiz. Barockbaumeister (Klosterkirche Einsiedeln),

Mitbegründer der Vorarlberger Bauschule, 1656 Au, Bregenzer Wald –1723. Moosbrugger, Laienbruder der Benediktinerabtei Einsiedeln, ist zunächst in der dortigen Klostergruft beigesetzt worden. Da der Raum beschränkt war, wurden die Gebeine der Toten jeweils nach 30 bis 40 Jahren in ein Massengrab im Garten des Klosters überführt.

Musil, Robert Edler v., österr. Dramatiker u. Erzähler („Der Mann ohne Eigenschaften"), 1880 Klagenfurt –1942. In Genf eingeäschert und die Asche in einem Walde bei Genf verstreut.

Niehans, Paul, schweiz. Mediziner, führte die Frischzellentherapie ein, 1882 Bern –1971. Im Krematorium Vevey eingeäschert und die Asche auf seinem Besitztum Burier b. Montreux verstreut.

Notke, Bernt, Bildschnitzer u. Maler (St. Georg mit dem Drachen in Stockholm und Triumphkreuz im Dom zu Lübeck), um 1440 Lassahn b. Ratzeburg –1509. Unterlagen über die Grabstätte des in Lübeck verstorbenen Meisters sind nicht mehr vorhanden.

Pacher, Michael, Maler u. Bildschnitzer, (Hochaltar in St. Wolfgang), zwischen 1430 u. 35 Bruneck oder Neustift b. Brixen –1498. Vermutlich in Salzburg verstorben und beerdigt. Urkundlich läßt sich der Sterbeort nicht belegen. Es fehlen daher auch jegliche Anhaltspunkte dafür, wo Pacher beigesetzt worden ist.

Panofsky, Erwin, Kunsthistoriker, 1892 Hannover –1968. Urne in Princeton (New Jersey) beigesetzt; doch ist der Ort nur den engsten Angehörigen bekannt.

Pauli, Wolfgang, österr. Physiker, Arbeiten zur Relativitäts- und Quantentheorie, Nobelpreis 1945, 1900 Wien –1958. In Zürich eingeäschert und die Urne den Angehörigen überlassen.

Perthes, Justus, Verleger, Gründer des Perthes-Verlages. 1785, vornehmlich Geographie, Kartographie u. Genealogie. 1749 Rudolstadt –1816. Bestattet auf dem ehemaligen nicht mehr erhaltenen Friedhof I in Gotha.

Peutinger, Konrad, Altertumsforscher und Humanist, Stadtschreiber von Augsburg u. Vertrauter Kaiser Maximilians, 1465 Augsburg –1547. Peutinger wurde seinerzeit im Dom von Augsburg beigesetzt. Das Grab ist nicht mehr feststellbar. Sein Grabstein befindet sich im Lapidarium des Römischen Museums der Stadt Augsburg.

Piccard, Auguste, schweiz. Physiker, unternahm Stratosphärenflüge und Tiefseetauchversuche, 1884 Lutry ,Kt. Waadt –1962. In Lausanne eingeäschert; die Asche bei Lausanne verstreut.

Pilgram, Anton, österr. Baumeister u. Bildhauer (Kanzel im Stephansdom in Wien), 1460–65 Brünn? –um 1515. Das Grab des in Wien verstorbenen Meisters ist verschollen.

Pöppelmann, Matthäus Daniel, Baumeister (Zwinger in Dresden, Schloß Pillnitz), 1662 Herford –1736. Beigesetzt in Dresden-Friedrichstadt in der 1945 zerstörten Matthäuskirche.

Reclam, Anton Philipp, Verleger, Begründer des Verlages Philipp Reclam jun. 1828 und der Reclamschen Universalbibliothek 1867, 1807 Leipzig –1896. Die Urne mit der Asche Reclams, die sich im Columbarium des Gothaer Krematoriums befand, ist 1944 durch Bombeneinwirkung vernichtet worden.

Reichardt, Johann Friedrich, Hof-Kapellmeister Friedr. d. Gr., Musikschriftsteller u. Komponist („Schlaf, Kindchen, schlaf", „Ännchen v. Tharau"), 1752 Königsberg, Pr. –1814. Beigesetzt auf dem alten Giebichensteiner Friedhof, jetzt Halle/S., der unterdessen eingeebnet worden ist.

Riemann, Bernhard, Mathematiker, Mitbegründer der Funktionentheorie, einer der bedeutendsten Mathematiker des 19. Jahrhunderts, 1826 Breselenz, Kr. Lüchow-Dannenberg –1866. Riemann ist in Biganzolo (Lago

Maggiore ,Prov. Novarra) beigesetzt worden. Seit der Verlegung des Friedhofs und der damit verbundenen Entfernung des Grabsteins ist das Grab nicht mehr nachweisbar.

Sacher-Masoch, Leopold v., österr. Schriftsteller („Venus im Pelz", „Grausame Frauen"), gab dem Masochismus den Namen, 1836 Lemberg –1895. Die Urne mit der Asche von Sacher, die sich in dessen früherem Wohnhaus in Lindheim, Kr. Büdingen (Oberhessen) befand, ist beim Brand des Hauses im Jahre 1929 verbrannt.

Schlagintweit, Adolf, Naturforscher, Forschungsreisen durch Zentralasien mit seinen Brüdern Hermann (→ München, Südl. Friedhof) u. Robert (→ Gießen), 1829 München –1857. In Kaschgar (Turkestan) ermordet.

Schlüter, Andreas, Barockbaumeister u. Bildhauer (Zeughaus und Schloß in Berlin, Reiterstandbild des Gr. Kurfürsten in Berlin), um 1660 Danzig od. Hamburg –1714. Vermutlich beigesetzt auf dem früheren, nicht mehr erhaltenen deutschen Friedhof in Leningrad.

Schmitz, Bruno, Architekt (Völkerschlachtdenkmal in Leipzig), 1858 Düsseldorf –1916. Asche in den Rhein gestreut.

Schütz, Heinrich, Komponist weltlicher und geistlicher Chor- u. Instrumentalmusik, 1585 Köstritz b. Gera –1672. Seinerzeit beigesetzt in der Vorhalle der um 1725 abgerissenen alten Frauenkirche in Dresden.

Senfl, Ludwig, Komponist, um 1490 Zürich – um 1543. In München verstorben. Grabstätte unbekannt.

Silbermann, Gottfried, Orgelbauer, 1683 Klein-Bobritzsch, Sa. –1753. Beigesetzt in Dresden auf dem ehemaligen, 1858 säkularisierten Johannisfriedhof vor dem Pirnaischen Tor.

Stamitz, Johann, Violinvirtuose, Dirigent und Komponist, 1717 Deutsch-Brod, Böhmen –1757. Beigesetzt in Mannheim auf dem ehemaligen, 1842 aufgelassenen kath. Fried-

hof. Das Grab von Stamitz ist damals nicht, wie einige andere Gräber, auf den neuen Hauptfriedhof verlegt worden.

Stauffenberg, Claus Graf Schenk v. St., Oberst, führte das Attentat gegen Hitler am 20.7.1944 durch, 1907 Schloss Jettingen b. Günzburg –1944. Vgl. den Hinweis bei Beck.

Stethaimer, Hans, Baumeister der Spätgotik (St. Martin in Landshut, St. Jakob in Straubing), 1350–60 Burghausen –1432. Beigesetzt in Landshut an der Stadtpfarrkirche St. Martin. Grabstein neben dem Südportal noch erhalten.

Strigel, Bernhard, Hofmaler Kaiser Maximilians, 1460 Memmingen –1528. In Memmingen verstorben und auf dem Kirchhof von St. Martin beigesetzt, der aber bereits kurze Zeit später außerhalb der Stadtmauern in den Bereich des ehemaligen Schottenklosters zu St. Nikolaus verlegt worden ist. Weder Grab noch Grabstein nachweisbar.

Telemann, Georg Philipp, Komponist, Kirchenmusikdirektor der fünf Hamburger Hauptkirchen u. Leiter der dortigen Oper, 1681 Magdeburg –1767. Beigesetzt in Hamburg in der Kirche des Klosters St. Johannis, die ungefähr an der Stelle des heutigen Rathausmarktes gestanden hat und in der ersten Hälfte des 19. Jahrhunderts abgerissen worden ist. Seitdem ist das Grab verschollen.

Vogeler, Heinrich, Maler u. Graphiker, zeitweilig in Worpswede, später in Rußland, 1872 Bremen –1942. In Kasachstan verstorben. Grab unbekannt.

Walden, Herwarth, eigentlich Georg Levin, Schriftsteller und Kunstkritiker, Begründer der Zeitschrift „Der Sturm", verheiratet mit Else Lasker-Schüler (→ Jerusalem), 1878 Berlin –1941(?). Nach Verhaftung in der UdSSR um 1941 verschollen.

Wegener, Alfred Lothar, Metereologe u. Geophysiker, entwickelte die Kontinentalverschiebungstheorie, Erforscher der Arktis, 1880 Berlin –1930. Wegener kam im November 1930 als Leiter der „Deutschen Grönland-expedition" in Grönland um. Seine Leiche wurde später gefunden und im ewigen Eis bestattet.

Welsch, Maximilian v., Baumeister (Orangerie in Fulda, Abteikirche in Amorbach), 1671 Kronach –1745. 1745 in Mainz in der Pfarrkirche St. Quintin zwischen dem von ihm geschaffenen Hochaltar und dem Chorabschluß in der Gruft der Familie Bralliard–Fontana–Welsch beigesetzt. Gruft ist die bei einer Fußbodenerneuerung beseitigt worden.

Willmann, Michael, bedeutender schles. Maler des Spätbarocks (Fresken in der Josephskirche in Grüssau, Stiftskirche in Leubus), 1630 Königsberg, Pr. –1706. Willmann ist seinerzeit in der Mönchsgruft der Klosterkirche zu Leubus (Lubiaz) beigesetzt worden. 1945 sind aus der Gruft über 200 Särge entfernt worden, worunter sich auch der von Willmann befunden haben dürfte.

Winckelmann, Johann Joachim, Archäologe u. Kunstgelehrter, Begründer der klassischen Archäologie, 1717 Stendal –1768. Winckelmann wurde in Triest ermordet. Seinen Leichnam brachte man in die Kathedral- und Pfarrkirche des Heil. Justus und setzte ihn in der gemeinsamen Grabstätte der Bruderschaften bei. Später kamen die Gebeine in das allgemeine Beinhaus, das sich im Bereich des heutigen Giardino Lapidario befand. Hier wurde 1832 für Winckelmann ein Kenotaph errichtet.

Wolff, Christian Frhr. v., Philosoph der Aufklärungszeit, 1679 Breslau –1754. In Halle verstorben und vermutlich auf dem später eingeebneten alten Giebichensteiner Friedhor beigesetzt.

Zimmermann, Dominikus, Baumeister (Steinhausen, Frauenkirche in Günzburg, Wieskirche), 1685 Wessobrunn b. Weilheim –1766. Am 16.11.1766 in dem Hause unmittelbar neben der Wieskirche (jetzt Gasthof Schweiger) verstorben und auf dem Friedhof oder im Kreuzgang der Prämonstratenser-Klosterkirche in Steingaden beigesetzt. Die Grabstätte ist nicht mehr feststellbar.

Zimmermann, Joh. Baptist, Stukkateur u. Maler, Meister des bayer. Rokokos, 1680 Gaispoint b. Wessobrunn –1758. Beigesetzt in München auf dem später aufgelassenen und geräumten Friedhof an der Peterskirche.

Zwingli, Ulrich, schweiz. Reformator, 1484 Wildhaus Kt. St. Gallen –1531. Gefallen – Leichnam auf dem Schlachtfeld von Kappel (Toggenburg) geviertelt und verbrannt.

Personenverzeichnis

Die Bilder

Aufnahmen

Archiv DKV: Humboldt. – *Archiv des Verfassers*: Droste-Hülshoff, Kues, Paracelsus, Rilke. – *Dt. Archäol. Institut, Athen*: Schliemann. – *Aubert*: Arp, Benedek, Braun, Brion, Bruckner, D'Agoult, Devrient, Eisenbarth, Gotthelf, Hegel, Heine, Heinse, Iffland, Keller, Kotzebue, Lavater, Lenau, Marc, Marées, Marx, Mörike, Morgenstern, Reuchlin, Schadow, Schelling, Schlegel, Charlotte v. Stein, Sternheim, Strauss, Tegethoff, Trakl, Voigt, Wedekind, Willstätter. – *Aufsberg*: Dürer, Carl-Wilhelm v. Baden. – *Landesbildstelle, Berlin*: Kollwitz, Liebermann, Rauch. – *Institut für Denkmalpflege, Berlin*: Borsig. – *Ehem. Staatl. Bildstelle, Berlin*: Scharnhorst, Schinkel. – *Birker*: Bismarck. – *Hallensleben*: Dumont-Lindemann. – *Held*: Eckermann. – *Hell*: Bernauer. – *Hessler*: Friedrich d. Gr. – *Jeiter*: Baedeker. – *Kersting*: Beauharnais. – *Klimek*: Bürger, Modersohn-Becker. – *Limmer*: Karoline, Landgräfin v. Hessen. – *Mäemetz*: Stackelberg. – *Gebr. Metz*: Hölderlin. – *Schmidt-Glassner*: Maria-Theresia. – *Landesbildstelle Württemberg, Stuttgart*: Schelling, Caroline. – *Urbschat-Fischer*: Hohenzollern.

1. Arp, Hans. Locarno
Seite 138

2. Baedecker, Karl. Koblenz
Seite 45

3. Beauharnais, Eugène. München
Seite 52

4. Benedek, Ludwig v., Graz
Seite 116

5. *Bernauer, Agnes. Straubing*
   Seite 66

6. *Bismarck-Mausoleum. Friedrichsruh*
   Seite 30

7. *Borsig, August. Berlin*
   Seite 90

8. *Braun, Ferdinand. Fulda*
   Seite 30

9. Brion, Friederike. Meissenheim
Seite 50

10. Bruckner, Anton. St. Florian
Seite 120

11. Bürger, Gottfried August. Göttingen
Seite 32

12. D'Agoult, Marie. Paris
Seite 147

13. *Devrient, Ludwig. Berlin*
   Seite 91

14. *Droste-Hülshoff, Annette v., Meersburg*
   Seite 50

15. *Dumont-Lindemann, Louise. Düsseldorf*
   Seite 25

16. *Dürer, Albrecht. Nürnberg*
   Seite 60

17. *Eckermann, Joh. Peter. Weimar*
    Seite 111

18. *Eisenbarth, Joh. Andreas. Hann.-Münden*
    Seite 39

19. *Friedrich d. Gr., Burg Hohenzollern*
    Seite 43

20. *Gotthelf, Jeremias. Lützelflüh*
    Seite 139

21. Hegel, Georg Wilhelm Friedr., Berlin
Seite 90

22. Heine, Heinrich. Paris
Seite 147

23. Heinse, Wilhelm. Aschaffenburg
Seite 15

24. Hölderlin, Friedrich. Tübingen
Seite 68

25. Hohenzollern-Mausoleum. Berlin
    Seite 75

26. Humboldt-Grabstätte. Berlin
    Seite 79

27. Iffland, August Wilhelm. Berlin
    Seite 78

28. Karl Wilhelm, Markgraf v. Baden,
Karlsruhe. Seite 44

29. Karoline, Landgräfin v. Hessen,
Darmstadt. Seite 23

30. Kollwitz, Käthe. Berlin
Seite 94

31. Keller, Gottfried. Zürich
Seite 141

32. *Kotzebue, August v., Mannheim*
   Seite 49

33. *Kues, Nicolaus v., Rom*
   Seite 150

34. *Lavater, Joh. Kaspar. Zürich*
   Seite 141

35. *Lenau, Nicolaus. Klosterneuburg*
   Seite 118

36. *Liebermann, Max. Berlin*
   Seite 94

37. *Marc, Franz. Kochel*
   Seite 46

38. *Marées, Hans v., Rom*
   Seite 151

39. *Maria-Theresia, Kaiserin. Wien*
   Seite 122

40. *Marx, Karl. London*
    Seite 149

41. *Modersohn-Becker, Paula. Worpswede*
    Seite 71

42. *Mörike, Eduard. Stuttgart*
    Seite 67

43. *Morgenstern, Christian. Dornach*
    Seite 136

44. *Paracelsus, Theophrastus. Salzburg*
   Seite 119

45. *Rauch, Christian Daniel. Berlin*
   Seite 90

46. *Reuchlin, Johannes. Stuttgart*
   Seite 66

47. *Rilke, Rainer-Maria. Raron*
   Seite 140

48. *Schadow, Gottfried. Berlin*
    Seite 91

49. *Scharnhorst, Gerhard v., Berlin*
    Seite 92

50. *Schelling, Friedr. Wilh., Ragaz*
    Seite 135

51. *Schelling, Caroline Dorothea. Maulbronn*
    Seite 50

52. Schinkel, Karl Friedrich. Berlin
    Seite 91

53. Schlegel, Aug. Wilhelm. Bonn
    Seite 20

54. Schliemann, Heinrich. Athen
    Seite 149

55. Stackelberg-Mausoleum. Keila b. Reval
    Seite 156

56. Stein, Charlotte v., Weimar
   Seite 111

57. Sternheim, Carl. Brüssel
   Seite 145

58. Strauss, Johann, Sohn. Wien
   Seite 131

59. Tegethoff, Wilhelm v., Graz
   Seite 116

60. Trakl, Georg. Innsbruck
    Seite 117

61. Voigt, Wilhelm. Luxemburg
    Seite 145

62. Wedekind, Frank. München
    Seite 57

63. Willstätter, Robert. Locarno
    Seite 139